新版 幸福生活論

谷口雅春著

日本教文社

はしがき

多くの人達は、幸福をもとめながら、しかも不幸になっているのは何故《なぜ》でしょうか。幸福の法則を知らないからです。多くの人達は物質や、富や、領土や、凡《およ》そ形あるものを目蒐《めが》けてそれを摑《つか》もうと思って驀進《ばくしん》して行くのでありますが、「形あるものは形なきものの影《かげ》」でありますから、影のみを摑むと、摑んだと思った刹那《せつな》、それは消えてしまうのであります。本当に幸福になるためには吾々《われわれ》は影の奥にある「実物」（実相）を把《つか》まなければなりません。

人類が平和を求めながら戦争に突入し、永久平和の至福《しふく》の世界を求めながら、それが実現しないのも同じ原理によるのです。また、あなたが健康を求めながら健康を得る事が出来ないのも同じ原理によるのです。形あるものはすべてその奥にある、形なきフィルムの投映《かげ》ですから、形なき世界を捉《とら》えて自由にすることを知らなければならないのです。

幸福の法則を知ると云《い》うことは、換言《かんげん》すれば原因結果の法則を知ると云《い》うことです。これは簡単に云えば、因果《いんが》の法則を知ると云うことです。昔から蒔《ま》かぬ種子《たね》は生《は》えぬ、瓜《うり》の蔓《つる》には茄子《なすび》が生《な》らぬと申します。仏教では三界唯心《さんがいゆいしん》と申します。基督《キリスト》教では「汝《なんじ》の信ずる如《ごと》く汝《なんじ》になれ」と申します。あなたの心の状態が形の世界にあらわれて来るのです。あなたが何を心に捉《とら》えているかと云うことが形の世界にあらわれて来るのです。争いの心で「物」を捉えたのでは、「争い」が出て来るばかりで、幸福が出て来る筈《はず》はありませぬ。

ユネスコは「戦争は先《ま》ず人間の心の中に起《おこ》って現実の世界にあらわれて来

る」と云《い》うことを説いています。吾々《われわれ》は三十余年前からそれを説いているのですが、人類は依然《いぜん》として「物」や「形」をつかんで、「物」や「形」があらわれて来る其《そ》の奥にある「心の世界」を捉《とら》えようとはしないのです。そのためにこそ、人類は平和を求めながら、その反対が出て来ているのです。

吾々《われわれ》は観点を変えなければならないのです。私は先《ま》ずこの本の第一章に、「先ず神をわがものと為《な》せ」と書きました。神など信じない人は、迷信だと思うでしょう。しかし吾々の説く神と云《い》うのは、遠くに、天国や、西方《さいほう》の雲の彼方《かなた》にある神でも仏でもないのです。あなた達のその心臓を動かし、肺臓を動かしている「不思議な力」のことです。そしてすべての人類の心臓を、肺臓を、同じ設計につくったところの不思議な普遍的《ふへんてき》な叡智《えいち》です。その力をわがものにせよと私は云うのです。あなたが自分の力で心臓の鼓動や脈搏《みゃくはく》を自由に変化出来るならば、そんな力はみとめないで好《よ》いかも知れません。しかし、自分でどうにもならない不思議な力が、あなたの身の内にあると云《い》うことを知ったならば、先《ま》ず此《こ》の力と協力することが賢明《けんめい》なことだとお悟《さと》りになるでしょう。この不可知《ふかち》の絶大な力をば、あなたの幸福に、健康に、一切《いっさい》の人生の出来事に協力させることが出来るか出来ないかが、あなたの幸福や、健康や、調和ある世界の実現を左右《さゆう》する鍵《かぎ》となっているのです。

この書は嘗《かつ》て読売新聞社での良書の世論投票に第十位を得たものだが、その後、重版《じゅうはん》希望の声やまず、常に読んで幸福になる書として古本屋に売り捨てる人も少《すくな》いと見え、古本としても中々《なかなか》手に入《はい》り難《がた》い由《よし》であるので、今度、新選谷口雅春選集刊行の機に版を新たにし、時代の変遷に応じて数字などを書き直して、最近の国際事情にも適するよう形を整えることにしたのである。現下《げんか》、日本は経済的には資本の自由化を迎え、外国資本の侵入に晒《さら》されんとしつつあり、国防的には日米安保条約の改定に直面せんとする危機が近づきつつあり、この際、真《しん》に国を愛する人達に本書を再び読んで頂き、日本を磐石《ばんじゃく》の基礎の上に築きたいと念願するものであります。

昭和四十二年十二月一日

著者識《しるす》

新版　幸福生活論

目次

新版凡例

一、本書の初版発行は、昭和23年9月1日である。

一、初版発行後、本書は、昭和27年11月1日に改訂版が発行された。改訂版には、初版にはなかった著者による「はしがき」と、第二篇・第十四章の「新しき日本のために」が追加されている。その後、昭和43年1月15日に新選谷口雅春選集（全20巻）の第19巻として発行されたが、改訂版と新選谷口雅春選集との間には、「はしがき」と本文に若干の違いが見られるだけである。本書は新選谷口雅春選集を底本としている。

一、初版から新選谷口雅春選集に至るまで、文字遣いは、正漢字・歴史的仮名遣いであったが、今回新版を発行するにあたり、常用漢字・現代仮名遣いに改めた。また、活字を大きくした。

一、本文中に出てくる『生命の實相』の巻数は、現在の「頭注版」（全40巻）に同じである。

一、本書には、一部今日とは時代背景を異にする表現があるものの、原文尊重のためそのままとした。

株式会社　日本教文社

第一篇　幸福生活論

第一章 先《ま》ず神をわがものと為《な》せ

一

何よりも必要なのは、「神」をわがものとすることであります。神は一切《いっさい》であり給《たま》い、一切のものを有《も》ち給《たま》い、一切のものを創造《つく》りたまい、一切のものを与え給《たま》う。神は無限智《ち》であり給《たま》い、無限愛であり給《たま》い、無限生命であり給《たま》い、無限供給であり給《たま》い、無限の平和であり給《たま》い、無限の調和であり給《たま》うのです。

諸君は是《これ》より以上の何物を欲《ほっ》せられるのでありましょうか。諸君は是《これ》より以上の何物かが此《こ》の世界にありとお考えでありましょうか。諸君よ、是《これ》より以上の何物も、また何物も、此《こ》の世にも彼《あ》の世にも存在しないのであります。

法華経五百弟子受記品第八《ほけきょうごひゃくでしじゅきほん》には『我等《われら》応《まさ》に如来《にょらい》の智慧《ちえ》を得《う》べかりき、而《しか》るに便《すなわ》ち自《みずか》ら小智《しょうち》を以《もっ》て足りぬと為《な》しき』と書かれているのであります。吾々《われわれ》は如来様《にょらいさま》と同じ智慧《ちえ》を、智慧ばかりではありません、愛を、生命を、無限の供給を、円満具足《ぐそく》せる本来の実相《いのちほんとのすがた》を持っているのであります。それだのに吾々《われわれ》はみずから自分自身を限って、神を、仏を、如来を、わがものとすることを忘れて、それ以下のものを、有限のものを、此《こ》の世だけしか通用しないものを、此《こ》の世どころかわずか数年間しかその価値の存続しないものを求めて憂《うれ》え悩み苦しんでいるのであります。

法華経の五百弟子受記品と云《い》うのは、釈迦牟尼世尊《しゃかむにせそん》が、その弟子、富樓那《ふるな》を始め五百人の弟子たちに、『汝《なんじ》は仏に成《な》る』と云《い》う受記即《すなわ》ち予告を授《さず》けられた一章であります。記はコトバであり、実相であり、普通は「予告」であると考えられておりますが、未来に来るかも知れぬ、また来ぬかも知れぬような頼りない予告ではないのであります。それは既《すで》に与えられている実相であり、コトバ（記）であります。受記は与える方から云《い》えば「授記《じゅき》」であり、受ける方から云《い》えば「受記《じゅき》」であります。吾々《われわれ》は釈迦《しゃか》の五百弟子《でし》と同じく、超載劫《ちょうさいごう》以前から『汝《なんじ》は神の子である』（仏教的に云えば『汝《なんじ》は既《すで》に仏である』）と云うコトバ、即《すなわ》ち実相を与えられているのであります。私は爰《ここ》に「超載劫」と云うコトバを使いましたが、それは遠い遠い昔の事だと言う意味ではありません。嘗《かつ》てはそう云う意味に考えられておりましたから、吾々《われわれ》は「今・此処《ここ》に仏実成《ほとけじつじょう》」の実相を自覚することを忘れて、いつか無限年間後にホトケになるのであろうなどと空頼《そらだの》みをしていたのであります。富樓那尊者《ふるなそんじゃ》も釈迦から授記せられたときに、

『無量阿僧祇劫《むりょうあそうぎこう》を過ぎて当《まさ》に此土《このど》に於《お》いて阿耨多羅三藐三菩提《あのくたらさんみゃくさんぼだい》を得《う》べし』

と云われているのであります。「無量阿僧祇劫を過ぎて」と云うのは、無限億兆劫《おくちょうごう》（一劫《こう》は四十里四方の岩が百年目毎《ごと》に一回天人《てんにん》の羽衣《はごろも》に触《ふ》れて、ついに磨滅《まめつ》して無くなってしまうほどの長期間である）と云うような数えることの出来ない長い年代の後《のち》にと云う意味ではない。若《も》しそんなことでは吾々現世《げんせ》に住む人間にとっては無意義に

なります。「過ぎて」と云《い》うことは、「超《こ》えて」と云《い》うことだ。「超越《ちょうえつ》して」と云うことだ。「数えることの出来ない年代」と云うことは、地上の数を超えていると云うことだ。「現象を超えて」と云うことだ。現象の数を超え、現象に眼《め》を閉《と》じて、自己の実相を照見《しょうけん》すれば、今此処に、この身このままが仏であり、神の子であると云うことであります。

釈迦牟尼世尊《しゃかむにせそん》はかくの如《ごと》くして、五百人の大弟子《おおでし》たちに、それからまた学《がく》すべき弟子や、無学にてもそのまま悟《さと》れる境地にある弟子たち二千人に対して、更《さら》に進んでは法華経《ほけきょう》の一句《く》一偈《げ》を読み又《また》は聞くことを得たすべての人々が、結局、「仏に成《な》れる」と云う記《ことば》を授《さず》けられたのであります。吾々《われわれ》が、「仏に成れる」と云うのは、既《すで》に仏の実相がたとい肉眼には見えなくとも吾々《われわれ》の生命の内部にはあると云うことでありまず。それは、やがて朝顔に朝顔の花が咲くのは、種子《たね》の中に、肉眼にはまだ見えなくとも、既に朝顔の花がある――あるからこそ顕《あらわ》れて来るのであって、無いものが肥料その他の結合によって現れるのだったら、肥料の配合の具合《ぐあい》によっては、朝顔の蔓《つる》に梅の花が咲くかも知れない筈《はず》であるけれども、けっしてそんな事はない。朝顔の種子《たね》からは唯《ただ》朝顔の茎《くき》、葉、花が伸《の》び咲くのみであります。すなわち朝顔の種子《たね》の中には既に「朝顔の花」が、現成しているのであります。その既に現成せる花が現象の世界に顕現《けんげん》するのには、色々の条件、過程、方便《ほうべん》等が要《い》るのでありますが、それは、条件、過程、方便等によって創造されるのではなく、どこまでも既にあるものが現成《げんじょう》するのであります。五百弟子《でし》が仏になるのは、既《すで》に彼らが仏であるからであります。吾々《われわれ》が法華経《ほけきょう》を読み、また法華経に書かれている真理と同じ言葉を読み、また聞くことによって、仏と成ることが出来るのは、その「真理」のコトバが「実相」を引出《ひきだ》すからであります。何故《なぜ》「真理」のコトバが実相を引出すかと申しますと、吾々《われわれ》の実相は「神のコトバ」（神の生命波動《コトバ》）であり、真理のコトバはそれと同意味、同波長を有《も》っているからであります。

　法華経に書かれている真理とは、如来《にょらい》の寿命は無量寿《むりょうじゅ》であり久遠《くおん》の昔（時間を超《ちょう》越《えっ》せる永遠の今）から成仏《じょうぶつ》しているのであり、人間も『わが如《ごと》く等《ひと》しくして異《ことな》ること無し』（わがとは釈迦《しゃか》のこと）と云《い》う宣言（註1）であります。「神の子」と云《い》っても、「仏」と云っても同一意味であることは常に申す通りであります。

（註1）舎利弗《しゃりほつ》よ、当《まさ》に知るべし、我本誓願《われもとせいがん》を立てて一切《いっさい》の衆《しゅ》をして我《わ》が如《ごと》く等《ひと》しくして異《こと》なることを無《な》からしめんと欲《ほっ》せり。我が昔願う所の如《ごと》き、今者《いま》已《すで》に満足せり。（法華経方便品《ほけきょうほうべんぽん》）

二

既《すで》に吾等《われら》は「神の子」であり、「仏」である。「我ら応《まさ》に如来《にょらい》の智慧《ちえ》を得《う》べかりき、而《しか》るに便《すなわ》ち自《みずか》ら小智《しょうち》を以《も》って足りぬとなしき」と富楼那尊者《ふるなそんじゃ》とともに吾等《われら》は求むるところ少なかったことを悔《く》い歎《なげ》くべきではないでしょうか。「我ら応《まさ》に如来の智慧のみならず、その無限の愛、無限の生命、無限の調和、無限の平和を得べかりき、されどみずから、小智、小愛、小供給、小平和を以って足りぬとなしき」だったのであります。これ、自己の実相が、神の子そのもの、仏そのものであると云うことに気がつかなかったからであります。気がつかなければ幾《いく》ら無限のものをもっていても其《そ》の無限性があらわれないのであります。真理の書物の読誦《とくじゅ》、書写《しょしゃ》、聴聞《ちょうもん》が必要なのは、(一)先《ま》ずその事実に気が着《つ》くためであり、(二)言葉の力によって、その実相を喚《よ》び出すためであります。

或《あ》るところに長者《ちょうじゃ》がありました。官用《かんよう》のために外出いたしますと、間も無く出遇《であ》ったのが学校時代の旧友であります。随分《ずいぶん》見苦しいボロボロの服装をしているので、「一体君《きみ》、近頃《ちかごろ》どうしている?」と訊《き》きますと、「どうも斯《こ》うもない、就職口もなく、金《かね》もなく、生活に困っていて、もう数日間食べ物も碌々《ろくろく》食べてないのだ」と答えます。あまり気の毒なので、「それでは自家《うち》へ来たまえ。僕《ぼく》は今、官用で外出する途中だから長く話している訳《わけ》にも行かないが、一時間位《ぐらい》ならマア君とおつき合いをしよう」と云《い》うので、自分の家《うち》へ伴《つ》れ帰って出来るだけ御馳走《ごちそう》をふるまい、御酒《おさけ》も鱈腹《たらふく》のませますと、その友人は久し振りの満腹《まんぷく》に御酒がまわって寝てしまったのであります。長者は彼を喚《よ》び起《おこ》して生活費を与えて置いてから別れたいと思いますが、酒が廻《まわ》っているために目が覚めませぬ。そこで大金《たいきん》を枕頭《まくらもと》に置いても盗《ぬす》まれる惧《おそれ》があるので、無限価値の値《あた》いある宝石をその友人の襟《えり》の内側へ縫《ぬ》いつけて置いて去ってしまいます。後日、その長者《ちょうじゃ》が、道に於《お》いてその友人に出逢《であ》いますと、依然《いぜん》としてその友人は身窄《みすぼ》らしい服装をして、窶《やつ》れた相《すがた》で歩いております。「どうして君《きみ》そんなに貧しい服装をしているのか、君は既《すで》に無限の長者ではないか」と、長者は友人に申します。友人は「冗談も休み休み云《い》い給《たま》え。俺《おれ》がどうして無限の長者だ。この通りの貧乏じゃないか」と云《い》う。長者は「君の内部を見給《みたま》え。君の内部には無限億万円の素晴《すば》らしい宝石がある。それが実相だ。」と云う。そこではじめて、其《そ》の友人は、自己のうちに無限の富が、智慧《ちえ》が、愛が、生命が、調和が、平和が宿っていると云うことに気がついたのであります。(註2)

(註2) 譬《たと》えば人有《あ》り、親友の家《うち》に至りて酒に酔《え》いて臥《ふ》せり、是《こ》の時親友官事《かんじ》の当《まさ》に行くべきありて、無価《むげ》の宝珠《ほうじゅ》を以《もっ》て其《そ》の衣《ころも》の裏に繫《か》け之《これ》を与えて去りぬ。其人《そのひと》酔い臥して都《すべ》て覚知《かくち》せず。起き巳《あが》りて遊行《ゆぎょう》し、他国に到《いた》りぬ。衣食《えじき》の為《ため》の故《ゆえ》に勤力求索《ごんりきぐしゃく》すること甚《はなは》だ

大《おお》いに艱難《かんなん》なり、若《も》し少し得《う》る所有《あ》れば便《すなわ》ち以《もっ》て足りぬと為《な》す。後《のち》に親友に会い遇《あ》うて之《これ》を見て、是言《このげん》を作《な》さく、「咄《つたな》い哉《かな》、丈夫《じょうぶ》。何《なん》ぞ衣食《えじき》の為《ため》に乃《すなわ》ち是の如《ごと》くなるに至る。我れ昔、汝《なんじ》をして安楽なることを得《え》、五欲自《おのずか》ら恣《ほしいま》まならしめんと欲《ほっ》して、某《それがし》の年月日《ねんがっぴ》に於《お》いて、無価《むげ》の宝珠《ほうじゅ》を以て汝《なんじ》が衣《ころも》の裏に繫《か》けたり。今故現《いまなおげん》に在《あ》り。而《しか》るを汝知らずして、勤苦《ごんく》、憂悩《うのう》して以て自活を求むること、甚《はなは》だ為《こ》れ癡《おろか》なり。汝、今、此《こ》の宝を以て所須《しょす》にしたがいて貿易すべし。常に意《こころ》のままに乏短《ぼうたん》する所無《な》かるべし。」

(法華経《ほけきょう》・五百弟子受記品《ごひゃくでしじゅきほん》)

吾々《われわれ》は、此《こ》の寓話《ぐうわ》の中の友人のように長者《ちょうじゃ》の家即《すなわ》ち、神様の家のなかで眠ってしまうことが必要なのであります。眠ってしまうと云《い》うのは、無我《むが》になって神様の懐《ふところ》の中に赤ん坊のように委《まか》せきりになることであります。すると、無限の宝を与えられるのであります。併《しか》しそれだけでは、宝を与えられても気がつかなくては何にもならない。目覚めなければならないのであります。眠ってしかして目覚めることが必要であります。五官の世界に眠り、五官の世界に目を閉《と》じて、而《しか》して実相の世界、実相の自分に目覚める――これが必要なのであります。この寓話《ぐうわ》に於《お》いて長者《ちょうじゃ》（神の象徴）は「勤苦《ごんく》、憂悩《うのう》して以《もっ》て自活を求むること甚《はなは》だ為《こ》れ癡《おろか》なり」と云《い》っておられます。「自活を求むる」――自分で生きようと思って、焦《あせ》り求め、勤求《ごんく》、憂悩《ゆうのう》する必要はないのであります。闇《やみ》商売なども、自活を求むる憂悩のあらわれであります。ただ自己の実相に目覚めて、その実相そのままの催《もよお》しで、自然法爾《じねんほうに》の働きをする、その時、無限の供給はそのまま整うことになるのであります。

三

自己の実相は神の子である。自分（仮我《かが》・ニセモノの自分）で生きようとせず、実相の自分――神の子の自分で生きれば好《よ》いのである。子の生命は親と等《ひと》しいのであるから、人はすべて神そのものだと云《い》って好《よ》い、仏そのものだと云《い》って好《よ》い。種子《たね》を植えれば、そしてそれに水をそそぎ、日光にあて、肥料を与えれば、種子《たね》の中にあるところの実相はそのままに顕《あらわ》れるのであります。先《ま》ずそれを植えること、換言《かんげん》すれば大地（即《すなわ》ち本源）につながらすことが必要であります。それは自分は「神の子」だと知り、神なる親様へ振向《ふりむ》くことであります。

ただ振向いただけでも功徳《くどく》がありますが、それだけでは、大地へ種子《たね》を植えたのと同じであります。そのまま寒風や風雪や霜柱《しもばしら》に晒《さ》らして置きますと、発芽《はつが》する事が出来ません。それには水を漑《そそ》ぎ（潤《うるお》いを与え）、日光に当て（暖かさを与え）、肥料を与えることが必要であります。この三つの条件が整いますと、内部生命にある実相の完全な華《はな》の姿が現実世界にあらわれて来るのであります。

「潤《うるお》いを与える」と申しますと、優しい慈愛《じあい》の心を起《おこ》すことであります。慈愛の心を起すことによって、自己の内部にある神性《しんせい》（仏性《ぶっしょう》）が、同波長の共鳴《きょうめい》の原理によって誘導され、導き出されて表面に現れて来ることになるのであります。何故《なぜ》なら神は「愛」であり、仏は慈悲《じひ》であるからであります。愛を慈悲を行《ぎょう》じないで、神をわ、が、も、のとしようと云《い》うことは、波長を合わさないで放送局の放送を聴取しようと云《い》うことと同様です。

先《ま》ず愛を行《ぎょう》ぜよ、慈悲《じひ》を行ぜよ。然《しか》らばあなたに神は来るであろう。そして神は貴方《あなた》のものになるであろう。これこそ「実相の自分」で生きることであります。

次に種子《たね》を「日光にあてる」と云《い》うことは、暖《あたたか》い育《はぐく》む愛をあたえると云《い》うことであると同時に明るい心を起《おこ》すことであり、また同時に智慧《ちえ》を行ずることであります。

神は「光の神」であります。創世記《そうせいき》第一章の宇宙創造の神エロヒムは光の神たるエロアの神の複数であります。阿弥陀仏《あみだぶつ》は尽十方無礙光如来《じんじっぽうむげこうにょらい》として宇宙全体に礙《さまた》げる何物もなく行き亙《わた》る無礙の光の神であられます。大日《だいにち》如来と訳されているヴァイローチャナも宇宙に満つる光の仏であります。(註3)

(註3) 梵音《ぼんおん》の毘盧遮那《びるしゃな》とは、是《こ》れ日《ひ》の別名即《すなわ》ち除暗遍明《じょあんへんみょう》の義なり。然《しか》るに世間の日は則《すなわ》ち方分《ほうぶん》あり。若《も》し其《そ》の外《そと》を照らすときは内に及《およ》ぶこと能《あた》わず、明《みょう》一辺に在《あ》って一辺に至らず、又唯《またただ》し昼のみあって光、夜を燭《とも》さず。如来智慧《にょらいちえ》の日光は則ち是《こ》の如《ごと》くにあらず、一切処《いっさいしょ》に遍じて大照明《だいしょうみょう》を作《な》す。(大日経疏《だいにちきょうしょ》)

かく、いずれも光の神を意味しているのであります。『神は光にして少しの暗き所なし』とヨハネの第一の書《ふみ》においてヨハネは云《い》っております。されば、神も仏もその本体は「光」だと云《い》う事が出来ます。「光の心」で生きることが「実相の自分」で生きることなのであります。

此《こ》の世の中に悪《あ》しきもの、暗きもの、病い、不幸、災禍《わざわい》等があると思うな。かくの如《ごと》き暗き観念をあなたの心の中《うち》より一掃《いっそう》せよ。ただ、明るきもの、健康、幸福、祝福のみがあると信ぜよ。そして常に心の中《うち》に「神は光にして少しの暗き所なし」と念ぜよ。この言葉を心の中《うち》に繰《く》り返《かえ》せよ。やがてあなたの周囲に光の世界が、神の国の肖《に》像《すがた》なる世界が現実世界にあらわれて来るでありましょう。天地晦冥《かいめい》の世界に必要なのは「闇《やみ》」ではないのです。天地をゆすぶり撼《うご》かす明るき笑い、明るき心なのであります。「光の自分」を生きることによって、あなたの周囲に光の世界があらわれて来るのであります。

次には「肥料を与える」と否《いな》とによって、種子《たね》の中の「花の理念」は異《こと》らないでも、それが現実世界にあらわれた場合の花の大きさには相異《そうい》が生じます。吾々《われわれ》の神性《しんせい》は如何《いか》に完全であっても放送局の放送する大交響楽は如何《いか》に偉大であっても、それを実現するセットの材料が貧弱であっては、あたら大交響楽も、小さき貧弱な雑音多き音楽にしか聞《きこ》えないでありましょう。

「肥料」は生命の世界に於《お》いては、外《そと》から与えられるものを単に受動的に受けるのみではなくして自己みずから創造し、あらゆる機会をつかみ、あらゆる環境から自己を肥《こ》やし富《と》まし、魂《たましい》の栄養となる悉《ことごと》くを吸収する事であります。どんな経験も、どんな環境も、どんな周囲も、交友も、家族も、世界も、諸君自身の完全なる神性《しんせい》を、仏《ぶっ》性《しょう》を、仏の種子《しゅし》を、実相を此《こ》の世に顕現《けんげん》する材料となるものなのです。その材料の無限供給の世界こそ、何よりもあなたにとっての無限供給の世界ではありませんか。かくて、霑《うるお》いと、日光と、肥料とが完全に揃《そろ》うとき、あなたは本当に神を吾《わ》がものとすることが出来るのであります。

第二章　次に善《よ》き友をわがものと為《な》せ

一

如何《いか》なる天才もただひとりでは偉大なる仕事は成《な》し遂《と》げることは出来ないのでありま す。芸術的天才の為事《しごと》さえも、自分の芸術を理解する芸術家グループを必要とするのです。武者小路実篤《むしゃのこうじさねあつ》や里見弴《さとみとん》や長与善郎《ながよよしろう》や有島武郎《ありしまたけお》や柳宗悦《やなぎむねよし》などが相当《そうとう》世間に好評された文化人になったのも白樺派《しらかばは》なるグループがあって互《たがい》にその為事《しごと》を理解し、褒《ほ》め合い讃《たた》え合うことをしたからであります。それらの同志は互に愛によって結ばれ、愛によって繫《つな》がり、愛によって互に友の芸術の美点を賞揚《しょうよう》したのであります。

愛する者のみが、美点を見出《みいだ》すことが出来るのであります。見出すと云《い》うことは創造することであります。したがって友を愛する者のみが友の美点を創造することが出来るのです。万人《ばんにん》が互《たがい》に賞《ほ》めず、愛せず、顧《かえり》みない世界に於《お》いては、美点は成長しないし、幸福は生《うま》れて来ないのです。人間の美点が増加し、幸福になるためには善《よ》き友とグループになることが必要なのであります。

友が得られないのは、友を求めていながら、友が自己に対して何か善《よ》きことをしてくれ、自分を愛してくれることを望んでいながら、自分からは他に対して何事も善《よ》きことをせず、愛することをせず、先方《せんぽう》から善《よ》きことをしかけ、先方から善《よ》きことをしてくれ、愛してくれた時に、はじめて此方《こちら》からも何か善《よ》きことをし、愛しようと考えているからであります。かかる受身《うけみ》の待ち構えの心持《こころもち》ばかりで、積極的に自分から働きかけないのでは人生に価値創造も、幸福創造もあり得ないのであります。

愛する者のみが愛され、与える者のみが与えられ、価値を創造するもののみが、高き価値ある善《よ》きものを享受《きょうじゅ》することが出来るのであります。愛を享受せんと欲《ほっ》するならば、愛をみずから創造しなければなりません。先《ま》ず自分が大《だい》なる魅力ある存在とならなければならないのです。愛は大《おお》いなる魅力であり、磁石的《じしゃく》力であります。自分自身が人類に対する白熱的愛情を注ぐことが出来るとき、その人は人類から白熱的に愛されることが出来るのです。自分自身が、「此《こ》の人」をと一人の対象を定めてその人を愛するならば、其《そ》の人はあなたの善《よ》き友となってくれ、良き協力者となってくれるに相異《そうい》ないのであります。

先ず愛せられようと思うならば、先ず愛せよであります。今まで諸君が相手を愛しているつもりであるのに相手が自分を愛してくれなかったならば、あなたは、まだ相手を本当に愛していなかったのです。何か「求めるもの」があって愛したつもりでいたのです。「求めるものがあって愛する」のは娼婦《しょうふ》もこれを為《な》し得るのであります。それは娼売《しょうばい》であって「真実の愛」ではない、ただ「真実の愛」のみ「真実の愛」を得ることが出来るのであります。「真実の愛」は報《むく》いを求めぬ愛――無我《むが》の愛でなければなりません。

報《むく》いを求めず、人類を愛せよ。生産サボタージをするのは人類を愛していないからであります。若《も》し、働く人を愛するならば、働く人はあなたの味方《みかた》に、あなたの友になってくれるでありましょう。若《も》し、働く人を閉《し》め出せば、働く人から閉め出しを喰《く》うでありましょう。友を得るには先《ま》ず、自分が其人《そのひと》の良き友となり、その人に対して報いを求めず熱き愛を捧《ささ》げねばならないのであります。

愛すれば愛を得る——愛は大《おお》いなる磁石的《じしゃく》魔術者であることが判《わか》ったでありましょう。しかし貴方《あなた》は相手を愛するのに、相手の何処《どこ》を愛するのか、その才能を愛するのか、その容貌《ようぼう》を愛するのか、押し出しの立派さを愛するのか、その外交の上手《じょうず》さを愛するのか、その表情を愛するのか、スタイルの良さを愛するのか、声の良さを愛するのか、そのいずれの部分を愛するのであっても、あなたは彼を本当に愛しているのではないのであります。部分は決して全体ではないからです。部分は決して「彼」みずからではないからであります。

試みに、彼が戦争で負傷して、爆弾の破片で顔の皮膚がヒキツッて了《しま》ったとしましたならば、彼の美貌《びぼう》を愛していたあなただったら、彼を愛しなくなるでしょう。彼の才能を愛していた貴方《あなた》だったら、彼が負傷や病気のためにその才能を発揮《はっき》出来なくなったら、あなたは彼を愛しなくなるでありましょう。彼の容貌《ようぼう》も才能も「彼」自身ではないのであります。容貌が醜《みにく》くなり、才能が滅茶々々《めちゃめちゃ》になっても「彼」は尚《なお》「彼」自身である――そんなときにさえも、あなたの愛は変《かわ》らないでいるでしょうか。みずからの愛を批判し、反省しなければなりません。そして何故《なぜ》、自分が良き友人を多く得られないかを検討しなければなりません。あなたに良き友人が得られないのは、みずから良き友人を創造しないからです。みずから創造したもののみが結局、自分のものとなるのであります。

あなたが真《しん》に友を得んと欲《ほっ》するならば、もっと純粋に、そして今までの十倍も多く、七十倍も多く相手を愛するならばおのずから相手はあなたの良き友となってくれるでありましょう。

あなたは相手の容貌や、外形や、態度や、スタイルや、才能や、富や、位置等《など》、外《そと》なるものを愛するにとどめず、真《しん》に彼の内部的なもの、その霊性《れいせい》・神性《しんせい》・「神の子なるもの」を愛するならば、どんな容貌《ようぼう》でも、低い才能でも、貧乏でも、卑《いや》しい位置でも、声はどうでも、スタイルはどうでも愛する事が出来るのであります。諸君は光明《こうみょう》皇后のように癩病者《らいびょうしゃ》でも愛することが出来ますか。癩病者も、その霊性が「仏性《ぶっしょう》」であることを見、その本性《ほんせい》に礼《らい》し敬《けい》して愛するならば、「見ることは創造すること」でありますから、仏が其処《そこ》に創造され、癩病患者の背の膿血《のうけつ》をお吸いになった光明皇后は、其処《そこ》に癩病患者が、東方阿閦如来《とうほうあしゅくにょらい》となって顕現《けんげん》された姿を見給《みたま》うたのであります。万人《ばんにん》の実相に神性を見、仏性を見る、この光明皇后の行事《ぎょうじ》こそ真の民主主義であるのであります。

真に愛する者のみが愛せられる。而《しか》して愛する者のみが愛し愛せられる幸福を味《あじわ》うことが出来るのであります。愛なき強制力や愛なき圧力で押し付けても幸福は出て来ません。強制力や圧力で要求が貫徹《かんてつ》しても、それは「愛」に及《およ》ばない。「愛」を本質としないものからは真の幸福は生じないのであります。他をやっつけたり、強制力で通ったりした快感は、一種暴力的な快感であって人間的なものではあり得ないのであります。愛のみが愛を招《よ》び、愛のみが真《しん》に静かなる平和的な幸福を齎《もたら》すのであります。

二

あなたが若《も》し、あなたの「より良き半身《ベター・ハーフ》」として異性を愛すると仮定します。そしてその美しき立体的な横顔《プロフィール》、チャーミングな瞳《ひとみ》、ソプラノ又《また》はアルトの声、或《あるい》は男性的な勇気ある態度、幅の広い音量あるバス、その巨大なる争闘力《そうとうりょく》――そう云《い》うものをあなたが「好む」と云《い》うことによって、相手と結婚した後《のち》に、あなたは概《おおむ》ね、其《そ》処《こ》に見出《みいだ》すのは、冷血漢《れいけつかん》であったりウソ吐《つ》きであったり、まやかし物だったり、虚栄《きょえい》家《か》であったり、学問はあれども愛情のないただの研究室の「虫」であったりするのであります。かくの如《ごと》きことはあり勝《がち》のことであり、そのような状態が何処《どこ》から来るかを、あなたは気がつかないかも知れない。しかしすべてはあなたの愛が足りないことから来るのであります。あなた自身が「好き」なことを「愛する」と思いちがえてただ好き嫌いの「好悪《こうお》の情」を「愛」と間違えて愛しているのでありますから、相手の姿に「好き嫌いすべき色々の情態《じょうたい》」があらわれて来るのは当然のことだと云《い》わなければならないのです。

愛は、もっと包容《ほうよう》的なものであって、「好き嫌い」の好きではない。愛は七十度《たび》を七十倍たび赦《ゆる》すものであります。愛は欠点を見ないし、欠点があっても却《かえ》って愛する。欠点があるからとて嫌いになるのは愛ではない。欠点をいとおしく思うのが愛であります。一匹の迷える羊《ひつじ》を、迷わざる九十九匹の羊よりも愛するのは愛であります。悪いからとて排斥《はいせき》するのは愛ではありません。自分の都合《つごう》のよいのを愛するのは、好き嫌いに過ぎません。彼の全体を全身全霊を、如何《いか》なる欠点があろうともその全体を愛する。そのときに真《しん》に愛する友人が、伴侶《はんりょ》が、恋人が、良人《おっと》が、妻が自分の前に出現して来るでありましょう。

三

宗教的な愛他《あいた》主義の生活は、自分だけ得《とく》が行く主義ではないのであります。自分だけ「得が行く」主義は要するに利己主義であります。愛を得るには、愛の価《あたい》を払《はら》わなければならないのです。涸《か》れた井戸のポンプから水を汲《く》み出す道は、こちらから先《ま》ず水を注いでやる事であります。「あなたが舞踊《ダンス》が下手《へた》であるならば、あなたは、自分の周囲にいる舞踊《ダンス》の下手な人を愛することから始めよ。あなたの周囲には折角会《せっかくかい》合《ごう》に出ても舞踊《ダンス》に未熟《みじゅく》でパートナーもなくて淋《さび》しそうにしている人があるだろう。そう云《い》う人を先ず愛せよ。その人はあなたの良き友となるであろう」とグレーン・クラーク氏は云《い》ってます。舞踊《ダンス》には限らないのです。欠点を見たり、失錯《しっさく》を見たりしてきらうものは愛ではない。それは智慧《ちえ》に過ぎないのです。人が智慧に片寄れば、人を審《さば》きすぎる。審《さば》きすぎる人は、人々を遠ざける。愛はゆるすのです。全体を愛するのです。そうすれば欠点ある相手は欠点が目立たなくなり、醜《みにく》い痘痕《あばた》も笑靨《えくぼ》と変じ、永遠に変《かわ》らない愛情を有する良き友人となり、良き同志となり、良き伴侶《はんりょ》となってくれるでありましょう。

若《も》しあなたが相手の美点のみを愛するならば、愛すると云《い》う言葉を止《や》めなさい。若《も》しあなたが相手を「好き」であるから愛するならば、「愛する」と云《い》う言葉を止めなさい。それは自分の好悪《こうお》の慾情《よくじょう》に奉仕《ほうし》しているのであって、相手を愛しているのではないのである。真《しん》の愛は旧敵対者すら餓《う》えさせてはならないと、自分自身の食糧の消費量を減じてさえも、それを日本へ送った米国国民の愛の如《ごと》きを云うのでありますす。自分自身の個人的好悪の情の満足のために、また自分自身の個人的便宜《べんぎ》の為《ため》に、また個人的快楽の対象として、利己的幸福の対象として、自分の所有物《もちもの》として、相手を利用することを「愛する」と思いちがえるならば、あなたを折角《せっかく》愛していた相手もやがては貴方《あなた》に飽《あ》きてくるでありましょうし、あなたを五月蠅《うるさ》く思ってくるでしょうし、あなたから叛《そむ》き去ってしまうでありましょう。「愛する」と云うことは「相手を自分の幸福の道具にする」ことではない。相手を自由に、その生命の伸《の》びるがままに、行くがままに行かしめてやると云《い》うことなのであります。

四

自分が彼を自分の幸福に利用する愛は、それは「つかむ愛」であります。真《しん》の愛は、「放つ愛」でなければならないのです。「つかむ愛」は相手を縛《しば》る。縛る愛は相手を窮屈《きゅうくつ》な思いをさせるばかりです。愛は自《みず》から相手によろこんで「仕《つか》える」のであって、「仕えしめ」てはならないのであります。行く者をして行くがままに行かしめよ。私の尊敬する或《あ》る婦人は、「わたしはわたしの子供を愛するが故《ゆえ》に、わたしの『好き』の型に嵌《は》めようとは思いません。子を愛する母として、どんなにか自分の子供を自分の好きなように育てたいと思うでしょう。私は此《こ》の誘惑と長い間戦って来たのです。そうして、ついに凧《たこ》がするすると青空に昇《のぼ》って行くとき、喜んでそのまま素《す》直《なお》に凧《たこ》の糸目《いとめ》をゆるめる境地になれたのです。そうすると自然と子供が、却《かえ》って私の手許《てもと》に還《かえ》ってまいりました」といみじくも云《い》っているのであります。

すべて悪《あ》しきことは、縛《しば》ることの反動として起《おこ》るのであります。人性《じんせい》はそのまま、自然の姿に於《お》いては完全なのであります。風が吹かねば波は立たない。波が立つのは風が波を自分の形に縛ろうとするからです。「こう云《い》う型に於《お》いて彼に自分の仕事をさせよう」と思ってはなりません。行きたい姿において彼を行かせることです。彼に真《しん》の自由を与えなさい。始めは躓《つまず》くかも知れませんが、それは試行錯誤《しこうさくご》であります。やがて試行錯誤の期間が終《おわ》るでありましょう。そして彼は、あなたの仕事をみずから進んで、自己の選んだ方法によって、あなたが計画したよりも、もっと完全な形に於いて、助けてくれつつあることを見出《みいだ》すに違いないのであります。

その時、あなたがあなたの手から放したところの友人が、あなたの手許《てもと》に還《かえ》って来て、もう二度と離れぬ、真に深き友情と愛とに結ばれた真の友となり、真の協力者となるでありましょう。それはあなたが何ものも相手に求めず、相手が彼自身幸福になれるように、自由に放ちやったときに、彼自身の自己完成として、あなたに離れぬものとなったのであって、彼から何物をも奪《うば》う愛ではないのであります。愛は惜《お》しみなく与えるのでなければならない。「愛は惜《お》しみなく奪《うば》う」と云《い》うのは愛の偽態《ぎたい》であって真《しん》の愛ではないのであります。愛の偽態からは真の友は得られず、真の友は真の愛からのみ得られるのであります。

第三章 新生への啓示《けいじ》

◇見よ吾《わ》れ総《すべ》てのものを新たにするなり。(黙示録《もくしろく》第二十一章五節)

パンドラの魔法の箱

鈴木三重吉《すずきみえきち》の『赤い鳥』と云《い》う小説にパンドラの話が一寸《ちょっと》書いてある。諸君はパンドラとその魔法の箱の話を聞いた事がありますか。ギリシャの神話に依《よ》ればパンドラは地上に於《お》ける最初の女性であったのです。彼女はヘイフィスタス神に依《よ》って、粘土《ねんど》を以《も》って造《つく》られたのでした。彼女は色々の精神的美徳《びとく》と魅力を授《さず》けられて居《お》ったのです。又《また》異常な好奇心をも有《も》っている女性として造られていたのです。若《も》しパンドラが好奇心を起《おこ》さなかったならば、人類は永遠に悪より完全に解放されて調和の生活を送っていたことでありましょう。併《しか》しパンドラの好奇心はついに人間を不幸の世界に追いやったのです。その話は斯《こ》うなのです。彼女の良人《おっと》エピメシアスの家に一つの箱がありました。それを彼女は永久に開いて見ることを禁じられていたのでした。彼女の好奇心は遂《つい》に自制力に打ち勝って、或《あ》る日ついに彼女は、その箱を開いたのでした。所《ところ》が、その箱の中に封《ふう》ぜられていたのは総《すべ》ての悪の根元《こんげん》だったのです。永久に封印《ふういん》されたその箱の中から逃げ出した悪の根元が人類に充《み》ちひろがり人類を永遠に苦悩の世界へ追いやったのです。彼女は自分の失敗におどろいて大急ぎで箱の蓋《ふた》を閉《し》めようといたしましたが、もう間に合いませんでした。やっと「希望」と云《い》うものだけがその箱の中に残っただけで、他の総《すべ》てのものは逃げてしまったのです。人類は「希望」だけは有《も》っている。しかし人類に悩みはもうひろがってしまったのです。ギリシャの神話には斯《こ》う書いてありますが、それは旧約聖書に書かれているイヴが知慧《ちえ》の樹《こ》の果《み》をたべたことからエデンの楽園を追放されたと云《い》う寓話《ぐうわ》に不思議にも興味深く似ているではありませんか。

今は全《まった》くパンドラの箱が開かれて、早熟《そうじゅく》未熟《みじゅく》の所謂《いわゆる》民主主義思想が日本国中に拡《ひろ》がり来たり、上位者の命令に反抗するのが新らしき思想だと考えられ、また妻は良人《おっと》に反抗するのが新らしき思想だと考えられ、そのために、家庭も社会も全く争いに満ち満ちた地獄絵図がくりひろげられているのが世界の現状だとも考えられるのです。真《しん》の神の国の生活とは個々の人間の真の自由が生かされるのですから、女性も、男性も、上位者も、下位者も、そのままに生かされて互《たが》いに相剋《そうこく》しない大調和の状態でなければならないのでありますが、自由にあらゆる悪徳《あくとく》がパンドラの箱から飛び出して、善徳《ぜんとく》の方は抑《おさ》えられ押し込まれるのでは人生は不幸になるほかないのです。併《しか》し真の自由は一切《いっさい》の悪徳をパンドラの箱の中に押し込め、明るい「希望」だけを箱の中からほり出して、自由にその「希望」を遂《と》げしめるとき得られるものなのです。吾々《われわれ》の内に宿る「希望」を吾々《われわれ》は「実相」と呼んでいるのです。吾々の「希望」する善《よ》き世界は、既《すで》に吾々の生命に内在する「実相」として存在するのです。既にあるから「実現したい希望」として心の中に湧《わ》き上《あが》ってくるのです。或《あ》る時代には人間は、苦しむようにつくられたのだ。吾々《われわれ》はこの人生に於《お》いては、何等《なんら》の救済もないと、考えられたりしましたが、光明思想に於《お》いては既《すで》に吾々《われわれ》は「実相」に於いて救われていると、人生の幸福を肯定《こうてい》するのです。吾々は此《こ》の世の生活に絶望して墓の彼方《かなた》に於《おい》て一層《いっそう》よき生活を求むるほか仕方がないなどと考える必要はないのです。吾々が心に思浮《おもいうか》べるべく許されている「希望」は、それを吾々がパンドラの箱の中に鎖《と》じこめない限りは、それは自由に実現すべき希望なのです。デモクラシーの宗教は、墓の彼方《かなた》に「自由」の希望を、はかなく望む宗教であってはならないのです。今、此処《ここ》に、人間の自由が、誰《たれ》にも、自分以外のものからは妨《さまた》げられないで実現する宗教でなければならないのです。それがニュー・ソートであり、クリスチャン・サイエンスであり、ディヴァイン・サイエンスであり、生長の家の如《ごと》き光明思想、光明宗教なのであります。

パンドラの箱は人類の潜在意識の譬喩《たとえ》であると考えることが出来ます。一切《いっさい》の「悪」を潜在意識の中にとじ込めて、それを伸《の》さばらせないことにしてやっと平和と幸福とを得ているのでは本当ではない。善も悪も潜在意識の世界から解放する。もう抑圧されたる本能も、衝動《しょうどう》もない、憤激《ふんげき》も反抗も悲しみも嫉妬《しっと》もない。すべてが解放せられてしまったときに、一切《いっさい》の悪は、一切の業《ごう》は、一切の罪《つみ》は、「本来無い」のだから雲散霧消《うんさんむしょう》して了《しま》う。そのとき、何らの抑圧も統制もなくして、おのずから善のみの世界があらわれて来るのです。

今まで人類の潜在意識の中に深く鏤刻《ろうこく》された信念は、人生には悪の要素があると云《い》うこと、創造の過程に何か間違《まちがい》があるか、創造者の側に何等《なんら》かの悪意あるモチーフがあり、創造主《つくりぬし》に或《あ》る悪意があって、それが羅馬《ローマ》全市に火を放ってその燃えるのを見て楽しんだネロ皇帝のように吾々《われわれ》に災禍《さいか》を与えて楽しんでいる。吾々《われわれ》はそれから安全に逃《のが》れる道は一つもない。人類の知慧《ちえ》も道徳も宗教も科学もその悪意ある力に対しては絶対支配権を持っていないで、ただ吾《われ》らは与えられた災禍の下《もと》に苦しむより仕方がないと云《い》う信念が人類全体の信仰の中にあったのです。若《も》し斯《か》くの如《ごと》き悪なる全能的な力が――それを神と呼ぼうと、「業《ごう》」と云おうと――此《こ》の世界を支配していると云うことが真実であるならば、人類はそれから逃れることは出来ないことは明《あきら》かです。何《な》故《ぜ》なら如何《いか》なる力も全能なるものを支配することは出来ないからです。

併《しか》し、諸君よ、失望することはない。以上のような人類的信念が間違っていると云《い》う事は、実証的に明《あきら》かなのです。吾々《われわれ》は善なる神の全能を信ずるものです。これは信ずる者には実証出来るのです。そして神が全能であるならば二つの全能なる力は共存し得ないのですから、災禍《さいか》や悪を起《おこ》す力は全能ではあり得ないのです。全能なる力は唯《ただ》一つ神の他《ほか》あり得ないのです。それを信じて下さい。それ故《ゆえ》に吾々《われわれ》は唯《ただ》一つ、全能なる力があり、その全能なる力は神のみであると云《い》う真理の上に吾々の生活と運命とを築き上げるのです。これが諸君が健康になり、幸福になり、すべての災禍から逃《のが》れる唯一《ゆいいつ》の途《みち》なのです。諸君よ、安心して下さい。唯《ただ》一つの全能なる存在は神であり、神は愛であるのですから、真実に於いて吾等《われら》に悪の起りようはないのです。

諸君は真実の存在を外見《がいけん》に依《よ》って判断しようとします。そう云う判断を止《や》めて下さい。「生長の家」の聖経《せいきょう》『甘露《かんろ》の法雨《ほうう》』には「感覚は唯《ただ》信念の影《かげ》を見るに過ぎず」と書いてあります。西田哲学では「観《み》られる世界は観る人の心の影だ」と云い、仏教では三界《さんがい》は唯心《ゆいしん》の所現《しょげん》であると云《い》います。神は善であり、真実に於いて「一切《いっさい》は善である」と云《い》う信仰を見える世界の外形に依《よ》って捨ててはならないのです。五官の世界は心の姿の反映ですから「悪」が存在するごとき五官の証明に依《よ》って、神は善であり愛であると云う信仰を捨ててはなりません。観《み》えると云うことと「真実にある」（実在する）と云うこととは別なのです。外形に依《よ》って判断すれば、人生はしばしば悪《あ》しきものが充満し、災禍《さいか》や、疫病《えきびょう》が充《み》ち満《み》ちているように思われます。しかし、神が完全であり善でありたまうと云う信仰によって実相を観《み》れば、真実の人生は決して悪ではないと云うことが判《わか》るのです。そして却《かえ》って人間自身が彼の悩みの原因であるのです。何故《なぜ》人間自身が彼自身の悩みを造《つく》ったのでありましょうか。それは彼に与えられたる自由の誤用からです。自由意思によって智慧《ちえ》の樹《こ》の果《み》を食べたからです。パンドラの箱の中に「実相」の希望のみを封《ふう》じ込み、すべての悪をのさばらせたからです。すべての悪は五官智即《すなわ》ち「智慧の樹の果」を食し、五官によってみとめられる一切をそのまま実在であるとし、「実相」をパンドラの箱、即ち潜在意識の箱の中へ封じ込むことに依《よ》って顕《あらわ》れて来たのです。

かくて神が人類に与えた「自由」を人類は最初の使いかたに於《お》いて失敗したのです。しかし、それは「悪」と云《い》うよりも、人類がまだ幼稚で発達の途上にあったと云《い》えるでしょう。やがてパンドラは其《そ》の箱のなかから「実相」の希望をも、此《こ》の世の中に喚《よ》び出して、思うままに内の「希望」を、「実相」を、実現せしめる時が来るでしょう。否《いな》、既《すで》にそれは来つつあるのです。人類は先《ま》ず「智慧《ちえ》の樹《こ》の果《み》」を食べて楽園から追放された、しかしやがて「生命の樹の果」を食べてエデンの楽園に帰還するべく生長しつつあるのです。人類の失敗はそれは試行錯誤《しこうさくご》であって「悪」ではない。失敗のように見えているけれども失敗ではない。人類は試行錯誤を通して進歩しつつあるのです。人類は楽園以外に一歩も出られないで幸福であったのでは、封建的《ほうけん》幸福、俘囚《ふしゅう》の軟禁者《なんきんしゃ》の幸福です。人類は自由に楽園を飛び出して、また自由に楽園に帰るのでなければならない。人類は自由にパンドラの箱を開いて、しかもすべての「悪」を雲散霧消《うんさんむしょう》せしめ、「希望」を自由に実現し得るのでなければならない。今迄《いままで》の封建的教えは慾望《よくぼう》の自由を封《ふう》ずることによって人間を安泰《あんたい》に置こうとした。何故《なぜ》なら慾望は苦しみを生ずるからであると教えている。しかしながらこれは配給されたる「安泰」であって、人間が自由によって獲得《かくとく》したる安泰ではない。吾々《われわれ》は斯《か》くの如《ごと》く「自由」のない「安泰」を真《しん》の幸福とすることは出来ないのです。吾々《われわれ》は自由にともなう艱難《かんなん》を避けることを決して欲《ほっ》しないのです。吾々は自由によってみずから得たる艱難に意義を見出《みいだ》さんと欲するのです。吾々はみずから試みて苦しみを得たときに、その苦しみの原因を見出し、みずから其《そ》の欲望を正しき方向に導いて、みずからの自由によって不調和を改めて調和を実現せんと欲するのです。不調和が生ずるのは、意欲の自由そのものには非《あら》ずして、自由がみずから何を封ずべきか解放すべきかの方向を間違えた為《ため》なのです。かくて最も低き意欲を満足せしめた所の人も亦《また》最も高き意欲を持つことが出来るのです。基督《キリスト》を迫害した使徒《しと》パウロも、愛に対して偉大なる協力を献《ささ》げる事が出来るのです。最も大《だい》なる罪人《つみびと》も最も大《おお》いなる聖者《せいじゃ》となる事が出来るのです。昔から「悪に強き者は善にも強し」と云《い》われています。一度罪《つみ》を犯《おか》したからと云《い》って、善を為《な》す自由を奪《うば》ってはならないし、また善を為《な》す志向を捨ててはならないのです。「善人にも悪人にもなる所の人間は緬羊《めんよう》にも非《あら》ず山羊《やぎ》にもあらずその中間のアルパカの一種の如《ごと》きものだ」と或《あ》る人は云《い》っています。と云《い》う意味は、人間は実相に於《お》いて、神の子として万徳《ばんとく》円満であるけれども現象に於《お》いては、心に従って「悪」も出せれば「善」をも出せると云う意味なのです。日本でも「傀儡《かいらい》師《し》、首にかけたる人形箱、仏《ほとけ》出そうと鬼《おに》を出そうと」と云う道歌《どうか》があります。傀儡師の首にかけたる人形箱は「パンドラの箱」に当《あた》るものであり、「悪」を出そうと「希望」を出そうと自由なのです。吾々《われわれ》は自己の自由に於いて魂《たましい》の中に神の生命《いのち》を啓発して吾々《われわれ》の意欲を天的なる高さにまで浄化《じょうか》し誘導しなければならないのです。吾々が自身の欲望を導いて斯《か》く浄化し昇華《しょうか》せしむる時、吾々の欲望は天的なる実相を顕現《けんげん》するのです。ここに「天的なる」と云う言葉に依《よ》って、私は自由なき俘囚《ふしゅう》としての楽園に於ける一層安《いっそうあん》易《い》なる生活を意味するのではないのです。孔子《こうし》の所謂《いわゆ》る『心の趣《おもむ》くところに従って矩《のり》を越《こ》えず』と云った様《よう》に吾々は欲望を自由に解放しながら、しかも神の造《つく》り給《たま》えるそのままの秩序《ちつじょ》、善、正義《せいぎ》を実現し得るのが理想であり、吾等《われら》が真《しん》に自由に解放せられるとき、幾多《いくた》の試行錯誤《しこうさくご》を通して吾々《われわれ》はその境地に近づくのです。吾々《われわれ》は試行錯誤を恐《おそ》れてはならない。吾々は試行錯誤を通して実相が顕現《けんげん》するのです。しかし試行は錯誤が目的ではない。試行を正しき方向に導くのは想念の正しさです。想念の明るさです。かくて吾々の生活もその想念と等《ひと》しき姿に正しく明るきものとなって顕《あらわ》れて来るのです。

正しき明るき想念をもてば、試行に錯誤なくして神が吾々に与えた所の善なる実相が実現し、パンドラの箱に封《ふう》ぜられたる「希望」が現実となるのである。吾々は想念を正しくすることによって、実相最高の善にまで調和して吾々を運んでくれる所の祝福の流れに乗ることが出来るのです。すべての善《よ》きもの、総《すべ》ての愛すべきもの、すべての天的なるものの方向に吾々を運んでくれる所のものは、吾々自身の善、又《また》は正しき思考そのものには非《あら》ずして神の生命の流れの本来善なる性質に依《よ》るのであります。吾々の正しき想念、明るき想念等は、神の生命の流れに波長を合わせ、その流れに乗るように調節するに過ぎないのです。総《すべ》ての善は自分自身の内に非《あら》ずして、神の生命の流れのうちにのみあると云《い》う事を知らなければならないのです。吾々《われわれ》は神の生命の祝福の流れに乗るに過ぎない。それは微妙な考え方の相違《そうい》ではあるが、実に善の根元《こんげん》を神より来るか人間より来るかの根本的相違を来《きた》すのです。すべての善は神より来《きた》ると云《い》うことを知らなければ吾々《われわれ》はヨブのそれに似たる如《ごと》き経験を通過しなければならないのです。旧約聖書のヨブ記をお読みになった方は御存《ごぞん》じでしょうが、ヨブは自分の幸福は自分が正しいから当然の結果であると考えたが故《ゆえ》に、色々の艱難《かんなん》が続出したのです。如何《いか》なる正しき者でも、彼の善は神より来《きた》るものであって、彼自身の正しさの結果ではないのであります。イエスも「吾《わ》れみずからにては何事をも成《な》し得ず」と云われました。自己の完全なる否定によってのみ、神なる自己――自己にあらわれたる真《しん》の自由――が実現するのであります。否定を媒介《ばいかい》として得られたる「真自己」の肯定《こうてい》でない限り、それは真の自由ではなく我儘勝手次第《わがままかってしだい》と云うものになるのでありま
す。

既《すで》に述べたところによって、総《すべ》て善と云《い》うものは、神の生命より流れ出《い》ずるのであって、吾々《われわれ》自身の肉体我《が》より流れ出《いず》るのではないと云《い》うことがお判《わか》りになったと思います。吾々《われわれ》が為《な》し得る所の最上のことは、神の生命と波長を合《あわ》して神の善と協同することのみです。吾々は想念を媒介《ばいかい》として神そのものの本質にまします所の無限の完全さを、現実界に具象化《ぐしょうか》することが出来るのです。吾々は今までと雖《いえど》も神を本源とする所の力を使っていたと云うことは否定出来ません。併《しか》し神より発するその力を吾々は本当に正しく使っていたでしょうか。吾々はその使い方を正しくすれば善となり、健康となり、幸福となるのですが、これを誤れば、悪となり、災禍《さいか》となり、不幸となるのです。即《すなわ》ちそれは試行錯誤《しこうさくご》の過程です。併《しか》し試行錯誤は必ずしも避け難きものではない、それは唯《ただ》たましいの生長過程の一面に過ぎないのです。たましいの生長過程にはまた別の一面があるのです。と云うのは、生命そのものは吾々が大生命の流れに任《まか》しさえするならば最高の善に吾々を運んでくれる所の、神本来の性質と目的とを持っている善ひとすじの流れであると云うことです。

生命は善であり、その目的は善である。善のほか、生命はあり得ないのです。そして貴方《あなた》は生命なのです。悪と見ゆる所のものは生命の実相の中にあるのではない、神本来の善なる意図《いと》の中にあるのではないのです。吾々《われわれ》の生命の流れが、善ひとすじの大生命の流れから分離する、その時、悪と見ゆる状態があらわれて来るに過ぎません。吾々《われわれ》は実相に於《お》いては決して大生命と分離出来ない、併《しか》し吾々の意識の中《うち》に大生命との交通を中断させる如《ごと》き念が起《おこ》るとき、三界《さんがい》は唯心《ゆいしん》の所現《しょげん》であるから、神から見放されたような不幸な状態があらわれるのです。吾々は意識に於《お》いては善なる大生命と調和して生活し、働き、想念し得ると共に又《また》反対することも出来るのです。実相に於いては如何《いか》にともあれ、若《も》し吾々の意識が神の意識に対して反抗的に働くならば吾々の生活には凡《あら》ゆる方面に於いて不調和が生ぜざるを得ないのです。このとき所謂《いわゆ》る「試煉《しれん》」とか、「神の鞭《むち》」とか、「神の怒《いかり》」とか云《い》う状態があらわれ、吾等《われら》は試みられ、籾摺機《もみすりき》にかけられたる穀物のように篩別《ふるいわ》けられるのです。併《しか》しながら、吾々の意識が、若《も》し神の御意《みこころ》と一致し、波長を合《あわ》せ、吾々がそれに協同活動するならば、即《すなわ》ち

「正しき真理の道」を歩めば、吾々《われわれ》は常に今より一層大《いっそうおお》いなる善、調和、及《およ》び法悦《ほうえつ》の境に導いてくれる所の唯一《ゆいいつ》の善なる神の祝福の流れに乗ることが出来るのです。

神は常に無尽蔵《むじんぞう》の本源より、より一層《いっそう》よきものを出《だ》し給《たま》う。

人間の実相は無限の善であり、無限の健康であり、無限の幸福である。併《しか》し現実人生はより高きもの、よりよきものに対する不断の進歩です。即《すなわ》ち内在無限の善が徐々《じょじょ》にそれを現実世界に映し出す過程です。その映し出されるのは吾々《われわれ》がそれに対して焦点《しょうてん》を合わせるならばであります。若《も》し貴方《あなた》が、神のつくり給《たま》える完全なる世界の実相に焦点を合わさず、人生は悪であり、人類は次第《しだい》に退化過程を辿《たど》るものであり、一歩々々暗黒と悲惨《ひさん》との境に沈んでゆくものであると云《い》う事を信じ、常に暗い心と、暗い言葉を吐《は》き散《ち》らすならば、吾々の人生経験に於《お》いてはその思いの通りに、言葉の通りになるでしょう。併《しか》し貴方《あなた》が神のつくり給《たま》える、完全なる世界の実相を観《み》、その実相のそのままの姿において人生を受取《うけと》り、その本然《ほんねん》の善を認め、常に明るき想念を持続し常に明るき言葉を出し、実相世界に波長を合わせるようにするならば、あなたの生活は神の祝福と恩寵《おんちょう》の流れに乗ってあなたの人生経験は常に明るく幸福なるものになるのであります。現実人生は徐々《じょじょ》に展開するところの実相無限の善ですから、よりよきより高きものが、常に一層《いっそう》より多くあらわれて来るのですから、不断に新しきよりよきものが展開してくるほかはないのです。併《しか》しこれは吾々《われわれ》が実相世界に波長を合《あわ》せることによってのみ可能なのです。若《も》しあなたが人生は悪《あ》しきものであると思うならば、それは神の創造の善《よ》さを信じないものであり、随《したが》って、神の善なる創化《そうか》作用と波長が合わず雑音が入《はい》り、或《あるい》は全然実相無限の善があらわれず、不調和が生ずるほかはないのです。併《しか》し之《これ》は人間生命の本当の相《すがた》ではないのです。それは実相世界の善を現象世界に映し出す再現する方法を誤ったからに過ぎません。人生は根本に於《おい》て善なのです。それは無限の智慧《ちえ》です、愛です、健康です、幸福です、神に祝福されたものなのです。従ってより高く、より善《よ》きより幸福なる世界があなたに対して現れて来つつあるのです。あなたは是《これ》を信じなければなりません。神は必ずあなたを調和あり美しく、そして妙《たえ》なる所の状態にまで運んでくれつつあるのです。人生の実相は善であって悪ではないと云《い》う真理を常に強く心に思念するとき、その思念は「実相無限の善」の世界の放送を真正面《ましょうめん》に受容《うけい》れ、それは正しき啓示《けいじ》となってあらわれ、諸君にとって幸福なる、新しき世界の実現となってあらわれて来るでしょう。吾々《われわれ》は神の子として神に祝福されたものであり、総《すべ》ての方面に於《お》いて幸福であらねばならないのは真《しん》に神の御意《みこころ》であるのです。箕《み》をもって穀類を篩別《ふるいわ》けるが如《ごと》く吾々《われわれ》をテストし給《たま》う所の過程は、実は迷いの自壊《じかい》作用に過ぎないのです。その自壊作用は一種の脱皮《だっぴ》作用とも云《い》うべきものであって、より一層大《いっそうだい》なる祝福に対して、道を拓《ひら》いて下さりつつあるのです。不幸が来るとも、生《せい》のモティーフを、神のみこころを、宇宙を支えている所の法則を、愛と祝福であると云うことを忘れてはならないのです。

神を信じない人々は此《こ》の世界を、感覚的経験に依《よ》って判断いたします。そのような人は五官の眼耳《めみみ》等をもって、「悪」或《あるい》は彼が「悪」と考える所のものを自分の身辺に見出《みいだ》して、そこに「悪」の映像を見出し、それを「真の存在」だと見誤り、人生の目的は究極に於《お》いて悪である、「悪なる力」が人生を支配していて、其《そ》の「悪なる力」が好き候《そうろう》な様《よう》に人間は摑《つか》んで振《ふ》り廻《まわ》されているのであると結論を下《くだ》すのです。併《しか》し、之《これ》に反して神の善を信じ、神の創造の必ず善なることを信ずる信仰的な人はその反対が真実であると云《い》うことを信ずるのです。このような人は、神が善であり、愛であり、力であることを確乎《かっこ》と信じ、斯《か》くの如《ごと》き考《かんがえ》が間違っていると如何《いか》に五官の経験が証明しようとも、五官の証明よりも神の「善」を信じて動くことがないのです。彼の五官に、如何《いか》に「悪」が存在するが如《ごと》く見えようとも、善なる神がこの世界を支配し給《たま》うことは確実であり、「悪」は何等《なんら》積極的実在でない、「悪」とは、「善」が将《まさ》に顕現《けんげん》せんがために、霽《は》れ行く空に消え行きつつある、浮雲《うきぐも》に過ぎないと云《い》うことを信ずるのです。見せかけの表面の「悪」に面するとも、その背後に「善」なるものが横たわっていると云う信仰を固くいつまでも維持《いじ》しているならば、その信仰は遅かれ早かれその真実なることを証明されるときが来るのです。神に就《つ》いての斯《こ》のような確《かた》き信仰は、真《しん》に貴方《あなた》が幸福を実現しようと欲《ほっ》せられるならば、最後の防禦線《ぼうぎょせん》にまで押し詰められても、堅持《けんじ》しなければならないのです。たといその最後の防禦線《ぼうぎょせん》に於《お》いて一切《いっさい》の希望が裏切られたかに見える時にも、神の「善」を固く信じて疑わなければその最後の瞬間に神はその善なることを立証し給《たま》うときが来るのです。即《すなわ》ち一切の暗黒の帳《とばり》は忽焉《こつえん》として解《と》き放たれ、澄《す》み切った青空には東雲《しののめ》の太陽がサンサンと燦《かがや》き出《い》ずる時が来るのです。それには、先《ま》ずニセモノの「自分」が、「我《が》」の誇りが粉砕《ふんさい》されなければならないのです。「自力誇《じりきぼこ》り」が悉《ことごと》く粉砕された時にこそ、神が愈々《いよいよ》働き給《たま》う時なのです。吾々《われわれ》の魂《たましい》が悟《さと》らねばならぬ唯《ただ》一つのことは、自分の力で戦っていると云《い》う「我《が》の闘争《とうそう》」の感じを悉《ことごと》く捨て去り、自己自身をすっかり投げ出して完全に神に帰一《きいつ》することであります。「至心廻向《ししんえこう》」と真宗《しんしゅう》で云《い》う無我帰命《むがきみょう》の心境です。「完全なる魂の神への転回」(Complete conversion) です。之《これ》が為《な》された時、そしてどこまでもその信仰を捨てない時、その信仰の正しいことが実証せられるのでありますす。この時こそあなたは真理はそれ自身を実証する所の力を持っていることを見出《みいだ》されるでありましょう。実際吾々《われわれ》は自力で戦い労苦することは要《い》らないのです。それは戦闘《せんとう》精神でした。それが人類の苦悩を惹《ひ》き起《おこ》したのです。吾々《われわれ》は吾々《われわれ》自身の焦躁《しょうそう》の戦いを止《や》め、唯《ただ》真理を押し進め、そして真理の中にしっかりと起《た》ち上《あが》り真理の自働的顕現《けんげん》にすっかり打ち任《まか》せ切ると云《い》うことが今や全《まった》く必要なのです。かくして若《も》し吾々が「自力誇《じりきぼこ》り」を完全に捨てることが出来るならば、全能なる真理の実現力はそれ自身の力に依《よ》ってこの世にその完全さを実証し給《たま》うに相違《そうい》ないのであります。何故《なぜ》なら真理の実現力とは神の創化《そうか》作用にほかならないからであります。

吾既《われすで》に世に勝てり

『この世に於《おい》て汝等《なんじら》は艱難《なやみ》に会わん。されど喜び勇《いさ》め、吾既《われすで》にこの世に勝てり』とイエスは云《い》い給《たま》いました。これは現象界に於《お》いて彼の弟子達《でしたち》に来《きた》るであろう所の迫害に就《つ》いて言われたのでありましたが、それにも拘《かかわ》らずイエスは直《す》ぐそれに続けて『喜び勇め、吾《われ》既に世に勝てり』と云われました。まことにも、艱難《かんなん》に逢遭《ほうそう》せる人類が、唯《ゆい》一《いっ》の光明を見出《みいだ》すのは、此《こ》の「実相」は永遠に喜びであるから、どんな艱難に面しても喜び勇《いさ》めと云《い》われたイエスの言葉であります。人この世に生《うま》れて何の悩みも持たない人はないのであります。真《しん》に世界に「真理の光」を掲《かか》ぐるところの人は、必ず一度は世の中から迫害を受け衆愚《しゅうぐ》の嘲笑《ちょうしょう》の的《まと》となるのは普通であります。併《しか》し乍《なが》ら之等《これら》のことは唯《ただ》一時《じ》に過ぎないのです。それは青空にただよえる浮雲《うきぐも》の自壊《じかい》して驟雨《しゅうう》となるときの雷霆《らいてい》のはためく響《ひび》きに過ぎないのです。如何《いか》なる轟《とどろ》く雷霆も永遠に壊《こわ》れない青空を破壊することは出来ないのです。如何《いか》なる艱難《かんなん》よりも尚一層大《なおいっそうだい》なる所の善に向《むか》う力なるものがこの世の中にあると云《い》うことを光明思想家は発見しているのです。神は愛であり、秩序《ちつじょ》であり、調和であり、完全であり、唯一《ゆいいつ》の実在であり給《たま》うと云う真理は、その真理こそ唯一の実在であるが故《ゆえ》にそれ自身を実証する時が来るのです。イエスが『我既《われすで》に世に勝てり』と、云い給《たま》いし時の「我」とは、「愛」そのもののことです。「愛」は永遠の勝者であって、如何《いか》なる艱難のときにも「愛」に生き、「愛」を生きるものは必ず打ち勝つのであります。すべて勝者となった者は「愛」に生きたからであります。総《すべ》て敗《ま》ける者は、真に愛しないからです。十字架《じゅうじか》につけられたイエス・キリストは一時は敗者のように見えたが、実は永遠の勝者であったのです。吾々《われわれ》が打ち勝つことが出来るのは「愛」の真理を通してのみであります。愛は人生の凡《あら》ゆる立場に於《お》いて道を拓《ひら》く所の鍵《かぎ》なのです。若《も》し人生の悩み多き苛烈《かれつ》なる経験に直面した時に、「愛」は何を為《な》すべきかと心の中《うち》に訊《たず》ねて見れば、何を行動するのが正しい道であるかと云《い》うことを知ることが出来るのです。斯《か》くして吾々《われわれ》は「愛」に依《よ》って本然《ほんねん》の正しき道に導かれ、正しき事物を為《な》すことが出来、調和は維持《いじ》せられ、永遠の勝者たる道を歩むことが出来るのです。

吾《われ》に宿る力

吾々に示されたる新しき世界啓示《けいじ》は、「無限者」の力が人間一人々々の中に宿っていると云《い》う真理であります。「無限者」の力は私の中《うち》に、あなたの中《うち》に、全《すべ》ての人の中《うち》に宿っているのであります。「無限者」とは神のことです。神は吾々の外《そと》にあるのではない。また或《あ》る特定の人、法王や、皇帝や、祭司や、管長やのみにあるのではないのであります。ある時代には、吾々《われわれ》は神の力は吾々《われわれ》を離れて遠き所にあると思っていましたし、また或《あ》る時代には、或《あ》る特定の階級人のみに神意《しんい》が顕現《けんげん》していると考えていました。

併《しか》し宗教にも民主的な時代が来たのです。今や吾々は聖パウロが言ったように神はわが内に、全《すべ》ての人の中《うち》に宿っていることを知ったのです。わが内に宿るところの生命は決して有限なる内の力ではない、神そのものの生命《いのち》なのです。吾々人間に生命を与え給《たま》いし神の愛を理解するにつれて、聖パウロが嘗《かつ》て言ったように神に満たされているように吾々はなることが出来るのです。(神想観《しんそうかん》の黙念法《もくねんほう》「神に充《み》たされている生かされている」参照)その時神は吾々の中《うち》に働き給《たま》う力に依《よ》って、吾々が求め又《また》は思う所の総《すべ》てよりも尚一層遥《なおいっそうはる》かに豊かなる所のものを吾々に与え給《たま》う事が判《わか》るのです。若《も》し吾々が此《こ》の真理を素直《すなお》に受けさえするならば之《これ》は実に素晴《すば》らしい真理です。パウロが「最早《もはや》われ生《い》くるに非《あら》ず、キリスト我《われ》にあって生くるなり」と言いし所の如《ごと》く、吾々は吾々自身の力で生きているのではなく、わが為《な》す力は無限者の力が宿っていて、吾《われ》をして為《な》さしめ給《たま》うのです。神の無限の力が吾々《われわれ》を満たし、生かし、導きてい給《たま》うのです。されば吾《わ》れ何事をか成《な》さんとすれば、驚異すべき偉大なる仕事がわが内に宿り給《たま》う所の神の力を通して実現するのは不思議ではないのです。

併《しか》し驚異すべき偉大なる仕事と云《い》っても必ずしも「吾々《われわれ》は魔術的な神秘的な様相《ようそう》に於《お》いて驚くべき現象が現れると考えてはならない」のです。「吾々が勝利者となることが出来るのは、人生茶飯《さはん》の経験を通して撓《たゆ》みなく働き給《たま》う所の吾々に宿る所の力の不思議なる働きによる」のです。原子爆弾は、神秘な神風《かみかぜ》のような形ではなく、日常コツコツ働く研究室の微細《びさい》な研究仕事の累積として出現したのです。打ち勝つ人は斯《か》くの如《ごと》く、人を通して活動し給《たま》う神を実践《じっせん》して勝利を得たのです。日常茶飯の生活の中に神を見出《みいだ》す人々には吾々が驚いて息の根を止める程《ほど》の大《おお》いなる驚異すべき事物を成就《じょうじゅ》し得るように約束されているのです。闇《やみ》をし、賄賂《わいろ》をとり、殺人と略奪《りゃくだつ》とを肆《ほしいまま》にしながら、イザと云《い》う時には伊勢《いせ》の神風が吹くであろうと云うような迷信は何の役にも立たないのであります。偉大なる事物は、魔法の杖《つえ》を打ち振ることに依《よ》って、吾々《われわれ》に来るのではない。努力の方向を正しくし、「今」を生かしながら、現在の目前の小事を撓《たゆ》みなく精進《しょうじん》することに依《よ》ってのみ得られるのです。

吾々《われわれ》の今見る現象界の生活は甚《はなは》だ制限されたものであり、吾々の職業は何等《なんら》意義ある目的もなく無目的のようにも見える。到《いた》る所に吾々を遮《さえぎ》る所の制限が取囲《とりかこ》んで居《お》り、希望は失われて息の根が詰《つま》るような感じがする。或《あ》るときにはこんな面倒《めんどう》くさい生活はもうこれ以上続ける必要はないかの如《ごと》く見え、唯《ただ》可能なる所の唯一《ゆいいつ》のことはその総《すべ》てから逃げ出すと云《い》うことだと云《い》う感じがすることもありましょう。併《しか》し「実相」を見れば吾々には勝利の道の他《ほか》に逃《のが》れる道はないのです。我々は「自分」を空《むな》しくして神の導きに従えば好《よ》いのです。我見《がけん》をもって利己主義を行い、これが勝利の近道であると見るのは総《すべ》て誤りであるのです。若《も》し吾々が「我《が》」の心によって神の導きに対して逆《さか》らうならば、ナイヤガラ瀑布《ばくふ》の激流を堰止《せきと》めようと試みるのと同じことで、実に大《だい》なる圧倒的な力に対して戦いを挑《いど》んでいるようなものだ。神はあらゆる体験を通して吾々を導き給《たま》う。諸君の周囲に、身辺に、起《おこ》って来るところの出来事は、その時、その場にとって、あなたに必要な体験を与えるものなのです。吾々《われわれ》がそれを喜んで受けるとき、その環境を卒業して次の環境へと脱出し得るのです。ただ徒《いたず》らに安易《あんい》なより幸福なる道を選ばんとし、与えられた環境から逃げ出そうと思うならば、吾々《われわれ》が逃げ出そうと試みた所の人生体験よりも尚一層恐《なおいっそうおそ》ろしい逆境の犠牲とならなければならないことがわかるでしょう。逃《のが》れる道は唯《ただ》一つ、それは素直《すなお》に、そのまま有《あり》難《がた》く、今ある物を悦《よろこ》び受けて、今を完全に生き切ることなのです。げに「無抵抗」と「感謝」とは勝利の道につづいているのです。「十里の公役《こうえき》を強《し》いられなば二十里を行け」です。イエスの此《こ》の言葉の深い意味には、ただ「無抵抗」以上のものがあります。外《そと》から課する苦役《くえき》のように見えているものの中に、実は神が導き給《たま》う救いの道があるのです。

「巨大なる瀑布《ばくふ》の力に反対しようと試みることは無駄《むだ》のことであるとは云《い》え、それを、彼の役立つようにすることは出来る」とハンブリンは巧《たく》みな譬喩《ひゆ》をもって説明しています。猛然と落下する瀑布の水の中に埋蔵《まいぞう》されている所のエネルギーを水力電気に転ずることは不可能ではないのです。併《しか》しそれは自然の法則に従うことによってであり、法則に逆《さから》っては何事も出来ません。吾等《われら》が自然の法則に従えば、ナイヤガラの瀑布《ばくふ》も其処《そこ》から遠く離れている町を照らす為《ため》や、又《また》色々の機械を運転する為や、そして吾《われ》らの祥福《しょうふく》を齎《もたら》す為に利用することが出来るのです。それと同じように、吾々《われわれ》は神が吾々《われわれ》に課したまう環境や境遇に逆《さか》ろうては、生活は益々《ますます》困難になって来るけれども、之《これ》に反して、その環境と境遇とを素直《すなお》に悦《よろこ》び受け、これに従うことによって吾々に課せられたる総《すべ》ての人生体験は、吾々の性格を陶冶《とうや》し、意志を鍛錬《たんれん》してくれ、魂《たましい》を向上させてくれ、吾々自身を人生の主人公たらしめてくれる有力な栄養を供給してくれるものなのです。

吾等《われら》の中《うち》に「無限の力」は、宿っているのです。神は「吾等の中《うち》に働きたまう力」となって吾らの内に宿ってい給《たま》う。――この力に依《よ》って神は吾々が求め且《か》つ期待するよりも尚一層《なおいっそう》素晴《すば》らしく豊かなるものを吾々に与え給《たま》うことが出来るのです。神は、若《も》し吾々が神の導きに素直に従うてゆくならば、吾々の中に働き給う力を通して之等《これら》の奇蹟《きせき》を為《な》すことが出来るのです。爰《ここ》に「吾々《われわれ》の中《うち》に働き給《たま》う力を通して」と云《い》うことを忘れてはなりません。「神は自《みずか》ら助くるものを助く。」目の前にある戦災地を其翌日《そのよくじつ》から農園に変ずるような心懸《こころがけ》のところには飢餓《きが》は迫り来《きた》らないのです。「神は今に至るも働き給《たま》う。」吾々《われわれ》が斯《こ》うして、与えられた境遇を悦《よろこ》び受けて、そのまま「今」を生かして生活するならば、神は吾々の中《うち》に働き給《たま》う力に依《よ》って之等《これら》の奇蹟を為《な》し給《たま》うのであります。神の道に従うて吾々が歩むならば、決して究極に於《お》いて失敗すると云《い》うことはあり得ないのです。何故《なぜ》ならば神は決して失敗し給《たま》わないからであります。神の道は吾等《われら》にとって唯《ただ》善なる道にのみ導き給《たま》います。神の道は信仰家振《ぶ》る虚栄《きょえい》の道ではなくして、働きを通して光栄を与え給《たま》う道なのであります。

善ならんとする力

「吾《われ》に宿り給《たま》う神の力」はその応用が千変万化《せんぺんばんか》であります。それは必ずしも実生活に無限の供給を恵み給《たま》う力許《ばか》りではなく、また総《すべ》ての経験を通して吾々の魂《たましい》を向上に導き給《たま》う力でもあり、また肉体的には、吾々《われわれ》を健康に保ち給《たま》う力でもあるのです。貧乏とは供給の欠乏であると同様に不健康とは神の生命の欠乏であるのであって、「病気」と云《い》う確乎《かっこ》とした実在が存在するのではないのです。生命力が欠乏した地味《ちみ》乏《とぼ》しき痩地《やせち》に育った植物は、病気又《また》は細菌《さいきん》の侵入を受けるのであります。よき土壌《どじょう》に植えられ、よき肥料が豊かに与えられて肥《こ》えたる土地に生育せる同じ植物は細菌の侵入を蒙《こうむ》らず、それの病原体の攻撃に対して大《おお》いなる抵抗力を持っているものです。人間に於《おい》ても同じ事です。若《も》し人間が生命力を欠くならば種々《しゅじゅ》の不健全状態、虚弱《きょじゃく》体質、病気又は不調和の状態を現わすに到《いた》り、その面白《おもしろ》からぬ状態に注意を払《はら》えば払う程《ほど》彼の健康状態は尚一層《なおいっそう》悪くなり勝《がち》です。色々の病的徴候《ちょうこう》の一つを征服したと表面見えているとき他の病的徴候が又現れてくるでしょう。これは自己を虚弱だと思っている人々が常に体験せられるところなのです。不幸や、不健康や、病気等々はこれを心に描いて征服すべく焦慮《しょうりょ》し攻撃することに依《よ》っては根本的にそれから脱出することは出来ないのです。自分を破壊する力の包囲攻撃を心に描いて、その包囲網を突破すべく全力を尽《つく》した結果は却《かえ》って自己を滅《ほろ》ぼすことになります。一切《いっさい》の不幸は心に描いて攻撃したのでは、その不幸は脱出することが出来ないのです。凡《およ》そ一切の不幸なる「形」は結果であり、自己内在の生命力を自覚せざる証拠《しょうこ》であるに過ぎないのです。不幸から脱《のが》れるために必要なものは、心に消極的なる「不幸」を描くことではなく、自己内在の神を自覚し、生命力を増加すると云《い》うことのみです。若《も》し病人が病気に対して精神を集中することを止《や》め、自己に宿る無限力に対して精神を集中するならば、現れた結果（病気）に対して戦う代《かわ》りにその原因を修正しようとするのであるから、癒《い》やされる希望が多いのであります。若《も》し、吾々《われわれ》が「自己の内に働き給《たま》う神の力」の顕現《けんげん》し易《やす》いように、自我の殻《から》（個心《こしん》）を破壊してしまうことが出来るならば、吾々《われわれ》は神の生命力の豊富なる流れのままに事物が顕現し、一切の不幸、災厄《さいやく》貧乏、肉体の虚《きょ》弱《じゃく》さ、病気などは忽《たちま》ち過去のものとなってしまうのであります。

自己が自己の主人公たれ

真《しん》の成功とは人間が事業や金銭の奴隷《どれい》となることではなく、自己が自己の主人公となるように自己の生命を生きることであります。真の成功の基礎は人格にあります。人生の航路に於《お》いて遭遇《そうぐう》する総《すべ》ての人生体験の意義は「人格」を陶冶《とうや》し向上せしめる鍛錬《たんれん》である点に存《そん》します。凡《あら》ゆる見せかけの困難は、真の神の如《ごと》き勝利の門に入《はい》るための入口に設けられたる鑰孔《かぎあな》に過ぎないのです。その鑰孔《かぎあな》にピッタリと当嵌《あてはま》る鍵《かぎ》とならなければならない。神は弱き失敗を予想し給《たま》わない。神は常に成功を見給《みたま》うのです。さらば吾々《われわれ》も常に勝利と成功を心に描かなければならない。それは併《しか》し乍《なが》ら金銭や名誉や利己主義の条件に於《おい》てであってはならないのです。それは人格や真の価値に於《おい》てでなければなりません。よき人格の開発と魂《たましい》の勝利とは、必ずしも世間的な現実的な成功を、常には齎《もた》らさないかも知れません。人格が成功の基《もとい》になる事は、最もしばしばであるけれども、単なる現実的成功は、それ自身に於て真の成功ではないのであります。ある人が集めた所の金銭の量、彼が贏《か》ち得た所の浮世《うきよ》的名誉は必ずしも死の瞬間に魂《たましい》の満足を与えるものではないのです。死の瞬間永遠の光に照らして見て真《しん》の価値が定められるような勝利と成功とこそ吾々《われわれ》に望ましいのです。併《しか》しながら人格の勝利や、真実値打《ねうち》のある品性の獲得《かくとく》や、之等《これら》は総《すべ》ての泡沫《うたかた》の如《ごと》きこの世の事物が破壊して真の光に照《てら》される時光栄ある満足を与えてくれる所の事物であり、これこそ真の永遠の価値づけを以《も》って評価さるべきものであります。

第四章　次に心に善《よ》き想念を生み出せ

カーライルは「すべて見ゆる事物は影《かげ》である。汝《なんじ》の見るところのものは、物質自身の力で其処《そこ》にあるのではない。厳密《げんみつ》に云《い》うならばそれは決して其処《そこ》に存在するのではない。物質はただ霊的にのみ存在する、即《すなわ》ち或《あ》る想念《アイデア》を表現し、それを具象化《ぐしょうか》しているに過ぎない」と云《い》っているのであります。又《また》使徒《しと》パウロは「見ゆるところの事物は一時的なものであり、見えないところのもののみ永遠である」と云っているのであります。

これは「生長の家」の三界唯心《さんがいゆいしん》の所説《しょせつ》と全《まった》く符節を合《がっ》するようではありませんか。

戦後やや復興して来た西田哲学の中心思想は「凡《およ》そ形あるものは、形無きものの影《かげ》である」と云《い》うことでありますが、いずれの哲人《てつじん》の所説《しょせつ》も、宗教の所説も結局は同一真理に到達すると云《い》わなければならないのであります。されば形の「幸福」を求むるならば先《ま》ず「形なき世界」に幸福を樹立しなければなりません。

諸君が若《も》し幸福を「形」の世界に求められるならば結局失敗するより仕方がないのであります。何故《なぜ》ならば「影」を追っているからであります。御覧《ごらん》なさい、影は結局つかんだと見えた瞬間、消えてしまうのであります。「形」は結局つかんだと見えた瞬間それが影であったことが判《わか》るのであります。

先ず幸福ならんと欲《ほっ》すれば「幸福」の想念を心に描くことが必要であります。私が嘗《かっ》て『行《ぎょう》』と云う雑誌に、「これから毎日凡《あら》ゆる点に自分は善《よ》くなる」と云うクーエの暗示の言葉を、朝起きてすぐ精神の目覚め時、及《およ》び就寝せんとして心恍惚《こうこつ》たるとき二十回ずつとなえるように勧奨《かんしょう》し、一ヵ月継続すれば必ずよきことがあるから、善《よ》き事が起《おこ》った人は通信して下さいと書いたところ、無数の善《よ》き事、幸運、福運、健康増進等が実現したと云《い》う感謝の手紙を受取《うけと》ったことがあるのであります。

何故《なぜ》、善《よ》き言葉を唱《とな》えれば善《よ》き事が起るかと云《い》いますと、見ゆる事物は、見えざる想念の世界に先《ま》ず描かれて、それがやがて形にあらわれて来るのだからであります。

すべてのものは先ず心の世界に発生し、それが形にあらわれてまいります。よき意味の歌を合唱又《また》は斉唱しますと、その合唱又は斉唱の際に於《お》ける精神統一の刹那《せつな》に、その善《よ》き想念が、潜在意識界に根をおろし、やがて芽《め》を吹き、実《み》を結ぶのであります。潜在意識の奥底は、深く宇宙意識の創化《そうか》作用につながっており、潜在意識に印象したことを、宇宙意識が実現してくれるのであります。これに反して悪《あ》しき意味の歌はそれを潜在意識に印象され、宇宙の創化力を動かして悪しきことを実現します。昔から暗い歌が流行《はや》ると、暗い禍《わざわい》が出て来ると云われているのはそれであります。

誰《たれ》でも知るアメリカ大陸の存在は先ずコロンブスの心の中に描かれて、それが実現したのであります。原子力の実現も、米英の科学者の想念の中に描かれ、それがやがて具象《ぐしょう》したのであります。日本人の想念の中には原子力の工業化的実現などは思いも寄らず、従ってそれは心に描かれず結局そのような大発明は実現しなかったのであります。

殷鑑遠《いんかんとお》からず、その実例は眼前にあります。何を吾々《われわれ》が心の中に考えるか、それによって一家《いっか》は滅《ほろ》び、一人《いちにん》は栄《さか》えます。何を吾々《われわれ》が想念するか、それによって或《あ》る人はただ小発明しか完成し得ないのに、或《あ》る人は大発明を完成致《いた》します。フト思いついた善《よ》い考えは、その人の全生涯を幸福と繁栄とに導き、フト思いついた悪《あ》しき考えは、その人の全生涯を不幸と衰頽《すいたい》とに導きます。その「フト」と云《い》う神秘なしろものこそ重大なものであります。

文豪スティーヴンソンは常に手帳を携帯していてフト思いついた名案をそれに書き止め、それが後《のち》の大創作の材料になったと云《い》います。生長の家の『智慧《ちえ》の言葉』は、私が道を歩きながらフト思いついたインスピレーションの言葉をその頃常《ころ》にポケットに携帯していた手帳に書きとめて置いたものです。フト思いついて左方《さほう》に寄ったために敵弾に触《ふ》れないで助《たすか》った人もあります。すべてはフトの想念が支配しています。軍閥《ぐんばつ》は「戦争すべく」フト思いついたために、ついに日本を滅亡《めつぼう》に瀕《ひん》せしめ、国民全部を塗炭《とたん》の苦しみの底に投じたのです。

この「フト」の示唆《しさ》こそ吾々《われわれ》の運命を左右《さゆう》するものであります。この「フト」の想念が過《あやま》るならば吾々《われわれ》は不幸のドン底に叩《たた》きのめされるのでありますから、不幸にならぬ為《ため》には「フト」の世界を清めなければならないのです。

「フト」思いつくと云《い》うのは決して「偶然」ではないのであります。「フト」と云《い》うのは心理学的に云うならば、「潜在意識」の世界であります。心霊学的に云いますと、これを守護霊《しゅごれい》(guardian angel)の導きと云うのです。ホーマーや、ヴァージルや、ミルトンは、守護霊の囁《ささや》きを聞いたと云います。それを彼らはミューズの神(Muses)の囁《ささや》きを聴《き》くと申しておりました。ソクラテスは、自分の守護霊をデモン(Demon)と呼び常にその教《おしえ》に傾聴《けいちょう》し実行したのです。セネカは自分の守護霊をジーニアス(Genius)と呼び、毎日ジーニアス(天才の神)の囁きを聴いてそれを日常生活の指針にしたのです。

旧約聖書の預言者ならずとも、神の声を聞く人は、少《すこ》しく精神統一の修行や、宗教的修行をした人にはザラにあります。生長の家で神想観《しんそうかん》の実修をした人にも沢山《たくさん》あります。神想観の実修をすれば、インスピレーションに感じ易《やす》くなります。精神が浄化《じょうか》しますから、悪い想念や、破壊の想念と波長が合わなくなります。

（註）神想観の実修法は、『生命《せいめい》の實相《じっそう》』第八巻・『詳説・神想観』等にある。

大体、心理学で「潜在意識」と呼び、心霊学で「守護霊」と呼んでいるものの中《うち》には幾多《いくた》の種類があって、必ずしも「聖《せい》の世界」からの天使の声ばかりではありません。そう云《い》う場合、フト思いついた事を実行したために飛んでもない不幸に遭《あ》うことがありますから注意せねばなりません。

吾々《われわれ》はそう云《い》う守護霊や、潜在意識の世界をきよめて、ただ「聖の世界」（実相の世界）の放送のみを自分の心の受信機に受取《うけと》るようにしなければなりません。そのためには潜在意識の世界を浄《きよ》めることが必要なのです。ただ何でも潜在意識の世界からの「音《おと》ずれ」に耳を傾《かたむ》けたら好《い》いと云《い》うのではありません。神のお示《しめ》しならざる雑音を聴《き》いて、それをフト心に思い浮《うか》べた場合には貴方《あなた》の生活に不幸が来るのです。

この場合にも当嵌《あてはま》るのは「先《ま》ず神の国と神の義《ただしき》を求めよ、その余《よ》のものは汝等《なんじら》に加えられるべし」と云《い》うことであります。「自分の我慾《がよく》や慾張り根性を満足せしめるために、必要なる智慧《ちえ》を神よ授《さず》け給《たま》え」と云うような心境では聖《せい》の世界の波長とあなたの心の波長とが合う筈《はず》がありません。そして寧《むし》ろ、迷える悪魔の世界と波長が合いますから、貴方《あなた》の心の中にフト浮ぶことは、悪霊の念であり、障礙霊《さわりのれい》の念であり、随《したが》って貴方がフト思い浮べて為《な》す事が面白《おもしろ》からざる結果になるのは当然のことであります。

諸君よ、あなたの心の波が「聖の世界」の波長に合うためには他《ひと》の幸福のために祈れ、「最大多数を幸福にするためには、神よ何をなすべきか教え給《たま》え」と祈れ。微塵《みじん》も我《が》を用《もち》うること勿《なか》れ。その時、諸君のうちにある「真理の霊」が目覚めてくるのでありあります。そして、宇宙に満つる真理の霊と波長が合います。そして諸君のフト思う

ことが真理となり、それを実行することによって幸福の世界が実現するのでありま
す。それは波長の原理の喩《たと》えをもって説明したのですが、実際はすべてのものが貴方《あなた》
のうちにあるのですよ。貴方が真理を理会《りかい》し得るのは、真理と等《ひと》しきもの、否《いな》真理よ
りも偉大なるものがあなたの内にあるのです。それが今迄《いままで》顕《あらわ》れなかったのは、ただ
潜《ひそ》んでいたからです。心の塵埃《ごもく》に覆《おお》われていたからです。心の塵埃《ごもく》を清掃すれば露《ろ》
堂々《どうどう》と、真理の示唆《しさ》が、あなたの心の耳にきこえるのです。「聖《せい》の世界」はあなたの
内にあったのです。これこそが「入龍宮不可思議境界《にゅうりゅうぐうふかしぎきょうがい》」と云《い》うものです。
汝《なんじ》の心の内なる「真理の霊」の囁《ささや》きに耳を澄《す》ませよ。心の埃《ほこり》を去れ。素直《すなお》にその
まま、真理の霊の啓示《けいじ》に従うべし。
「殺す勿《なか》れ」「盗《むす》むなかれ」「姦淫《かんいん》する勿《なか》れ」……などは真理の霊の啓示であります。
あなたが真理の導きを受けて幸福になろうと思ったならば、自分の都合《つごう》のよいよう
に、真理の霊の囁《ささや》きを曲げてはならないと云《い》うことです。戦争中だから殺しても好《よ》
い、戦争中だから盗んでも好《よ》い、戦争中だから姦淫しても好い――などと、真理の示《し》

唆を自分の都合のよいように曲解したために、多くの戦犯者を生じ、国をも滅ぼす結果となったのです。真《しん》に道徳的な人、真に科学的な人は、真理の全体を愛するのであって、真理と見ゆるもののうち、自分に其《そ》の都合のよい部分のみを受入《うけい》れて、他を捨てようなどとはしない筈《はず》です。ですから、真理は常に、その全貌《ぜんぼう》を示して其《そ》の人を導いてくれるのです。

善《よ》き考えが浮《うか》んだならば、それを蔵《しま》って置くだけでは、やがて次なる善《よ》き考えが出なくなります。善き考えを与えられたら、それを次に伝えることが、次なる善き考えを引き出すための最善の方法となるのです。「与えよ、さらば与えられん」は如何《いか》なる場合にも永遠に真理であります。小説家がよき考えを与えられたならば、それを小説に表現し、それを社会に発表すれば、尚一層《なおいっそう》よき小説の構想があとからあとから其《そ》の小説家の心の中に浮んで来るでありましょう。併《しか》し、こんな珍らしい考えは発表するのは惜《お》しいと思って、それを小説に表現せずに空《むな》しく心のうちにたくわえて置くならば、その人の小説の創作力は鈍《にぶ》って来《き》、よき構想は浮ばなくなり、結局その人は小説家としての能力を失ってしまうことになるでしょう。

あなたが若《も》し発明家でありますならば、心の中《うち》に与えられた考案を必ず「実現」にまで与え尽《つく》せ。それが金《かね》が儲《もう》かるとか儲からぬとかで躊躇《ちゅうちょ》してはならないのです。与えられた考案や発明的考えは、それを世の中に公表して、世の中に与え尽したとき、次なる一層《いっそう》立派な考案や発明があなたの心の中に与えられることになるのです。

それは作曲家であるにせよ、宗教家であるにせよ、詩人にせよ、歌人《かじん》にせよ、よき考えは発表し、実現し、人に与え切ることによってのみ、次なる一層よき構想が、作曲が、脚色《きゃくしょく》が、詩藻《しそう》が、情操《じょうそう》が湧《わ》き出《で》てくるのです。幸福は自己に与えられた善《よ》き考えを形に実現して次に伝えること、それによってのみ善因循環《ぜんいんじゅんかん》して善果《ぜんか》となって永遠に幸福の尽くることがなくなるのであります。

第五章　斯《か》くして健全なる身体を実現せよ

一

人間の幸福は、その大部分は健康によって左右《さゆう》せられます。無論《むろん》、虚弱《きょじゃく》でも幸福な人はございます。聖フランシスのように病弱であっても神を讃《たた》え、従順《じゅうじゅん》の美徳《びとく》を実現して、人間は、不健康でも貧乏でも幸福が得られると云《い》うことを実証せられました。それどころか「キリストの受け給《たま》いし苦しみを我れにも受けせしめ給《たま》え」と云《い》って肉体の受難《じゅなん》をむしろ希《ねが》われ、受難のうちに幸福の快感を味《あじ》われたのであります。

併《しか》し、このような受難礼讃《らいさん》は「健全」な信仰ではないのであります。肉体は「念《こころ》」

の反影でありますから、受難礼讃では、肉体に受難が来るのであります。聖フランシスなどは聖痕《せいこん》と云《い》ってキリストの受難とわが受《う》くる受難とを等《ひと》しからしめんと希望する潜在意識のはたらきによって、キリストが磔刑《はりつけ》にかかったと同じような傷が、掌《てのひら》にも、右脇部《うきょうぶ》にも出来たと申します。受難礼讃が肉体の形の上にあらわれるのは此《こ》のように顕著《けんちょ》なものであるのであります。

若《も》しあなたが病気であったり、健康がすぐれなかったりしましたならば、あなたの心の中《うち》を振返《ふりかえ》って御覧《ごらん》なさい。必ず其処《そこ》に病気の「心の種子《たね》」と云《い》うものがある筈《はず》です。「病気になりたい」「病気の方が都合《つごう》が好《よ》い」「苦しみによって人間の罪はつぐなわれる」「神は苦しみによって人間を試煉《しれん》したまう」「人間は苦しまねば駄目《だめ》だ」「病気になったら親が私のことを心配してくれるだろう」「親に心配されたい」「親にいたわられたい」「良人《おっと》に心配されたい」「良人《おっと》にいたわられたい」そのほか世間からいたわられたい、同情されたい、会社を休むのでも健康で休むよりは病気でやすむ方が同情される、……兎《と》も角《かく》、病気の方が好都合だと云うような考えが心の中《うち》にあったならば、それが具象化《ぐしょうか》して病気となってあらわれるのであります。先《ま》ず自分の心のうちから、そのような病気の種子《たね》を発見してそれを取り去るように努力なさいませ。

最近ある誌友《しゆう》から次のような手紙を頂きました。

「不幸とは幸福の存在を意識して吾々《われわれ》が感ずるものであり、不幸と幸福とは相対的関係をなしているものであって、吾々《われわれ》が若《も》し不幸を感じなければ幸福をも求められないと思います。然《しか》も我々は幸福を絶対的目標としています。然《しか》し不幸は解消しない。是《これ》は決して不思議ではない。不幸が存在しなければ幸福も存在しないからだと思います。先生は其《そ》の点如何様《いかよう》に考えられますか。」

この手紙の書き手は極めて好《よ》い頭をもっていると思います。「不幸は解消しない、これは決して不思議ではない、不幸が存在しなければ幸福も存在しない」と。人間が相対的存在としての幸福をもとめている限りにおいて正《まさ》にその通りであります。吾々の潜在意識に幸福と云《い》うものは不幸があってのみ、その不幸の一時的解除の後《のち》の或《あ》る短期間にのみ味《あじわ》い得るところのものであると思っている限り、その人から不幸はなくなるものではありません。何故《なぜ》なら、その人は幸福を感ずるために、その必須《ひっす》条件として其《そ》の潜在意識が不幸を計画し、構造し、それを現象の世界に具象化《ぐしょうか》し出すからであります。このような人生観は結局不幸をつくり出す人生観でありますから、真《しん》に永遠かわらざる幸福の実現をこいねがう人はそのような相対的幸福の考えを捨てなければなりません。

真に永遠かわらざる幸福を実現せんがためには、そう云《い》う相対的幸福ではなく、苦痛のあとの解放感と云《い》うような幸福ではなく、絶対的幸福を求めなければならないのです。病気から解放されて健康が楽しいと云うのではなく、常住《じょうじゅう》健康でいて、その健康が楽しいというのでなければなりません。病気から治ったあとの短時日《たんじじつ》だけが健康が楽しめるのであって、健康が長くつづくと、健康にもうんざりする、「好《い》い加減《かげん》に病気にでもなって休んで見たいな」と思うような心は結局相対的幸福、相対的健康をのぞんでいるのでありますからそう云う人の幸福も健康も長続きするものではないのであります。

停電でもして、月もない夜が幾晩《いくばん》か続いて、急に電力が来てパッと電燈《でんとう》が点《とも》ると、その明るさが特別有りがたく感じられるのは事実でありますけれども、停電して暗い晩が来なければ、明るい晩の有りがたさがわからないと云《い》うのは相対的な心です。すべて相対心と云《い》うものは迷うのであります。何故《なぜ》なら絶対不動の悦《よろこ》びを知らないで、対境《たいきょう》に左右《さゆう》せられるからであります。

真《しん》に健康な人は、いくら健康が続いていても常にピチピチと潑剌《はつらつ》としている魚《うお》のように元気であって、健康にウンザリすると云うようなことはないのです。常に健康で、その健康によって自然に外部へは充分な活動が出来るし、内部からは生命の満ち溢《あふ》れた自覚それ自身が楽しいのです。不幸があるので時《とき》たま得られた幸福が楽しかったり、常に病弱であるので時たま得られた健康が楽しかったりする心は、既《すで》に病的な心なのです。「あまり健康がつづくので、もう此《こ》の健康にもウンザリした」と思う人は既にあたりまえの心ではないのです。既に病気の心です。その病気の心から病気が生み出され、その不幸を招《よ》びむかえる心から不幸が生み出されて来るのです。

だから人間が本当に健康になるためには、病気と相対的に存在する健康の幸福などを願わないで、絶対の幸福を、神そのままの健康を、永遠につづいて飽《あ》きることなき健康を願わなければならないのです。

人間が病気になって懶《なま》けたいという気持が起《おこ》るのは、普通の場合ではそんなにあるものではない。それは逆境《ぎゃっきょう》に立っている人のことであって、順境《じゅんきょう》にあるものは、ことさら病気になりたいと望む筈《はず》はあり得ない。それだのに順境にあるものや、富豪の家庭にでも病気が起る、否《いな》、富豪の家庭ほど病人が多いのは何故《なぜ》ですかと云《い》われる人があります。

一応、尤《もっと》もらしい問《とい》でありますが、富豪の家庭が順境だと一《いち》がいに定《き》めてしまうのは観察が足りないのです。『世界』と云《い》う雑誌の第九号に、教育大学教授の家永三郎《いえながさぶろう》氏が「男権の文芸と女権の文芸」と云う題で日本の家庭の在来《ざいらい》のありかたを色々文芸にあらわれたるものに実例をひき、

「思うに、妻の夫に対する地位の高さはその夫婦の社会的地位の高さと反比例するのが大体の傾向《けいこう》であった。換言《かんげん》すると、下流社会に於《お》いては、概《がい》して妻の地位が高く、上流社会に於《お》いては概して低いのが普通だったのである。『十三夜《じゅうさんや》』（樋口一葉《ひぐちいちよう》の小説の題名）の悲劇もお関《せき》の夫の高い身分からおこっている。『区役所がよいの腰弁当が釜《かま》の下を焚《た》きつけて呉《く》れるのとは格がちがう』と云《い》うお関の父親の言葉が這般《しゃはん》の消息《そく》を物語っているのである。ここに女権の文芸としてあげた狂言《きょうげん》や落語《らくご》が何《いず》れも支配階級ならぬ庶民の夫婦生活に取材していることを見のがしてはならない。……『好《こう》色一代女《しょくいちだいおんな》』に、『惣《そう》じて大名《だいみょう》は面《おもて》むきの御勤《おつと》めしげく、朝夕《ちょうせき》ちこうめしつかわれし前髪《まえがみ》にいつとなく御《ご》ふびんかかり女には格別の哀《あわれ》ふかく御本妻《ごほんさい》の御事外《おんことほか》になりける。是《これ》をおもうに下々《しもじも》のごとくりんきという事もなきゆえぞかし』とある通り、『外《ほか》に』されても『下々のごとくりんき』もならぬ大名の『御本妻』こそあわれな存在と云《い》わなければならなかったが……云々《うんぬん》」

と書いていられるのでもわかることでありますが、順境《じゅんきょう》になって、外《そと》から見て羨《うらや》ましいほどに家富《と》みさかえて来ますと、表面は「下々《しもじも》の如《ごと》くりんき」もならぬゆえに、声もたてず、音《ね》もたてずに、立派な文化的家庭だと見え、何不自由なく、家具調度日用品など悉《ことごと》く文化的な優良品が取揃《とりそろ》えてあるにかかわらず、表にあらわすことの出来ない心の不満足が内攻して或《あるい》は自分の病気とあらわれ、或《あるい》は子供の病気となってあらわれます。生長の家発祥《はっしょう》時代には私の住んでいた住吉町《すみよしちょう》の如《ごと》きは天下の富豪や一流酒造業者が軒《のき》をならべると云《い》うほどでありましたが、その殆《ほとん》どすべてに、ヒステリー夫人や、生《うま》れつきの不具者《ふぐしゃ》などがあったと云《い》うことは、経済的順境《じゅんきょう》が決して家庭の精神葛藤《かっとう》がないと云うことをあらわしておらぬ証拠《しょうこ》です。最近にも、或《あ》る私の尊敬している立派な、この人なら良人《おっと》を拝《おが》んでいるだろうと思っている夫人が「先生、私はどうしても良人《おっと》が拝めませぬ」と嘆声《たんせい》を漏《も》らされたので驚いたほどであります。

そう云う本来伝統的な順境な家庭にも心の悩みがある。「小人珠《しょうじんたま》を抱《いだ》いて罪《つみ》あり」とでも申しますか、兎角《とかく》、人格的教養のない人間が順調に成功して富豪にでもなると益々面白《ますますおもしろ》くない精神的葛藤が起《おこ》ります。そう云う場合、ハッキリと現在意識にその人は「病気になってなまけたい」とか、「病気になっていたわられたい」とか考えるのではない。それはその人の潜在意識が主として考えるのであって、むしろ現在意識が、或《あ》る瞬間そう考えたとしたならば、それは潜在意識の考えが、表面にチラと其《そ》の姿をあらわしたので、そう云《い》う考えの本拠《ほんきょ》はむしろ潜在意識の中に、（ある場合には、今は記憶に中々《なかなか》よみがえらないところの幼児期中の心の印象に）あると云《い》えるのであります。精神分析医家は、そのチラと姿を現したそれを証拠《しょうこ》に、潜在意識中の悪想念を探索《たんさく》し、それを搦《から》めとって、潜在意識世界を浄《きよ》めようとするのであります。

潜在意識は吾々《われわれ》が無意識にやる行為、何かフト思い浮《うか》べ何の気なしにやる行為などを左右《さゆう》しているのでありますから、その潜在意識を浄《きよ》めなければ、人間は真《しん》に幸福にも健康にも成《な》ることは出来ないのであります。その潜在意識を浄めるやり方に二種類あります。その一つは精神分析医家のように、チラと現在意識界へあらわれた想念、行為、失錯《しっさく》等を証拠物件として、「お前の潜在意識の底には斯《こ》う云うものがあるぞ」とまるで黴菌《ばいきん》でもさがすような恰好《かっこう》にそれを追及して行く方法であり、もう一つは、

「悪本来ない、みとめるものだけが存在に入《い》る。悪をみとめれば、認めるあいだだけそれは仮存在《かりそんざい》として現象の世界にあらわれるが、徹底的にみとめなければ悪は本来無いから消えてしまう」と云《い》う光明思想式なやり方であります。

最近にこう云《い》う挿話《エピソード》があります。或《あ》る著作家が精神分析の大家《たいか》を招いて一場《いちじょう》の講演会を催《もよお》そうと思ったのです。その精神分析家は明治天皇の崇拝者《すうはいしゃ》であり、久しく顔を見せなかったが、九月三十日に、三十日は明治天皇の崩御《ほうぎょ》の日であると云うので明治神宮へ参拝した序《つい》でに其人《そのひと》を訪問しました。著作家は雑誌の原稿執筆を急いでおり、九月末にもう十一月号の原稿をセッセと書いていたのです。そこへ精神分析家の友人が明治神宮参拝に明治陛下の御命日《ごめいにち》に当《あた》る日なので訪問したといって来たものですから、「近頃《ちかごろ》、奇特《きとく》な人があるものだ、毎月《まいげつ》明治陛下の御命日に月参《げっさん》する」と考えてる中《うち》に、明治陛下の天長節《てんちょうせつ》が十一月三日であると云う事から混同して、もう翌月は十一月だと云う気がして来ました。そして「ああ十一月の原稿を早く書かねばならない」と心の中で急いでいました。処《ところ》で最近あの不遇な精神分析家が、精神分析何とか協会と云《い》うのを設立して愈々《いよいよ》社会的に動き出そうとしているのを何とか援助してあげたい気持が動いて来たので、来月の日曜日に自分の関係している著作家の会合《かいごう》がある、あの席で彼を紹介して一場《いちじょう》の精神分析講話でもして貰《もら》う事にしたら、隠《かく》れている学者を世に出す事が出来ると思って、「来月の第一日曜日、十一月六日に……で著作家の会合があるから、その日に来て貰《もら》いたい、貴下《きか》に精神分析の講演をして貰って貴下を紹介しよう」と書いて速達でそれを放《ほう》りこんだ。

するとと翌日、精神分析家から使いが来て返事がもたらされた。それには「君《きみ》の手紙は表面は如何《いか》にも深切《しんせつ》らしく書いてあるが、これを分析していると見逃《みのが》しのならぬことが書いてある。来月第一日曜日と云《い》うのは明《あきら》かに六日であるが、十月の六日である。それを十一月の六日と書いたところに精神分析はあと廻しだと云う意味がある。ハッキリ遠慮なく書くならば、君は僕《ぼく》を排斥《はいせき》しているのである。表面の心は深切《しんせつ》らしいが、潜在意識は排斥しているのだ。そして日を間違えて自分が出席しなかったら、それは好《よ》い幸《さいわ》いであり、先方《せんぽう》が勝手《かって》に日を間違えて来ないのだから、先方が悪いのだと弁解が出来ると考えている」と書いてあるのです。

その著作家は、恰度《ちょうど》、ある仲間の一人に「来月六日の会合《かいごう》には何々博士《はくし》に精神分析の話をして貰《もら》うことになっているから、是非御光来《ぜひごこうらい》期待したく」と云《い》う意味のハガキを書いてから、小便を催《もよお》したので、便所で用を達《た》していると例の精神分析家の使いが来ている声が聞《きこ》えていた。小便はずいぶん溜《たま》っていたので割合長くいて、机のところへ帰って来ると、上記の返事が来ていたので「自分は決してそんな排斥《はいせき》の悪意をもっていない。君《きみ》が明治神宮へ月参《げっさん》するとは近頃奇特《ちかごろきとく》な感心なものだと思って、ああ十一月三日はもう直《す》ぐだが天長節《てんちょうせつ》に当《あた》る日だと考えて、来月は十一月とその時思って『来月六日』を『十一月六日』と書きちがえたのである。そして君が日時を間違えて出席して呉《く》れない方が好《よ》いくらいなら、その日に『精神分析の話があるから出席せよ』などと云《い》う招待状を人に出す筈《はず》はない。いまも横浜の知人にハガキで招待状をかいて、書いている間《あいだ》じゅうたまっていた小便をするために便所にいると、君からの使いが来たのだ。ここにその証拠《しょうこ》のハガキを見せるから、これを読んでから君《きみ》の方で投函《とうかん》して、僕《ぼく》の誠意に間違《まちがい》のないことを信じてくれたまえ」と返事を書いて、今さき書いたハガキを同封して、其《そ》の使いにその返事を持たせて帰《かえ》した。小便のことなど書かなければよかったのだが、その間《かん》に幾分《いくふん》かの時間を要しているので、この疑い深い精神分析家は、その使いに返事をわたす時間まで何分ほどかかって返事をわたしたか、などと使いの者にきいて、やや永かったと云《い》えば、「時間がおくれるのは抵抗があるのだ」とか、その時間の間《あいだ》にこのハガキをわざと書いたのだとか分析されるのはいやだったからである。すると翌日、折返《おりかえ》して精神分析家から返事が来た。それには、

「そのハガキを書いて小便を催《もよお》したと云《い》うことは愈々《いよいよ》もって君が僕を排斥《はいせき》している証拠である。十月六日に来てくれと書いて、そして小便をしているのである。大体『小便する』と云うことは一度定《さだ》めたことを途中で取消《とりけ》すことであり、排泄《はいせつ》することであり、排斥することである」と云うような意味を何だか学術語で書いて、かれが全然そ

の精神分析家を排斥《はいせき》しながら、表面は丁寧に招待したり、好意をもったりしていることを抉《えぐ》るような言葉で指摘してあったのでした。

その著作家はそれを読むと、不快になった。こうして好意をもってすることを、一々裏から裏からと悪意にとることを精神分析すると称《しょう》している人と、いつまでも交際していることは始終《しじゅう》自分の生活を不快にすることで、深切《しんせつ》を悪意だと強弁《ごうべん》されることほど不快なことはないと思ったので、

「君《きみ》のように、人の好意を悪意に悪意に分析して来る人と今後交際することは、生活を愉快《ゆかい》にする所以《ゆえん》でないから、今後おつき合いを拒絶する」と返事を書いた。こうしてとうとう其《そ》の精神分析家の一場《いちじょう》の講話は、精神分析家の分析したとおり、小便の如《ごと》くお流れになったのでした。

諸君は此《こ》の実話を読んでどうお思いになりますか。なる程《ほど》精神分析は当《あた》っているとお考えになる人もあるでしょう。それも一つの物の見方です。元癌研《がんけん》所長の長与《ながよ》博士《はくし》

が「癌《がん》はある、ある」と分析し、顕微鏡で検索し、表面にあらわれていないものまでも一所懸命《いっしょけんめい》、「癌はある、ある」と見つめているうちに、ついに、肺臓癌や腸癌や皮膚癌や、全身あらゆるところに癌を発生せしめてついに死の転帰《てんき》を見たのも同じことであります。最近は好意をもって此《こ》の精神分析学者を世に出したいと思っていても「貴様《きさま》の潜在意識は俺《おれ》を排斥《はいせき》しているものがある、ある」と分析し、その分析の正しさを主張し、「悪意」の存在を強調していると、いくら深切《しんせつ》な著作家でもそんな人と交《まじわ》っていては面白《おもしろ》くないから折角定《せっかくき》めていたプログラムも流産せしめるほかはなくなったのであります。是《これ》を以《も》って、心に不健全なことを描き、言葉でそれを「ある」として表現していると、本来ないない不健全さも形にあらわれて来る実例としたいと思うのであります。

人相見《にんそうみ》が人相を見て、「悪いことが来る」と云《い》います。するとそれを信じた人は、色々悪いことが来るかと想像し、恐怖します。すると「わが恐《おそ》るるものは皆来《みなきた》れり」とヨブの云《い》った心の法則によって、その恐るるものが実現することになります。そしてあの人相見《にんそうみ》の予言は的中したと申します。これは予言が的中したのではなく、あらかじめ言った言葉が言葉の創造力によって、不幸を創造《つく》り出したのであります。あの精神分析者は無い「排斥《はいせき》」を心に描いて実際の排斥を創造したのです。若《も》し実際排斥されているにしても、排斥されていることを知らず、招待の好意に感謝し、優遇されていると思い、招待された会合《かいごう》で自分の研究を発表していたら、その排斥は消えてしまい、人から歓迎せられたものになっていたことでありましょう。

腸チフスを恐《おそ》れて、顔を洗うにも沸騰《ふっとう》した湯のさましたのを使っていた人が却《かえ》って腸チフスにかかって死んだと云《い》う実例もあります。入歯《いれば》を飲み込んだと思って腸痛を感じ、膀胱《ぼうこう》出血まで起《おこ》した患者が、その飲み込んだと思った金歯が、金庫の中から、出て来たら、ケロリとその病症が治ってしまった例なども実際にあるのであります。

そこで斯《こ》う云《い》うことが判《わか》るのであります。自分の環境をよくする為《ため》にも、健康をよくする為にも、「正しく見ること」（これを釈迦《しゃか》は悟《さと》りに到《いた》る八聖道《はっしょうどう》のうちで正見《しょうけん》と云われました）及《およ》び「正しく思うこと」（これを釈迦は正思惟《しょうしゆい》と云われました）が必要であります。「見ることとは働くことである」と西田哲学でも申しますが、仮相《かそう》の「悪」を見ず、実相の「善」のみを見るのが「正見《しょうけん》」であります。また実相の「善」のみを思うのが正思惟《しょうしゆい》であります。一人間の心は環境によっても左右《さゆう》されますが、正しく見、正しく思惟《しい》しているとよき環境を創造するのであります。そう云《い》う相互関係が「心」と「環境」とにあるのは、環境とは外的物質のように見えていましても、実は心の波が外界に投影しているものであって、「心」と「環境」とは同質のものであるからであります。「心」を内的存在といたしますと、「境遇」はその外的環境であり、「肉体」は内的環境と云《い》うべきものであります。喩《たと》えて見れば、生命の満月が中心にある。その周囲に「暈《くま》」が、傘《かさ》のように出来て外《そと》にあらわれている、それが肉体であり環境であります。生命の波（心）が円満であれば肉体も環境も円満になるのであります。

米国光明思想家グレン・クラーク氏は、「健康を得る第一要件は健康の精霊《スピリット》を愛することである。健康の精霊《スピリット》とは『完全円満《ホールネス》さ』である。そしてその『完全円満さの背後』に神性《しんせい》（Holiness）を見なければならない。換言《かんげん》すれば、健康なる肉体を得る方法は肉体を愛することである。併《しか》しそれを単なる物質としてでなく、純粋なる、神聖なる、霊的なる方法に於《お》いて愛しなければならぬ」と云《い》っています。

人間の肉体を朽《く》ち果《は》つるべき物質としてみとめることは、他物《たぶつ》に冒《おか》されるものとして、「恐怖」を心に描くことになり、病を恐怖することによって病を形に現すことになるからであります。「悪魔を思えば悪魔来《きた》る」「癌《がん》を描けば癌来《きた》る」です。純粋なる霊的存在なる神霊《しんれい》の具体現《ぐたいげん》として本来健全なるものとして自分の肉体を描くことは、結局最高完全なる相《すがた》を肉体に於《お》いて描くことになりますので肉体は健康となるのであります。

グレン・クラーク氏の友人に、祈りによって病を癒《い》やす力の非常に強烈な人があったのです。此《こ》の人は一つの「健康のための金言《きんげん》」と云《い》うのを有《も》っていたのです。それは「私は肉体を愛する」と云うことだったのです。聖フランシスのように、肉体を軽蔑《けいべつ》していて晩年になってから、「肉体は私によく仕《つか》えてくれた驢馬《ろば》だった。今まで私がお前を深切《しんせつ》に取扱《とりあつか》わなかったことを済《す》まなく思う」などと云《い》うようなことでは駄目《だめ》です。肉体を物質の単なる凝塊《ぎょうかい》と見ないで、それを霊的存在であると観《み》ることは、肉体を地的の低さから、霊の高さにまで高め尊《とうと》び崇《あが》めることなのです。その人は肉体を美しきものと考えました。それは神がいままで創造《つく》りたまうた最も驚異すべき美しき建築物であると考えました。そして肉体をば神の智慧《ちえ》と愛と生命との具体化したものであると考え、それが舞踊《ぶよう》し、水泳しその姿を美しくリズミカルに、爽快《そうかい》に運動せしめているのを見るのを神の栄光であり、神の子の祝福であると観《かん》じたのです。

併《しか》し、彼は単に肉体を神の最高最美の建造物と観《み》るにとどまらず、霊的に自分の肉体及《およ》び友人の肉体を見る方法を知っていたのです。それはどうするかと云《い》いますと、人体を見ることを、神の完全な愛と真理と悦《よろこ》びとを吾々《われわれ》の意識の通路を通して伝えるための神のみこころの表現であると見たのです。すなわち彼は肉体を肉体として観《み》ず、物質として観ず、神の愛と真理と歓喜の霊的表現として見たのです。

若《も》し誰《たれ》かが病気であったとしますと、彼は祈るときに、その「病体」と云《い》うものを見ません。何を見るかと云《い》うと、其処《そこ》にあるのは、神なる大生命の一大放送局から一大生命のラジオ波が送られて来《き》、其処《そこ》に素晴《すば》らしく偉大に美しく逞《たくま》しき智慧《ちえ》と愛と生命とのメッセージ（通信）が今此処《ここ》にあらわれているのだと観《かん》ずるのです。すると不思議にも忽《たちま》ち其《そ》の病気が消えてしまうのです。

その人は病気を神さまからの通信のベルだと考えているのです。電話のベルは電話がかかっていても其《そ》れに気着《きづ》かぬときにはいつまでも鳴っています。それに気着いて、敬虔《けいけん》に受話器をとり上げて、神からの通信をきこう、神さまのみこころに随《したが》いましょうと云う気持になれば病気は消えると云うのです。それは天理《てんり》教で、病は「天よりの手紙」と云っているのとよく似ています。生長の家で病気は心の法則によって起《おこ》るところの「自分の心の影《かげ》」を見て心を治せば治ると云っているのと同じです。

此《こ》の人の病気の治療法は前述のように、病人に対し祈り思念し、神のみこころに傾《けい》聴《ちょう》するように、他の者との対話（いろいろの精神的紛糾《ふんきゅう》）を止《や》め、静かに自分の心を浄《きよ》めるように説きさとし、今まで心の上に背負《せお》っていた恐怖の重荷を取去《とりさ》る様《よう》にすすめます。病気と云《い》う形にあらわれている神からの通信の一つは、「神と静かに語る時間をもっと有《も》て」と云《い》うことだと此《こ》の人は云っています。ある人が風邪《かぜ》をひいたときに、此《こ》の人は「それは利己的思いで心が汚《けが》されているから、それを止《や》めよ」と云う電話であると説明したと云います。多くの病気は、あまり人を審《さば》き批判し、切り抉《えぐ》るような精神が種子《たね》をおろして実《み》を結んだのだと説明されています。生長の家と大変よく似ているのであります。グレン・クラーク氏は、此《こ》の友人から教えられ、肉体が実に、神から人間にみこころを伝えられる驚くべく精巧《せいこう》なラジオの受信セットであり、これによって、神と人間と直接接触《せっしょく》できるのだと云うことがわかると、人間の肉体の素晴《すばら》しさが本当にわかってこれを真《しん》に愛することが出来るようになったと云っているのであります。

二

前述の如《ごと》く、人間の肉体は神なる大生命の放送局から放送せられたる、その智慧《ちえ》と愛と生命とをキャッチし、実現するところの荘厳《そうごん》偉大な受信セットであるばかりではなく、大宇宙に対してこれは小宇宙なのであります。

換言《かんげん》すれば人体は内部の神の眼《め》に視《み》えざる、触《ふ》れ難《がた》き神性《しんせい》の外部的、具体的、可触《かしょく》的形態に於《お》ける表現であると云《い》うのがクラーク氏の考《かんがえ》です。肉体の各部分は神の一大神霊《しんれい》の各要素と云《い》うべきか、各性質と云うべきか、兎《と》も角《かく》も一大神霊の各部各部に相応《あいおう》ずる表現だと云うのです。たとえば、心臓は神愛の霊的表現でしかない。血管を流れる血液は、意識の通路を流れる歓《よろこ》びの霊の表現でしかない。肺臓は生命の霊を吸入《きゅうにゅう》しまた呼出《こしゅつ》するはたらきの具象化《ぐしょうか》である。肝臓は真理の霊の具象化である、それは真理ならざるものの表現を浄《きよ》めるのである。胃のはたらきは調和と力の霊を受けてそれを同化するはたらきを象徴せるものである。「猜疑《さいぎ》、憤怒《ふんぬ》、恐怖等の念が、調和の真理を毒し晦《くら》ますとき、如何《いか》にすみやかに肉体の現実的消化機能に影響を与えるかを見よ」と、グレン・クラーク氏は云っているのであります。

吾々《われわれ》の人体は、神の想念の具象化《ぐしょうか》であるが、人体を愛することは神の想念を愛する事であります。そこには神愛《しんあい》と智慧《ちえ》と生命とが具象化している。これを軽蔑《けいべつ》してはならないのであります。肉体をにくむことは肉体を軽蔑することでありますし、肉体を病気になるところの一種の物質に過ぎないと見ることもまた肉体を軽蔑することであります。人間の肉体を尊敬することは、神の肉体（とは表現が充分ではないが）を尊敬することであります。換言《かんげん》すれば肉体には神のあらゆる霊的内容が表現されているのでありますから、肉体を尊敬することは神の霊的全内容を尊敬することになるのであります。それを恐怖や猜疑《さいぎ》や憤怒《ふんぬ》や嫉妬《しっと》で穢《けが》すと云《い》うことは「聖霊《せいれい》」を瀆すことになるのであります。

消化することは、よく噛《か》みくだき、こなし、同化するはたらきでありますから、消化力の不完全な人には、真理を、神の愛を、人の深切《しんせつ》を、好意を、よく噛みこなす心がない事をあらわしております。神の愛を、食物《しょくもつ》を、すべての人の深切《しんせつ》を、好意を、本当によく理解して有りがたく受入《うけい》れるようにすれば治るのであります。心臓は愛の表現でありますから、弱い心臓の持主《もちぬし》はもっと多く、真理を、神を、隣人を、周囲に起《おこ》って来る出来事を、天地の一切《いっさい》のものをより多く完全に愛するようにすれば治るのであります。そのほか肉体の各部を神の霊性《れいせい》のあらゆる性質の表現であると解釈して、心を反省することによって病は不思議に癒《いや》されると云《い》っていることは、グレン・クラーク氏も生長の家もよく似ているのであります。

併《しか》し、それでも、尚《なお》、健康がよくならない場合があるかも知れません。そう云《い》う場合には、健康に対してあなたが代価を支払《しはら》っていられないのではありませんか。肉体を神の霊的内容の表現であると一方では尊敬しながらも、その尊敬に相応《そうおう》する代価——それは食物《しょくもつ》の栄養素の配合に気をつけてやるとか、その分量に気をつけてやるとか、皮膚を清潔にするとか、飲み過ぎて悪いものを多量に飲まぬようにするとか、食べて悪いものをとらないようにするとか——すべてこれらは日常わが愛する肉体に対して捧《ささ》ぐる一種の代価であります。どんなに人体を神霊《しんれい》の表現であると信じ尊敬していましても、此《こ》の代価を払《はら》わないで牛飲馬食《ぎゅういんばしょく》をつづけるならば、どんな強健な肉体でも健康をそこなうことになるだろうと思います。それは自然界の法則をやぶるからだと科学的には解釈出来ますが、宗教的にこれを云《い》えば、神の恩恵に対して価《あたい》を払《はら》わず、神の恩恵を甘《あま》く見て、それを粗末に取扱《とりあつか》ったと云《い》うことに帰着《きちゃく》します。ある健康な肉体の持主《もちぬし》は、毎夜、就眠時に寝床《ねどこ》の上で自身の各部をさすって、「有り難うございます」とお礼を申します。また或《あ》る人は毎朝必ず肉体に適当な運動を与えます。それは体操であっても、農耕であっても、室《へや》の掃除であっても、炊事《すいじ》仕事であっても、同じことであります。肉体を一日一回位《ぐらい》は適当に運動させてやると云うのも対価を払うと云うことになるのであります。あまり静かにしていたわると云うのは、却《かえ》って肉体に対して対価を払っていないことになります。熔鉱炉《ようこうろ》は一度火をおとしたら破壊してしまいます。常にある程度の働きを与えるということは熔鉱炉に火を絶たないのと同じことです。その位の注意を与えないでいて、神の恩寵《おんちょう》として与えられている肉体に代価を払ったとは云えますまい。

近代の科学的な栄養学や衛生学を馬鹿《ばか》にしてはなりません。双球菌《そうきゅうきん》、化膿菌《かのうきん》及《およ》び肺炎菌《はいえんきん》等に対するズルフォン剤とペニシリンの発明とは黴毒《ばいどく》に対するサルバルサン以上の効果を挙《あ》げました。科学は自然界の法則、形の世界を支配している法則を研究します。「宇宙を貫《つらぬ》く法則」は神そのものの表現であることは『甘露《かんろ》の法雨《ほうう》』にも書いてあります。吾々《われわれ》は神に従順《じゅうじゅん》でなければなりません。神は、「法則」と云《い》う普遍妥《ふへんだ》当性《とうせい》（即《すなわ》ち何処《どこ》にでも通用する）形をもって吾々《われわれ》に最も利用せられ易《やす》い「従順」なる姿をもってあらわれました。吾々は法則をどんなにでも駆使《くし》することが出来るのです。法則ほど従順なものはありません。しかし、法則を駆使するためには、吾々自身が法則に従順でなければなりません。形の世界の、客観世界の法則に吾々は従順に従うことによって、汽車、汽船、飛行機は勿論《もちろん》のこと、原子力さえも吾々の自由にすることが出来たのです。しかし、形の世界のみが「存在」の世界ではありません。形の世界は寧《むし》ろ「表現の世界」であり、「結果の世界」であります。形があらわれるまでに、形の背後に「無形の原因の世界」があるのです。「表現の世界」があらわれるまでに、「表現する者」があるのです。その「無形の原因」とは何でしょう、それはですか。それは「心」です。「形の世界」を大切にするには、科学の法則に従って、形の世界を出来るだけ生かして行くことが大切でありますが、それよりも尚一層《なおいっそう》必要なのは「無形の原因」の世界――「表現する者」の世界――心の世界――を大切にしなければなりません。

「心」が肉体を動かし、左右《さゆう》し、健康にし、不健康にすることは既《すで》に述べたとおりです。自然界の法則を研究するのも、それを応用するのも「心」がそれを研究し、「心」がそれを応用するのです。「心」は研究の為手《して》であり、応用の為手《して》であるばかりでなく、形のある物の背後にいて、その形をあらしめているところの無形の力なのです。特に肉体と云《い》う特殊の生ける物質は、ただ自然科学の法則だけによって支配されていない。胃袋は唯《ただ》の物質的試験管の如《ごと》きものではないのであって、同一の物質を抛《ほう》り込んでも必ずしも同一の反応を起《おこ》さない。或《あ》る人は胃酸過多を起し、ある人は減酸《げんさん》性《せい》胃弱を起し、ある人の胃は旺《さか》んに蠕動《ぜんどう》を起すが、或《あ》る人の胃は弛緩《しかん》していて殆《ほとん》ど働かない。――かくの如《ごと》く肉体に於《お》いては、特に精神状態が、胃に投入後食物《しょくもつ》の物理化学的変化に影響を持つのであります。特に、不安恐怖の感情、憤怒《ふんぬ》、懊悩煩悶《おうのうはんもん》、他を害しようと計画する心、如何《いか》にして奪《うば》おうかと云《い》う貪欲《とんよく》の心などは、肉体の健全なる生理作用に著《いちじる》しき悪影響を与えるものであります。自然界の法則は、より多く「神の智慧《ちえ》」の展開だと云《い》うことが出来るでしょう。肉体に於《お》ける「生命の世界」の法則は、より多く「神の愛」の法則の展開だと云うことが出来るでしょう。「愛」は生かすのであります。不安恐怖は「神の愛」を信じないから起《おこ》ります。憤怒、懊悩煩悶、他を害しようと計画する心、如何《いか》にして奪おうかと云う貪欲の心などは、「神の愛」の心と正反対のものであります。随《したが》ってそれらは神の生かす力（愛）と波長が合わなくなりますから、生かす力が内部から働くことが減退し、それによって無機《むき》物的《ぶってき》な自然界の法則のみのはたらく肉体となり、ついにその肉体が、無機物化（死）に近づいてくるのであります。グレン・クラーク氏は、斯《こ》う云っています――「若《も》しあなたが、誰《たれ》かの健康回復のために祈りを求められる場合、あなたの祈ってあげる人が、その心の中に神の癒《い》やす力の流れ入るのを妨《さまた》げるような『愛に反した感情』を取《とり》除《のぞ》くことに協力しないならば、あなたの折角《せっかく》の祈りも無効に終《お》わると云《い》うことを知るにちがいないと私の度々《たびたび》の体験によって云《い》うことが出来るのである。若《も》し、憎《にく》みやその他苛辣《からつ》ないらいらしい感情がその人にあるならば神の愛がその人に流れ入るまでにそれらを除き去らねばならないのである。恐怖、落胆、心配、憂鬱《ゆううつ》の感情があるならば、神の生命の歓喜が流れ入ることが出来るようにそれらの感情を取除かなければならないのである。『愛』と『歓喜』とは人類に知られている二つの最大の癒《いや》す力なのである。それは神の愛と、生命の歓喜とを流入せしめ、科学が生産したところの凡《あら》ゆる薬剤以上の効果をもっており、何物と雖《いえど》も、この効果に比肩《ひけん》する癒《い》やす力はないのである」と云っています。

しかも此《こ》の絶大なる癒やす力は、貨幣がなくとも、心の封鎖を自分で解除すれば、何時何処《いつどこ》にいても、自由に獲《と》ることが出来るのであります。それは全世界で最も安価《あんか》で最も有効な薬であります。その薬剤を求めるには最も安価であるけれども、やはり「心」の代価を払《はら》わなければなりません。静かに神想観《しんそうかん》して、実相の世界には、神の智慧《ちえ》と愛と生命と調和と平和と善のみが満ちており、従って自分を害する敵意あるものは、何事も、何者も、如何《いか》なる悪も、如何《いか》なる病も、存在しないと云《い》う真理をしずかに黙念《もくねん》し、この実相を完全に知らしめ給《たま》えと祈ることであります。ただ恐怖心を去れと云《い》っても、此《こ》の世界に、敵意あるものや、災禍《さいか》や、病気や、害する者が存在すると信じている限りに於《お》いては恐怖心は去ることは出来ません。恐怖を去るには恐怖の因《もと》を去らねばなりません。不安を去るには不安の因《もと》を去らねばなりません。かく神《しん》想観《そうかん》して実相を黙想《もくそう》し、祈りによって神の智慧と愛との流入を招くとき恐怖不安の因《もと》は除《のぞ》かれるのです。此《こ》の方法を毎朝、毎夕、約三十分間は実行なさいませ。是《これ》を「実行」することが「価《あたい》を払《はら》う」と云うことに当《あた》ります。真理を知っても実行せねばなりません。百貨店に如何《いか》なる商品が並んでいるかと云うことを知っていても、「価を払う」ことなしには自分のものとならないでありましょう。

かくて健康は得られます。しかし、その健康は何のために得たのでしょうか。自分の肉体が苦しくないために、更《さら》に進んでは、自分の肉体が快適であるために――それだけだったらそれは利己主義だと云《い》わねばなりません。それはパラドックス（逆説）のようではありますが、健康は健康を捨てるために、与えられたのです。「健康」「健康」と健康をつかんでいる間《あいだ》は、本当の健康は得られません。肉体が野獣のように強健だったにしても、その強健さが、他から奪《うば》い他を脅《おびや》かすために使われるのだったら寧《むし》ろ強健でない方がましだと云《い》わねばなりません。神はみずからの生命を万物《ばんぶつ》に与え、万物をして生々《いきいき》として生かしめていられるのです。そうすることによって万物は神の顕現《けんげん》であるのです。与えると云うことはみずからを顕現すると云うことです。ベッドの上に安静にして、ただこれ健康を失わざらんとして健康をつかんでいる如《ごと》きは、生命を生かす所以《ゆえん》ではありません。

健康をにぎっている間は健康を失ってはならないと恐怖心を感じます。健康を失うかも知れないと云う恐怖心を去る最高の方法は健康を捨て、健康のことを思煩《おもいわずら》わなくなり、自由にいつでも、周囲から呼ばるるままにその健康を放ち去ることです。自由にいつでも生命の全機《ぜんき》の動くままにその生命を放ちやることです。イエスは云いました。「汝等《なんじら》思《おも》い煩《わずら》うとも生命《いのち》寸陰《すんいん》を延《の》べ得《え》んや」と。思い煩うことなく、躊躇《ちゅうちょ》することなく、あなたの生命を自由自在に抛《な》げ出しなさい。実際、人々があなたの生命の働き、愛のささげを、切実に緊急に呼んでいるときに、なんの躊躇することなく、逡巡《しゅんじゅん》することなく、挺身《ていしん》して夜《よ》の目《め》もねずに働いたり、看護したりすることが、それが悦《よろこ》びであり、愉快《ゆかい》であり、愛と使命感を伴《ともな》っている場合には、決して肉体の健康を害するものではありません。愛児の病気のときに多くの母は一ヵ月も二ヵ月も夜《よ》の目《め》も眠《ねむ》らずに働き続けても病気になるものではありません。それは、母としての使命感と愛とを伴っているからです。却《かえ》って愛児の病気が治って、もう夜通し働く必要がなくなったとき疲《つか》れが出たと称《しょう》して病気になるかも知れません。しかし、それは疲れが出たのではありません。それは仕事が少《すく》なくなって「疲れ」を心に考える余裕が出来たからに過ぎません。「私は病気をしている暇《ひま》がありません」と云《い》う健康者の標語がありります。絶えず流れる水はくさることはないのであります。不健康とは或《あ》る意味から云《い》えば生命の停滞《ていたい》です。悲しみに停滞し、憂鬱《ゆううつ》に停滞し、恐怖に停滞し、不安に停滞し、疲《つか》れを思って心が停滞《ていたい》しては生命は生きないのです。貴方《あなた》の生命を愛の奔流《ほんりゅう》となして流動せしめなさい。貴方の生命を無我《むが》の奉仕《ほうし》として迸《ほとばし》り出《い》でしめなさい。そのとき生命の停滞は解放され、生命そのままの本来の健康さが流露《りゅうろ》するのです。そしてあなたの生命を、より低い慾望《よくぼう》への停滞から解除しなさい。貪《むさぼ》る食慾、淫慾、所有慾、名誉慾などからあなたの生命を解放なさい。恬淡《てんたん》、無慾、清浄《せいじょう》にして、食《しょく》色《しき》に節度あらしめなさい。このときあなたの生涯は死の瞬間まで健康であるにちがいありません。そしてその健康が神の生命と智慧《ちえ》と愛とを実現するために使われるのです。それこそ本当の幸福ではありませんか。

第六章　神の導きをわがものとせよ

若《も》し吾々《われわれ》が幸福になろうと欲《ほっ》するならば、幸福の本質を知らなければなりません。幸福とは一体なにかと云《い》うことを知らないで幸福を求めるのは、宝石とは一体何かと知らないで瓦礫《がれき》をつかんで宝石なりと思い誤るのと同様だと云《い》わなければならないのであります。

幸福とは、日本語ではサキハエであります。サキハエ転じてサイワイとなったのであります。サキハエとは先延《サキハエ》であります。先延《サキハエ》は根元《ねもと》から生《は》えること。延《の》び出《で》ることであります。大生命と云う根本《ねもと》から生じたもののみが真《しん》に人間の幸福なのです。人間の根元《ねもと》は神です。神から生じたもののみが真《しん》の人間の幸福なのであります。個我《こが》の慾望《よくぼう》をただ伸《の》さばらせるだけで、神から離れた慾望の満足を幾《いく》ら追求して見たところで、それは根元《ねもと》が切れてしまっているのですから、例えば活花《いけばな》と同様であって、しばらくは生々《いきいき》と幸福らしく見えていますけれども、その生々《いきいき》しさと幸福らしさはやがて消えてしまうほかはないのであります。

絶えず、涸《か》れない幸福の泉は、神の導きがあってのみ得られるものなのであります。神の導きを得ようとするには、神の「導きの霊《みたま》」を愛し、これに仕《つか》えなければなりません。「仕える」とは「自分を空《むな》しくして奉仕《ほうし》する」と云《い》うことです。「自分」があってはならないし、「自分の我慾《がよく》」があってはならないし、「執着《しゅうじゃく》」があってはならないのです。その時神の智慧《ちえ》はあなたに流れ込んで来てあなたを幸福の沃野《よくや》へと導いて下さるのであります。

何よりも神の導きを得んとするには調和が必要であるのです。調和するとは和解すると云《い》うことであります。キリストも「神の祭壇に供物《そなえもの》を献《ささ》ぐるとき兄弟と和せざる者あるときは、その供物《そなえもの》を其処《そこ》におきて、先《ま》ず兄弟と和してのち供《そな》えよ」と云《い》っているのであります。これは、神の祝福を受けんとするには、先ず調和が必要だと云うことが、示されているのであります。真《しん》に神に導かれる一歩々々は、他の人の繁栄と牴触《ていしょく》するようなものではないのであります。神に於《お》いて一切《いっさい》の人類は兄弟でありますから、神は自己に媚《こ》びる者のみを祝福し、他の者の繁栄を抑《おさ》えたまうと云うことはないのであります。神は万人《ばんにん》に一様に、「善人にも悪人にも太陽が光と熱とを与えたまう」如《ごと》く祝福を与えたまうのであります。ただ太陽の光の照る中にも、光線の波動を感ずることの出来ない盲人《もうじん》のみは、その光を感ずることが出来ないように、神の祝福の波長（万人偕和《かいわ》）に共鳴《きょうめい》しない心のもののみが祝福の波長を感ずることが出来ないし、神の導きを感ずることが出来ないのであります。

日米開戦当時の木戸侯《きどこう》の十二月八日の日記に、

「……余《よ》も二時四十分参内《さんだい》、宮中《きゅうちゅう》で外相と面談、三時半帰宅す。七時十五分出勤。

思えば愈々《いよいよ》今日を期し我国は米英の二大国と大戦争に入《はい》るなり。今暁《こんぎょう》すでに海軍航空隊は大挙ハワイを空襲せりとの成否の程《ほど》も気づかわれ思わず太陽を拝し、瞑目《めいもく》祈願す、七時半首相と両総長《そうちょう》に面会、ハワイ空襲大成功の吉報《きっぽう》を耳にし神助《しんじょ》の有難《ありがた》さをつくづく感じたり……」とあります。

これなどは、神助と云《い》うものの甚《はなは》だしい取違《とりちが》いでありまして、これがはたして神助であるならば、神は、一方にのみ味方《みかた》して、他方の残忍《ざんにん》な死を何ら顧慮《こりょ》しない偏頗《へんぱ》不公平依怙贔屓《えこひいき》的《てき》存在となるのであります。こう云《い》うことを神助と誤解して、目前の勝利に図《ず》に乗ったところに日本の将来の大敗の原因があったのであります。商人などで、神に祈る場合に、「顧客が高いものを買って（顧客が損《そん》をしてくれて）自分が儲《もう》かりますように」などと云う虫の好《い》い神助をもとめるものが往々《おうおう》にしてありますけれども、これは甚《はなは》だしく神の公平無私の愛を取違いしたものであるのであります。

無論《むろん》、このような祈りでも、時には少々一時的効果をあらわしたように見えることはあり得るのです。それは何故《なぜ》かと云えば、「この祈りで必ず神は吾《われ》を祝福し給《たま》い、屹度《きっと》幸福は来る」と信ずるのですから、現象界は「信念の投影」として一時的成功を贏《か》ち得るのですが、天命が定まるに及《およ》んで、一時的信念力の効果はうすれて、神のみこころに調和しない者はついに、最後の敗北《はいぼく》を喫《きっ》することになるのであります。

仮《か》りに「最後」と云《い》いますけれども、ある一事件の終結をこのように名称づけるだけであって決して人生には終結はないのであります。一事件の終結が、神のみこころに調和しない者に敗北が来ると云《い》うことは其《それ》自身、神の導きであると云うことが出来るのであります。何故《なぜ》、このように失敗し蹉跌《さてつ》し不成功に終《おわ》ったかということを反省することによって、神意《しんい》を知り、吾等《われら》は立直《たちなお》りの機会をあたえられることになるのであります。神は、すべての人類を一視同仁《いっしどうじん》に見《み》そなわし愛し給《たま》いますが故《ゆえ》に、すべて神の導きにバックせられようと欲《ほっ》する者は、自分だけに都合《つごう》が好《よ》いと云うことを考えずに、すべての人類の共存共栄《きょうぞんきょうえい》に必要なことを計画し、かつそれの成就《じょうじゅ》するように祈ることこそ大切であるのであります。

神の霊は大調和の霊《こころ》でありますから、先《ま》ず吾《われ》らは大調和せる事物を計画し、それに就《つ》いて神に導きを得るために神に祈る場合にも、その第一条件は、先ず自分の心が調和したものとなり、不調和のない平和な心境につとめて成《な》るということが必要なのであります。我《われ》も栄《さか》え、他《た》も栄えるためには、他と自分とそしてその本源にましますところの神と心の世界で調和しなければなりません。何故《なぜ》なら、外《そと》の調和繁栄は、内なる世界、心の世界の調和繁栄の反影《はんえい》であるからであります。

心の調和を得るには、敵対者や、不景気や、不如意《ふにょい》や、失敗や、家庭の紛糾《ふんきゅう》などを心に描かず、（生長の家の神想観《しんそうかん》で云《い》う処《ところ》の「吾《わ》れ今五官の世界を去って」の心境に入《はい》って）神の智慧《ちえ》と愛と平和と調和のみの存在せる実相の世界を見なければならないのであります。そして心の世界に調和をかち得てからのち、「吾《わ》が一挙手一投足《いっきょしゅいっとうそく》を神の御智慧《みちえ》にて導き給《たま》え」と祈るのであります。その時その平和な心境の中から、何とも云《い》えない聖悦《せいえつ》が湧《わ》き出て来るでありましょう。そして、ポッカリと神の導きが、何かの手段が、方法が、考案が思い浮《うか》んで来るでありましょう。何かやりたくてたまらない事が思い浮《うか》ぶこともあります。或《あるい》はまた、何もその時、思い浮んで来なくとも好《よ》いのです。実際生活の一節《せつ》々に、その導きがあらわれて来ることもあるでしょう。誰《たれ》かが外《そと》から訪問して来て、よき音《おと》ずれをくれることもありましょう。却《かえ》って今計画している仕事が挫《ざ》折《せつ》してしまうことがあるかも知れません。併《しか》し、それは新《あらた》なる方向への転換の導きであるのであります。兎《と》も角《かく》、吾々《われわれ》が真《しん》に万人《ばんにん》と調和し、神のみこころと調和した上で求めれば、神は必ず、吾等《われら》にこたえ給《たま》うに相違《そうい》ないのであります。

神に祈って、そして得たところのよき考えは、全体としてそれが善《よ》いのであるから、その中に色いろの要素が混《まじ》っており、一見損《そん》になるような部分も混《まじ》っているかも知れないのであります。何事をなすにも「献《ささ》げる」と云《い》うことは必要です。一見、損と見えるような部分も、実はそれは「献《ささ》げ物《もの》」であるのであります。我国に「損して得《とく》とれ」と云《い》う諺《ことわざ》がありますが、それは端的《たんてき》にこの真理を表現しているのであります。「献げもの」なしに、収得のみをしようと云う考えは利己主義の一面であるに過ぎません。利己主義には真《しん》の神の導きはあり得ないのです。神が示したまうた導きには損《そん》の部分があっても悦《よろこ》んでそれに随《したが》わねばならないのであります。

神の導きは、自己の心の内に思い浮《うか》ぶばかりでなく、外《そと》からの導きもあることは既《すで》に述べた通りです。それは外《そと》から課せられた義務の形をとることもあります。それによって却《かえ》って安全に自分がまもられることもあるのであります。例えば或人《あるひと》は隣組《となりぐみ》の義務貯蓄に進んで協力して、郵便局の定額貯金に多数の口数《くちすう》を預けていたために、定額貯金は一口五百円以上はないから、そして一口五百円以下の貯金は封鎖されなかったから財産調査の昭和二十一年三月三日には全然抑《おさ》えられないで済《す》んだ人もあるのです。

神は人間に完全なる自由を与えていられるのでありますから、導きを与えたまうが、その導きに随《したが》うことを強制したまうと云《い》うことはないのであります。随《したが》って多くの人たちは、神の内なる囁《ささや》きに反抗して我意《がい》を行い、或《あるい》は神の外《そと》からの「お手廻《てまわ》し」に対して一顧《いっこ》をも与えないでいる事も許されているのです。けれども神の内からの囁《ささや》きや、導きに対して吾々《われわれ》が執拗《しつよう》に抗《さから》うならば、神は咎《とが》めはしたまわないが、「もう彼には導いても仕方なし」と吾々《われわれ》の生活を導きなしに放置し給《たま》うに到《いた》るのでありま す。かくて我力《がりき》で突っ張った生活は結局ゆきつまるものであることを吾々は体験するに到るのであります。だから、神の導きを得ようとするものは一見、神の導き（内からと外《そと》からとの）に従うことが損《そん》のように見えるときにも随《したが》うべきであるのです。

神に祈り、神に導きをもとめているのに、この求むるほどの偉大なる結果が得られないで、小さな別の結果を与え給《たま》うたと見えることがあるでありましょう。そう云《い》うときに吾々は絶望してはならないのです。その小さな、求めた物とは異《ことな》る如《ごと》く見える結果は、次なる一層大《いっそうだい》なるお蔭《かげ》の来《きた》るべき前提をなしていることがあるのでありま す。兎《と》も角《かく》、目前の成敗《せいはい》に一喜《いっき》一憂《いちゆう》するが如《ごと》きは神を真《しん》に信ずるものではないのであります。神を真に信ずるものはもっと謙虚《けんきょ》でなければならないし、神の与えたまいしところのものを其《そ》の儘《まま》素直《すなお》に有りがたく受けなければならないのであります。

吾々が神から導きの賜《たまわり》を受けるには、如何《いか》なる賜《たまわり》に対してでもそうであるように、その賜《たまわり》に対して価《あたい》を払《はら》わなければならないのであります。その価の一つは、幼児の如《ごと》き素直《すなお》さでありますがもう一つの価は、神の啓示《けいじ》を傾聴《けいちょう》する為《ため》に或《あ》る一定の時間を割《さ》くと云《い》う事であります。神は「無時間の世界」にましまして吾々《われわれ》に対して、実相のよきものを「時間の世界」に映出《えいしゅつ》せんとしていたまうのであります。吾々《われわれ》も、その実相は「無時間の世界」にいて、その実相のよきものを神と協力して現実化しなければならないのであります。吾々は「過去」を整理し、「今」を生かすことによって神と協力することが出来るのです。過去を完全に整理し、今を生かすことは人間の役目であります――然《しか》らば神は適当に未来を調《ととの》え給《たま》うのです。吾々は自分の頭髪を梳《くしけず》るのに、決して自分の頭髪を見ては梳《くしけず》らない。ただ鏡の中の映像を見て頭髪を梳るのであります。併《しか》しその結果は完全に自分の実際の頭髪が梳られているのを発見するでしょう。それと同じように吾々はこの映像《かげ》の世界である過去と現在とを整理することによって、未来は神の法則によって整理されるのであります。

過去を整理すると云《い》うことには二つの意味があります。その一つは未来の事物は過去の成果の歴史的発展として成就《じょうじゅ》するのでありますから、過去を現在に於《お》いて完全に整理することは未来の事物の発芽《はつが》を容易ならしめることになるのであります。例えば過去の収穫地を再び耕《たがや》し、古き根を去り、新しく堆肥《たいひ》をふせ込み、それを整地するのは過去の整地であります。その上に新しき種子を蒔《ま》くのは「今」を生かすのであります。然《しか》らば未来は、神の育て給う力によって発芽し生長し実《み》を結ぶのであります。過去を整理し、今を生かせば神は未来を成就し給《たま》うと私は云《い》いましたが、それはただ方便《ほうべん》の説き方に過ぎないのであります。グレン・クラーク氏は云う――

"There is no time in heaven, there is nothing but eternity. There is no past there, and no future—only the eternal Now. And this eternity is never broken into fragments like minutes and seconds and hours, but exists eternally as an infinite whole. There is no past apart from the future."

（実相の世界には時間は無いのです。そこには永遠のほか何もない。過去もなければ未来もなく――ただ「久遠《くおん》の今」のみがある。しかしてこの「久遠の今」は分・秒・時と云《い》うような断片に決して粉砕《ふんさい》される様《よう》なものではないのです。唯《ただ》「無限の全体」として永遠に存在する。そこには未来を離れた過去の様なものはない――クラーク氏"I will lift up your eyes" P.149)

此《こ》の驚くべき、「久遠の今」の哲学がアメリカの光明哲学に見出《みいだ》されると云《い》うことを吾等《われら》が戦前に知ったならば、アメリカを単なる「物量の国」であると軽視《けいし》しなかったでありましょうけれども、この「久遠の今」の哲学をきかされても理解し得る者は、生長の家の誌友《しゆう》以外には日本にはそう沢山《たくさん》ないことだと思われるのであります。兎《と》も角《かく》、未来を離れて過去はなく過去をはなれて未来はない。過去を整理することによって未来は成就《じょうじゅ》されるし、未来を成就することによって、醜《みにく》いと思われた過去も「美しき未来」の構成要素として美しい価値をば実現するのであります。未来に切り離される「過去」は無い。価値が限定されて変化し難《がた》い「過去」もないのです。「過去」は「未来」の中に包蔵《ほうぞう》せられ、「未来」によって改善されるのであります。ですから視《み》えざる「未来」を幸福にするためには、視《み》ゆる「過去」を充分脚下照顧《きゃっかしょうこ》してその意味を悟《さと》り、やり直すべきはやり直し、改むべきは改めれば好《よ》いのであります。

未来を幸福にするためには、過去を歎《なげ》くこころ、自己憐憫《れんびん》の心を捨てなければならないのです。吾々《われわれ》は過去の失敗のなかに、神のお示《しめ》しを見なければなりません。吾々《われわれ》が戦争の失敗の後《のち》に神のお示しが平和になる事だったと知るようにです。吾々が失敗の後《あと》に幸福を得ようとするならば吾々を失敗せしめた如《ごと》く見える相手を赦《ゆる》さなければならないのです。それは、吾々に害をあたえる相手ではなく、吾々の誤れる方向を是《ぜ》正《せい》するために与えられたる神の「お手廻《てまわ》し」であったと知らなければならないのであります。そして吾々の犯《おか》した過去の間違《まちがい》が今尚《いまなお》、吾々に償《つぐな》い得る部分があるならば、その償《つぐな》いをするようにしなければならないのであります。最早《もはや》、直接本人に対してその償いが出来ない過《あやまち》である場合には他の方向に於《お》いて他の形において、代償《だいしょう》をすることが宜《よろ》しいのであります。すなわち自分が自分の過誤《かご》によって他を苦しめたことがありますならば、誰《たれ》かの過《あやまち》によって苦しめられている他の人々を救うが如《ごと》き形において償《つぐない》をするのであります。しかして神に感謝するのです、自分の過《あやまち》の中に於《お》いてさえもなお神が吾等《われら》に導きを示したまうたことについて感謝するが好《よ》いのでありま
す。

諸君が神から導きを受けたならば、それを「取り得《どく》」にしてはなりません。その導きを次に廻《まわ》すのが神に対する感謝の道であるのです。

自分が受けた導きをどうしたならば次に廻《まわ》すことが出来るでありましょうか。人には各々《おのおの》導かるべき事柄が異《ことな》るのであります。ですから自分の受けた通りに人々に伝えても何にもならないのであります。自分の受けた導きを次に廻す道は導かるることを希望して諸君のところへ訪ねて来た人と一緒に神の導きが其人《そのひと》の幸福を成就《じょうじゅ》するように与えられることを祈って一緒に神想観《しんそうかん》することであります。わが事を求めず他の人々が神に導かれんがために無私の祈りを祈って、一時間を費《ついや》した後《のち》に、却《かえ》って自分の進路がハッキリして来たなどと云《い》う実例は随分沢山《ずいぶんたくさん》あるのであります。

神が与えたまうた幸福でも、神が求められれば、その幸福を素直《すなお》に捨てるがよいの

です。真《しん》に神が与えたまうた幸福であるならば、どんなに放棄《ほうき》しても再び諸君に帰って来るでありましょう。これは慈悲喜捨《じひきしゃ》の四無量心《しむりょうしん》の「捨《しゃ》」徳《とく》の展開なのでありま す。どんな幸福でもそれをつかむな、摑《つか》まずにいるならば、若《も》し誤って自分の幸福の如《ごと》き形をしてやって来ていたところのニセモノは姿を消して、その次には真《しん》にホンモノの幸福がやって来るでありましょう。「神よ、みこころのままに成《な》らしめ給《たま》え。あなたのみこころのままに我《われ》を導きたまえ」この祈りが「捨《しゃ》」徳《とく》の祈りであります。一《いっ》切《さい》の我意《がい》と我欲《がよく》を滅尽《めつじん》して神にまかせ切った祈りであります。そこからあなたに、実相《かみのみこころ》に和解した平和の心境が来《きた》るでありましょう。真の和解、真の平和の心境に反映し来《きた》ったもののみが、神から真に与えられた幸福なのであります。私は今心《こころ》に右の聖句を想《おも》い出します。

汝《なんじ》すべての途《みち》にてまことの神をみとめよ、さらばなんじの途《みち》を直《なお》くしたまうべし。

(箴言《しんげん》第三章六節)

第二篇

人生研究ノート

第一章　人生研究ノート

睡眠の本体を知らぬ者は自分の生涯の三分の一を知らぬ者である

人間にとって何故《なぜ》睡眠が必要なのであろうか。若《も》し人間が眠らないで生活することが出来るならば、人間は全生涯の約三分の一に当《あた》る時間を、尚一層《なおいっそう》長生きしたことになるのである。睡眠の生理的機構に就《つ》いては多くの生理学者、医学者等が書いているが、睡眠そのものの本体については明瞭《めいりょう》に書いたものは無いと云《い》っても好《よ》いのである。

眼《め》を瞑《と》じ、呼吸が緩漫《かんまん》になり、体温が稍々《やや》下《さが》り、脳髄に送られる血液の分量が少《すくな》くなる、感覚器官に対する刺戟《しげき》が正常な印象を与えなくなる……等、これらは睡眠に伴《ともな》う現象であって、「睡眠」そのものではないのである。睡眠そのものは一体何であるかと云《い》うことは学会ではまだ定説がないらしいのである。

睡眠中には脳髄を余《あま》り使わなくなる、従って、睡眠は脳髄機関を休息させ、その間《あいだ》に老廃《ろうはい》物質を除去し、新生細胞をもって消耗《しょうこう》細胞を補修するのが睡眠の本体だと思っている人もある。けれども、これは単に常識的に生理学的面から見た見解に過ぎないのである。

脳髄を大《おお》いに使ったらそれだけ多く脳髄に老廃物質が出来、それだけその休息と補修時間とを多くしなければならないと云《い》うことは事実であろうが、「睡眠」そのものは、単にその補修と休息の機能のみであろうか。生理的臓器の休息と補修とには「睡眠時間」と普通呼ばれている如《ごと》き長時間を要するのであろうか、心臓は吾々《われわれ》の一生涯を通じて活動しているが、その緊張と弛緩《しかん》との交代するわずかの瞬間休息するのみで、殆《ほとん》ど全《まった》く休息しないで、その老廃物の撤去と、細胞の新生補修が行われ得るのである。その他の内臓器官でも心臓と殆《ほとん》ど同様で、睡眠時間ほどの長期間を休息する器官はあまりないのである。だから単に、脳髄の生理的機構の消耗《しょうこう》を補修し休息させるためのみならば、そんなに長期間の休憩の必要はない筈《はず》である。彼《かれ》を思い此《これ》に転ずる、想念転換の間隙《かんげき》における休息だけでも脳髄の休息は充分なのではなかろうか。

実際、脳髄は仕事の転換によって「大《おお》いに休まる」と云《い》われている。英語を勉強していて疲《つか》れると数学を勉強すれば新たなる元気が出たりする、そして数学につかれると国語の勉強をすると、力が出ると云《い》う。吾々《われわれ》は巧《たく》みに、勉強する学科または従事する仕事の種類を変化することによって脳髄に休憩《きゅうけい》を与え、「何もせずにいる如《ごと》き休息」をとらずして、而《しか》も休息すると同様の効果を脳髄に与えて、一日中の執務能率を挙《あ》げると云う生き方もあるのである。

そして近代の脳髄の生理的研究は、脳髄はその部位に従って機能を殊《こと》にし、理財性《りざいせい》はどの部位にて作用し、審美性《しんびせい》はどの部位にて作用するなど分担が異《こと》なっていることを明《あきら》かにした。従って理財性の働くときには、審美性を司《つかさど》る脳髄部位は休息するから、巧《たく》みに仕事を変化し精神転廻《てんかい》を行うときには脳髄は休息する必要がなくなる筈《はず》である。そして睡眠が単に脳髄の休息ならば睡眠の必要がなくならねばならぬのである。然《しか》し、如何《いか》に仕事を変化し、精神の働く種類を巧みに転換しても、常人に於《お》いては必ず睡眠の必要を感ずるのは何故《なぜ》だろうか。そこに生理的消耗《しょうこう》を補う休息以上のあるものが「睡眠」の本体の中には含《ふく》まれていることを暗黙のうちに示唆《しさ》するのである。

更《さら》に睡眠が脳髄の生理的肉体の消耗を補う以上の或《あ》る働きをなすものであると云《い》うことは、脳髄労働者の睡眠時間は（特殊の異例を除《のぞ》いては）、筋肉労働者の睡眠時間よりも概《おおむ》ね非常に少《すくな》いと云《い》うことである。概《おおむ》ね、学者の睡眠は浅く短かく、農民の如《ごと》き筋肉労働者の睡眠は深く又《また》長いのである。脳髄はあまり、働かせれば働かせる程《ほど》興奮して眠りを催《もよお》さなくなるけれども、筋肉労働者は、却《かえ》って自由に長時間眠ることが出来るのである。睡眠が自然の生理的欲求として脳髄の休息にあるならば、脳髄が余《よ》計《けい》に働いた場合には、自然に休息を要求して生理的に睡眠を催して来なければならない筈《はず》だのに、事実は上記の如《ごと》く、略々《ほぼ》逆であることによって、睡眠は脳髄疲労の生理的回復以上のあるものを含《ふく》んでいることが想像されるのである。

更《さら》に、精神病者の中には全然眠りを必要としないで、しかも何ら衰弱《すいじゃく》しない者が多数ある。彼らと雖《いえど》も、脳髄は働かせているので、悲しみ憤《いきどお》り笑いなどするのであるが、全然眠りを必要としないのは何故《なぜ》であろうか。これは睡眠が脳髄の補修のための休息だと考えられない一つの参考資料である。

医学界で所謂《いわゆ》る「躁鬱狂《そううつきょう》」と称《しょう》して、少しも眠る必要なく愉快《ゆかい》でたまらない「躁《そう》」の一時期の数ヵ月が経過すると、悒鬱《ゆううつ》で気が滅入《めい》って悲しくなり眠くて眠くて殆《ほとん》ど数ヵ月を眠り続ける「鬱《うつ》」の一時期が交代し、また「鬱」の次には「躁」の時期と循《じゅん》環《かん》的に繰返《くりかえ》してあらわれる不思議な種類の人間がある。私は、その症状の一人の婦人を知っているが、その愉快でたまらない「躁」期には、数ヵ月間一分間も眠らないのに食慾《しょくよく》は増進し、全身の栄養状態はよくなり、その頭髪は脂《あぶら》をぬったように瑞々《みずみず》しく光沢《こうたく》を増し、どんな精神的仕事にも、筋肉的仕事にも従事して、殆《ほとん》ど全《まった》く疲《つか》れると云《い》うことを知らないのである。然《しか》るに此《こ》の一時期を経過して「鬱《うつ》」期に入《はい》れば、仕事をしないでも始終《しじゅう》疲れているのであって、昏々《こんこん》として常に引込《ひきこ》まれるように眠いのである。そして努《つと》めて目覚めていようと努力してもウトウトと眠ってしまう。食慾はなく、頭髪も眼《め》も色と光を失い皮膚に生気なく、眠っても眠っても疲労は回復しないのである。睡眠が脳髄の疲労の回復のための休息だと云《い》うような解釈は、この眠っても益々《ますます》疲労して回復し難《がた》い躁鬱狂《そううつきょう》に於《お》いては通用しないと云うことになるのである。しかもその「躁」期に於《お》いては数ヵ月間眠らないでも何ら脳髄の働きに異状はない、かりに「狂」と云う名称を医学者は附《ふ》しているが、眠くなくて愉快《ゆかい》なと云うことのほかには全然その精神の働きに健康者と同様に正常であって異状は見られないのである。二十四時間中数時間を脳髄の補修のために休息させねばならぬと云う学説は此《こ》の場合根拠《こんきょ》を失ってしまうのである。単に脳髄の生理的老廃物《ろうはいぶつ》を排除しその消耗《しょうこう》を補修し、新生細胞をつくるためにならば、脳髄も心臓と同じように、想念と想念との交代又《また》は転換の間隙《かんげき》に起《おこ》る一種の放心だけでその休息を完了し得るのではないだろうか。そうするといよいよ以《もっ》て睡眠と云《い》うものは単なる肉体の生理的作用だけではないと云《い》うことになる。

生長の家の誌友《しゆう》の中には、一日中唯《ただ》半時間だけ睡眠して、あと二十三時間半は精神労働に従事して疲《つか》れないし、肉体も健康で栄養の好《い》い人もある。一日三時間睡眠で足りる人はざらにある。こう云う人々は「人間は夜間退屈《たいくつ》ならば眠っても好《よ》いが、眠らなくても人間は疲れないものである」と云う私の学説を素直《すなお》に受入《うけい》れて、それを信じている人々である。この事実から判断すると、人間が眠らないとつかれるのは、一種の習慣であるとともに、「眠らないと疲れる」と信じている信念の具象化《ぐしょうか》だと云うことも出来るのである。又斯《またこ》う云う人々は宗教の教えを受けて、常に心が感謝にみたされて、憤《いきどお》ったり悲しんだりする事が少《すくな》く、常に朗《ほがら》かな心境にいて、心を逆用しないから、悪感情の生産物である血液中に生成される毒素成分も少《すくな》く、随《したが》って其《そ》の排除に手数《てすう》がかからないからだとも考えられる。躁鬱狂《そううつきょう》の「躁《そう》」期に於《お》ける愉《たの》しい心境が眠る必要をなからしめる事実と対比するとき、愉《たの》しい明朗《めいろう》な心境が眠りなくして長く疲労せしめない原因になることも想像出来るのである。『生命《せいめい》の實相《じっそう》』第九巻に紹介した仏蘭西《フランス》美術家の心霊現象にあらわれた霊示《れいじ》によれば、睡眠は霊魂が一時霊界に出遊《エキスカーション》するのであると云《い》っている。それは霊界に於《お》ける訓練を受けるためや、霊界に於ける生命に必要な或《あ》る成分を吸収するために必要なものであり、霊界に於ける訓練が激しい場合には、肉体は昏々《こんこん》と眠っていながらも、目が覚めたあと、眠らない時よりも尚一層《なおいっそう》疲労している事があると云《い》う風《ふう》に書いている。これは睡眠の機能の全部ではないが、たしかに一部の説明になると思う。眠っている間《あいだ》に知らされる自己の運命や前途や、夢に見たとおりに出てくる自分の災害や、紛失物《ふんしつぶつ》が夢で発見されたりする現象は、脳髄機能の低下している睡眠中の脳髄の働きであると云うよりも、潜在意識と心理学者が称《しょう》するところの、脳髄の機能を超えた意識体（霊体《れいたい》）が肉体の睡眠中に一層《いっそう》自由に活動してそれを夢に見せる結果だと云《い》うことが出来ると思うのである。眠ると云《い》うことは却《かえ》って心霊にとっては肉体から解放されて、霊界で霊的呼吸をすることであるとも考えられるのである。随《したが》って眠らないで疲《つか》れる一面は、霊魂の霊的呼吸の機会を失う結果、何か霊的成分が、其《そ》の人の幽体《ゆうたい》に欠乏するためだとも、考えられるのである。

神想観《しんそうかん》等、精神統一の霊的修行をする人には極めて睡眠時間が短かくてすむのは、神想観等の実修中に、霊的呼吸を行うので睡眠を通さなくとも必要な霊的成分を失わない結果だとも考えられるのである。三十分間の神想観が二時間の休息よりも疲労を回復することがあるのは此《こ》の為《ため》だとも考えられる。

霊媒《れいばい》による霊界通信等の実験から得られたところによると、低級霊は肉体死後の意識の昏酔《こんすい》状態から、中々《なかなか》醒《さ》めようとしないのである。彼はいつまでも昏々《こんこん》と眠りつづけている。この種の霊魂が何かの契機《けいき》で人間に感応《かんのう》して来ると、昏々《こんこん》と眠くなって来る躁鬱狂《そううつきょう》の「鬱《うつ》」期の状態のようになるのである。動物は概《おおむ》ね熟睡しない、犬などでも身体《からだ》を丸めてほんの少し睡《まど》むらしいけれども、実際完全に眠ってしまわないで、物音《ものおと》に対しては鋭敏《えいびん》に覚醒《かくせい》している。又《また》高級の霊魂は霊界に於《お》いて眠る必要がないらしい、それは常に完全に霊的呼吸をつづけているからである。この種の霊魂が人間に感応して来ると「躁鬱狂」の躁《そう》期のように、一向《いっこう》眠る必要がなくなることもあるのである。

どうも、睡眠中肉体の脳髄の疲労の疲労物質解除と其《そ》の消耗《しょうこう》の補充とばかり考えることの出来ない証拠《しょうこ》が色々あるのである。

多くの神経病学者の説によれば、夜が来て睡《ねむ》くなるのは、太古《たいこ》から夜は暗くて人間は働くことが出来ないから、じっと横たわって眠る習慣がついたのであって、それはただ明暗の関係による生活習慣であると云《い》う。別に生物《せいぶつ》は必ずしも夜眠らなければならないと云《い》う道理はないのである。多くの動物は夜間に出て活動し、食をあさり、昼間は却《かえ》って穴に眠り、或《あるい》は岩の上にうとうとしている。概《おおむ》ね動物は（冬眠の場合は別として）眠ると見えていても人間のように熟睡するのではなく、餌《えさ》が来れば跳《と》び起きると云《い》う程度の眠りで、単なる肉体的休息だと見ることも出来る。夜になってから眠るか、昼に眠るかは、その動物の視力の問題であって、人間に於《お》いても、電燈《でんとう》が発明され、夜間も昼のようにシャンデリヤの光眩《まぶ》しく輝くことになると、夜更《よふ》けが却《かえ》って社交の楽しい期間であり、午前中《あさのうち》は却《かえ》って眠っている人々が出来て来る。昼夜交代の作業に於《お》いては、夜間勤務があたり前となり、昼間眠ることが普通となる。かくの如《ごと》き場合には、最初、昼は眠りにくく、夜は眠たかった人々が、その反対の習慣になれてくると、昼間平気で睡眠が出来、夜は何ら眠くならないで仕事が出来るようになる。そして健康には何ら支障がないのである。

眠りを殆《ほとん》ど必要とせぬ人や、昼夜を倒錯《さかさま》にして眠る人や、色々の人々の場合を考えて見ると、人間が「夜に眠る」と云《い》うことは、明暗と視力とに関係した生活の便不便の問題であって生理作用の必然ではないのである。

躁鬱狂《そううつきょう》のように、数ヵ月の覚醒《かくせい》状態と、数ヵ月の睡眠状態とが交代する例は、外界の温度に関係して起《おこ》って来るところの動物の冬眠状態にある。躁鬱狂《そううつきょう》の「躁《そう》」「鬱《うつ》」の交代は必ずしも季節に関係して、一年のうち一定時期に起るものではないが、動物の冬眠状態は世界が雪に覆《おお》われて、餌《えさ》をさがすにもさがしようもなく、又《また》、自分の餌《えさ》となるべき植物又は昆虫等が土地の表面から見えなくなって、運動してもつまらないと云《い》うような時期に、即《すなわ》ち一年の中《うち》の一定時に起るのである。北米の寒地に棲《す》む熊は、十一月末又は十二月の初旬になると穴に巣をつくってその中にもぐり込み、冬眠をつづけて、翌年の春四月末又は五月初旬に目を覚ます。彼らは四、五ヵ月間も食物《しょくもつ》も水すらもとらずにいて、決して衰弱《すいじゃく》しないのである。その断食《だんじき》期間の長さは、鮭《さけ》が産卵のために河川に遡《のぼ》って来たときの断食期間に比肩《ひけん》し得る位《くらい》のもので、哺乳《ほにゅう》動物では最も長期の断食だと云《い》われている。これらの動物の冬眠現象は、餌のない時期に、餌をとらずしてエネルギーを貯蔵するために、自然が発明した最も節約的な生活法だと云うことが出来るのである。人間は唯《ただ》、横たわって寝ているだけで一日九百カロリーの熱量を消耗《しょうこう》すると云っている。成育せる熊の体重は人間の体重よりもっと重いから体重に比例して熱量を消耗《しょうこう》するとするならば、四、五ヵ月の断食《だんじき》後の熊は、痩《や》せてひょろひょろになっていなければならない筈《はず》だけれども、冬眠から目覚めた熊はそれほど痩せていないのである。睡眠と云《い》うものが、どんなに生物《せいぶつ》のエネルギーを節約するかはこれによってわかるのである。冬眠中の熊の体温及《およ》び呼吸状態に就《つ》いては私の読んだ書物の中に記録がないが、その体温はきわめて低く、呼吸はきわめて緩舒《かんじょ》になっているものだと思われる。人間のカロリー消耗量を測定するのは、呼吸によって排泄《はいせつ》せられる炭酸瓦斯《ガス》量によって体内の燃焼熱を計算するのであるが、冬眠中の熊に於《お》いてこの方法を試みれば極めて低いカロリー消耗量を示すものだと思われる。

尤《もっと》も、熊が目覚めて人間に打ちかかると危険なので、そう云《い》うカロリー測定法を用いた人はないのである。大抵《たいてい》、冬眠中の熊を見つければ、目覚めるまでに銃殺する。長い断食を伴《ともな》う冬眠から目覚めた直後、どの位《くらい》熊は痩《や》せているかと云《い》うと、ヘンリー・アレン氏はその体験を次の如《ごと》く語っている。

「それは五月の初《はじめ》の頃《ころ》、まだ雪に深く覆《おお》われている深い渓谷で仕事をしていた時のことである。驚いたことには、白皚々《はくがいがい》と埋《うず》めつくした雪の一部が動き出した、そしてボッカリと雪が割れると二頭の熊が動き出した。二頭とも穴から出て二百碼《ヤード》と行かないうちに射殺したが、その屍体《したい》はたくましい身体《からだ》をして脂肪肥《ぶと》りをしていた。」

熊狩り者の云《い》うところによると、熊は冬眠から覚めた直後の方が、それから数週間後《のち》よりも肥《こ》えていると云《い》う。その冬眠中にはきわめて僅《わず》かのエネルギーの消耗《しょうこう》しかなかった証拠《しょうこ》に、四、五ヵ月も断食《だんじき》しながら肥えているのである。熊穴《くまのあな》には何ら排《はい》泄物《せつぶつ》は残っていないので、食物《しょくもつ》をとらず、且《かつ》排泄をしなかったらしいのである。そのエネルギー保存法は単なる呼吸の緩漫《かんまん》と、体温の低下のみだろうか。それには何か霊的な成分を吸入すると云うようなことはないのだろうか。しかも牝熊《めぐま》はこの冬籠《ふゆごも》り中《ちゅう》に、一匹乃至《ないし》四匹の栗鼠《りす》程《ほど》の大《おお》いさの仔熊《こぐま》を生むのである。人間も熊の本能にならって体《たい》エネルギーの消耗を節約することが出来れば、失業と食糧不足ではさ、み、討《うち》を受けている日本人には一石二鳥と云うべきであるが、人間はまだその方法を獲得《かくとく》していないのである。

元日本医師会の副会長をしていられた山本治郎平博士《やまもとじろうへいはくし》の話によると、印度《インド》の瑜伽《ゆが》の行者《ぎょうじゃ》の中には、四年間も地下の窩《あなぐら》の中で静坐《せいざ》して熊の冬眠のように全然食事をしないで、目も覚めずミイラにもならず、生きていて正しく坐《すわ》った姿勢でいるのが往々《おうおう》にしているそうである。遺言された一定時期が来ると、同志の者がその窩《あな》へ降りて行き、呪文《じゅもん》をとなえ、油脂《ゆし》をもって行者《ぎょうじゃ》の身体《からだ》を摩擦《まさつ》すると、生き返って生前通りの生活を続けると云《い》うのである。どうも眉唾《まゆつば》ものの話のようであるが、熊にすら四、五ヵ月の冬眠が、生理作用を低下する事によって出来るとすれば万物《ばんぶつ》の霊長《れいちょう》である人間が、自己の意志で、生理作用を低下してその体消耗《たいしょうこう》を最低にして生活が維持《いじ》されぬと断定することは尚早《しょうそう》のようでもある。

瑜伽《ゆが》の行者が四年間も正坐したまま其《そ》の体が腐敗《ふはい》しないでいることが可能なのは、霊魂が肉体を完全に去っていないからである――と解釈するほかはない。生体の現象と、物体の現象とはどのように異《こと》なるであろうかと云《い》えば、後者はただ物質的な化学的分解をつづけるのみであるが、前者は此《こ》の化学的分解に抗して、ある構想（人体と云《い》う構想の想念）の姿にその物質（体成分《たい》）の集合体を維持《いじ》しているからである。此《こ》の一定理念の姿に体成分を維持する力は、明《あきら》かに吾々《われわれ》が「物質の化学作用」と呼ぶだけの力ではない。それは朝顔の花を朝顔の花の姿たらしめ、柳の葉をして柳の葉たらしめ、同じ肥料と同じ土壌《どじょう》に植えても、胡瓜《きゅうり》を胡瓜たらしめ、南瓜《かぼちゃ》を南瓜たらしめるところの「無形の力」である。個々の植物にやどり個々の動物にやどり、個々の人間にやどり、彼《かれ》を彼たらしめ、我《われ》を我たらしめるところの「無形の力」である。それは「生命」と云っても好《よ》いが、朝顔を朝顔たらしめ、胡瓜《きゅうり》を胡瓜たらしめ、南瓜《かぼちゃ》を南瓜たらしめ、彼《かれ》を彼たらしめるところの「個性ある生命」である。この「個性ある生命」は、「普遍《ふへん》の生命」より生《うま》れ出《い》でたるものであるが故《ゆえ》に「普遍の生命」を媒介《ばいかい》として互《たがい》に相互連関を有《も》ち、相互に理解し、相互に生かし合い、一時期の用終《おわ》れば現象界を退《しりぞ》いてまた適当の縁《えん》をもとめて、また一定の「個性ある生命」を現象界に顕現《けんげん》する。その顕現《けんげん》する力は、「普遍的生命《ふへんてき》」の力を源泉とし、背景として行われるのであるから、「個性生命」が「普遍的生命」（大生命・神）から、その活力を呼吸し吸収することによって、その生活力を新たにし、食物《しょくもつ》をもって補給するよりも、より以上の或《あ》るエネルギーを得ることが出来るであろうことは想像するに難《かた》くないのである。個性生命が大生命とつながって生命力を得る過程を「祈り」と称《しょう》することが出来るとするならば、或《あ》る意味に於《お》いて睡眠は、祈りである。

祈りであるところの睡眠はおろそかにしてはならないのである。就寝前の神想観《しんそうかん》が薦《すす》められているのもこの理由である。若《も》し睡眠中深く大生命から生活力を頂くならば、目覚めたときに活力が旺盛《おうせい》なのは、冬眠直後の熊の如《ごと》きものがあるであろうと思われる。

美睡《びすい》を招く技術に就《つ》いて

最近の日本は「金《かね》さえ出せば何でもある」と云《い》うことであるが、どうも私は「金さえ出せば何でもある」と云《い》う言葉位《ぐらい》不快な語はないと思うのである。仏典には、或《あ》る日釈迦《しゃか》が山中で王様の隠している黄金を見て「毒蛇《どくじゃ》」にたとえられたと云《い》う話がある。金《かね》の力はそれほど好《よ》いものであろうか。ある日白鳩会《しろはとかい》の集《あつま》りに一人の婦人誌友《しゅう》が、戦争に往《い》っていた兄が復員《ふくいん》して帰って来た。戦争に行くまでに、家を分けて、その兄は独立して生計を営んでいたのであるが、戦《たたかい》から帰って来ると、妹と母とが生活している家に乗り込んで来て、「此《こ》の家の財産は父が死んだ以上全部長男である自分のものである」と頑張《がんば》って、母が妹の衣類などを世話しても、「それは俺《おれ》のものであるから、指一本母にも触《ふ》れさせない」と云って、母がそれを触れようものなら、腕力にまかせて打つ、蹴《け》る、暴力のあるだけを尽《つく》すと云って訴えた。もし是《これ》が其《そ》の家に金がなかったら、資産がなかったら、そのような争いは起《おこ》らなかったであろうと思う。その会で、もう一人の老婦人は自分の孫が復員《ふくいん》して来て、親族の宅の勝手《かって》を知っているものだから、復員者の一群を導いて、強盗《ごうとう》に押し込ませた。その強盗はつかまって新聞にも出ていたが、自分の孫はその共謀者《きょうぼうしゃ》として今とらえられて刑務所にいると云《い》うのである。その心労のために老婦人は、つねに激しい胃痛に悩まされていると云《い》うのである。これなどは金《かね》がさせるわざである。多くの強盗《ごうとう》や殺人や脅喝《きょうかつ》や無数の悪徳《あくとく》は、すべて金がさせるわざである。金の問題になると、忽《たちま》ち多くの人たちは、その毒気《どくき》にあてられて、正鵠《せいこく》な判断力を失ってしまうのである。そして利己主義に陥《おちい》り、他の迷惑などは顧《かえり》みないで、金々《かねかねかねかね》と執着《しゅうじゃく》してついに地獄に堕《お》ちる。……

そうして、そう云う人達は、夜は不眠に苦しめられる。安眠は人世《じんせい》最大の極楽《ごくらく》であり、どんなに貧しくとも、八時間の安眠の得られる人は、人生の三分の一は兎《と》も角《かく》も極楽生活していると云わなければならないのである。その極楽をすてて地獄へ堕《お》つる原因の最大なるものは、「金」に対する執着である。人と人との争いは多くは金（又《また》は資産、資源）の分配の多寡《たか》に関係しているのである。そして、そう云う争いを心の中に持って寝《しん》に就《つ》くかぎりは安らかな眠りは不可能なのである。

安眠するには、心が安らかでなければならない。先《ま》ず金又《また》は財産に対する執着を捨てることだ。安らかな眠りは、内部の安らかな心の外的表現であると云うことが出来る。また他に対して敵意をもっている限りは安眠はその人を訪れない。恐怖不安をもっている限りはその人に安らかな眠りは来ないのである。

安眠を得る最大の方法は、自分にとっての利害の問題を寝床《ねどこ》にいて考えないことである。利害の問題には必ず敵意か恐怖か不安かが伴《ともな》うものである。利益を奪《うば》うもの、又《また》は利を失わしめる者は其《そ》の人にとって敵であり、敵があらわれるかも知れぬと云《い》うことは一種の恐怖であり、不安である。恐怖と不安は、それに対する反撃の心にかり立てられる。反撃するには精神が緊張していなければならないし、緊張していては眠れない。眠っていては反撃が出来ないからである。兎《と》も角《かく》こう云《い》う精神状態になっている人は、たとい眠れても、其《そ》の眠《ねむり》は極めて浅いのが常である。

だから安眠したいと思うものは、少《すく》なくとも就眠数十分前から、無敵の心境になっていることが必要である。自分にとって利益を奪い、又は利益を失わしめる者は誰《たれ》も存在しないと云う事を思念すべきである。安眠は心の安らかさの反映であり、心が天国的な状態の投影であるから、ここが既《すで》に天国極楽《ごくらく》で、利益を追求する必要なく、利益を奪《うば》うものに反撃的な心構えもする必要がない、すべてのものが既《すで》に満ち足りた世界を心に描いて平和の心境に入《はい》ってから寝床《ねどこ》に入るべきである。これは不眠症の人に於《お》いてのみならず、すべての病いを治すには是非《ぜひ》必要なことである。

寝床に入ってから平和の心境に入るべく努力するよりも、あらかじめ平和の心境に入ってから寝床に入る方が一層好《いっそうよ》い。吾々《われわれ》がまさに眠りに入《い》ろうとする瞬間、突然深い陥穽《おとしあな》に墜落《ついらく》したような気持になって、片脚又《かたあしまた》は両脚がビクリと激しく痙攣《けいれん》して目が覚めてしまって、又々《またまた》眠るまでに手数《てすう》を要することがある。これは生理的には肉体の緊張が、（肉体の緊張は心の緊張であるから、心の緊張だとも云《い》える）ゆるやかになり切っていないときに急に睡眠への移行によって肉体の緊張が解除されるときの突発変化の急激さに起《おこ》るものと考えられる。心霊学的に睡眠と云《い》うものを霊魂の霊界遊行《ゆぎょう》であると考える場合には、霊魂が急激に霊界へ移行するときの急激な肉体の弛緩《しかん》が墜落のような感じを与えるのである。いずれにせよ、肉体を完全に弛緩せしめて置いたら、今更《いまさら》急激な弛緩がおこらないから、睡眠移行時のあの墜落感は起《おこ》らずに済《す》むのである。

それでは、どうして肉体を弛緩《しかん》せしむべきか。それにはウースター博士《はくし》はこんな方法を推薦《すいせん》している。一方の手で他方の手を支え、完全に一方の手を他の手にまかせ切ったように倚りかからせる。支えている方《ほう》の手を急激に取除《とりのぞ》くと、支えられていた側の手はぶらりと物を抛《な》げ出したように急激に下に落ちるであろう。もし落ちなければ、支えられている手に何程《なにほど》かの緊張が残っている証拠《しょうこ》である。何回もくり返して、全然何の抵抗もなしにその手がまるで生《せい》のない物体を抛出《ほうりだ》したようにブラリと落ちるようになれば、その手は完全に緊張がなくなったのである。その全《まった》く緊張のない感じを会得《えとく》して置いて、寝床《ねどこ》に仰臥《ぎょうが》してからそれの感じる通りに先《ま》ず左手に「弛緩《しかん》せよ」と命ずる。そして左手を完全に投げ出した気持になる。その次には右手に「弛緩せよ」と命ずる。その次には左足に、右足に、そして胴体に、最後に頭部に、「弛緩せよ」と命ずる。そして自分の力は全身の何処《どこ》にもなく、ただ死骸《しがい》か物体かのように、全然自分の力なしに投げ出されているような気持になるのである。これが無我放棄《むがほうき》の心境の実修である。山口の講習会で、生長の家の教《おしえ》にふれて胃癌《いがん》の治った患者が、その癒《い》やされるに到《いた》った心境を、「私はタオルを手拭掛《てぬぐいか》けにスッポリ掛けたように私自身を神様に抛《な》げ出した気持になりました」と云《い》ったが、そのような心境である。

次に自分の身体《からだ》が投げ出されている床又《とこまた》は蒲団《ふとん》を、「神の慈手《みて》」又は「宇宙大生命」であると観《かん》ずる。そして「自分は完全に神の慈手《みて》の上に自分の全身をまかせ切っている」と心の中で数回唱《とな》えるのである。そして次に「神の慈手《みて》は私を支えてい給《たま》うのだ。何ら自分にとって心配もなく、不安もない」と念ずる。その通りの言葉でなくても、その意味であれば好《よ》いのである。これが神への全托《ぜんたく》の実修である。真《しん》に神に全托し得るならば、肉体に眠る必要があるならば自然に眠りを催《もよお》して来るものである。「眠ろう」と焦慮《しょうりょ》する必要はない。「眠ろう」と焦慮するとき却《かえ》って反対観念が起《おこ》って眠れなくなったりすることがある。

更《さら》に右に追加すべき最もよい方法は“Lord《ロード》 fill《フィル》 me《ミー》 with《ウィズ》 Thyself《ザイセルフ》”（神よ我れに流れ入りたまえ）と念じつつ、しずかに息を鼻より極々《ごくごく》ゆっくり吸いながら、その息を空気と思わず神が流れ入ると観《かん》じながら、全身が神に満たされつつあると念じ、信じて眠ることである。これは就寝前に潜在意識に健康の念をつぎ込む最もよき方法なのである。日本語で右の言葉をとなえても好《よ》いが、人によっては「ロード・フィル・ミー・ウィズ・ザイセルフ」と英語でとなえる方が却《かえ》って心が落着《おちつ》くこともある。それは「アビラウンケンソワカ」と云《い》う意味不明な梵語《ぼんご》の陀羅尼《だらに》をとなえる方が何だか感銘が深く、意味にとらわれないために心が一層《いっそう》落着くと云《い》うのに似ているのである。意味に捉《とら》われ過ぎると心は覚醒《かくせい》状態になる。意味曖昧《あいまい》な語を心にとなえつつその音韻《おんいん》に従って「神流れ入りたまう」と思える方が一層好《よ》い。

憎《にく》んでいる人があるならば、その人と心の中で和解して眠らなければならない。ただ彼を忘れようと思っても、忘れようと思えば思うほど思い出すのが心の神秘である。それよりも相手が仮《か》りに自分を侮辱《ぶじょく》したとするならば、何故《なぜ》彼はあんなことを言い又《また》はしたのであるか、自分の方に何か悪いところはなかったか、それは自分の心の反映ではないだろうか。そうだ、彼がこんなことを仕向《しむ》けたのは無理がないことなのだと、心の中で理性的に調和を見出《みいだ》し、彼を心の中で完全にゆるして眠ることである。憎《にく》みは相手を傷《きずつ》け縛《しば》る心であるから、また自分をも傷け縛る、そのために眠られないのである。眠りは心の完全なる弛緩《しかん》であるから、弛緩を妨《さまた》げる一切《いっさい》のものを避けなければならないのである。

周囲がやかましくて眠れないのは、その喧噪《けんそう》に自分の心が和解しないからである。或《あ》る旅館に泊《とま》ったとき、隣室で商人が徹夜で商談を戦わしているので眠れなかったと云《い》う人がある。その時にはその人は商人の言葉をウルサイと思ってそれに和解していなかったのである。その同じ人が喧噪なオーケストラを聴《き》きながらでも、午後九時のラジオニュースを聴きながらでも平気でスヤスヤ眠ってしまうこともある。これはその音を憎んでいないで、むしろ心をひらいて聴いてやろうとその音に和解し調和しているからである。

茲《ここ》に於《お》いて「汝《なんじ》ら天地一切のものと和解せよ……汝《なんじ》が何者かに傷《きずつ》けられるのは天地一切のものと和解していない証拠《しょうこ》であるから顧《かえり》みて和解せよ」との神示《しんじ》の適確《てきかく》さが

明《あきら》かになるのである。生長の家の故小永井《こながい》顯《あきら》講師がまだ野間菊子《のまきくこ》と云《い》う女医の経営していた神戸衛生病院に助手をつとめていられた頃《ころ》のことである。一人の不眠症、神経衰弱《すいじゃく》患者が入院して街角《まちかど》にある病院の一室に入《い》れられた。其処《そこ》は道路の曲《まが》り角《かど》になっているので、衝突《しょうとつ》を避ける為《ため》にその街角の直前になると自動車はブーブーと信号のホーンを鳴らす。其《そ》の頃は戦前で自動車が頻繁《ひんぱん》に通るころだったので午後十二時でも午前一時でも時間かまわず、自動車の号笛《ごうてき》が、眠ろうとしている患者を急に驚かすためかの如《ごと》く鳴るのである。患者はまんじりともせず、その自動車の号笛を憎《にく》みながら、こんな部屋を与えた医者を憎みながら、一夜をすごした。頭は益々《ますます》重く、日光は眩《まぶ》しく脳味噌《のうみそ》は足で踏みつぶされたようにガジガジする。

其処《そこ》へ小永井さんが回診して来たのである。患者は不眠のこと、自動車の号笛のことなどを訴え、他に室《しつ》はないか、これでは神経衰弱は益々《ますます》悪くなるばかりだと云《い》う。小永井氏は、生憎《あいにく》、病室が他に空《あ》いていないことを話し、「併《しか》しここは病院であるから夜間病人をそんなに悩ます自動車が通るとすれば、この道路を夜間だけ自動車通行禁止道路にして貰《もら》うように県に交渉して見たいと思う。君《きみ》ばかりでなく他の病人にも迷惑を及《およ》ばすからね。ついては何自動車が何台位《ぐらい》夜間ここを通るか一晩記録して置いて報告して貰《もら》いたい。自動車も型に従ってホーンの音も色々ある。フォードはどんな音をさせる。ブイックはどんな音、シボレーはどんな音と云《い》う風《ふう》に、それを昼のうちに病院の前に出て音を聞いたら何自動車か分《わか》るように研究して頂いて、夜になると枕頭《ちんとう》に手帳を置いて音を聞くだけで、何自動車一台二台と順次書きとめて置いて下さい」と云《い》った。

翌朝、小永井《こながい》氏が回診して行って「昨晩は何台の自動車が通りましたか」とたずねたときに、患者は頭を掻《か》いて、

「あいにく、二三台手帳につけとめたまま寝てしまいました」と答えた。

これは笑話《しょうわ》ではない実際の話なのである。自動車の号笛《ごうてき》が自分を傷《きずつ》けるものだ。聴《き》くまい、うるさい、うるさい、かなわん、叶《かな》わんと思っていた間《あいだ》は実際に自動車の号笛は患者を害していたのである。これは其《そ》の号笛と和解していなかったからである。

しかし其晩《そのばん》この患者は心をひらいて、自動車の号笛《ごうてき》をきこうと思って、味方《みかた》のような気持でいたから、その号笛は彼を害することが出来なかったのである。

自動車の号笛ばかりではない。すべての人生の出来事は、それは病苦であろうと、災害であろうと、必ずや或《あ》る教えを吾々《われわれ》につたえるものである。現象は内なる心の影《かげ》であるからである。それが一見どんな苦《にが》い出来事であろうとも、それは吾《われ》らを害するように見えていても、吾等《われら》を害すると思っている間は、あの自動車の号笛のように吾《われ》等《ら》を害するであろう。併《しか》しじっと自動車の号笛に聴《き》き入ろうと、そのまま受けて、その意味を知ろうと謙虚忍従《けんきょにんじゅう》の心になるとき、それはもう吾等を害する事は出来ないのである。

肉体の病苦で眠れないときには、その病苦に和解するのである。「これは神から電話がかかっているのである。(本書・第一篇・第五章一〇一頁参照) 神はこんなにまでして私を愛して下さるのである」――こう考えて、その病苦に和解するときには痛みがそのまま血液を痛む箇所《かしょ》へ運ぶ刺戟《しげき》となり、頭脳の血液流通量は減少して自然に眠れるようになるものである。

感謝の念は、精神を鎮静《ちんせい》せしめ、反抗や、興奮や激情を取除《とりのぞ》くので、万物《ばんぶつ》への感謝の言葉を心の中で唱《とな》えつついるうちに眠ってしまう。これも中々《なかなか》有効なる睡眠法である。こうして得られた眠りの後《あと》の覚醒《かくせい》は甚《はなは》だ心気《しんき》爽《さわや》かなるものである。自分の周囲すべてに、「枕《まくら》さん、有難《ありがと》うございます。蒲団《ふとん》さん有難うございます……」式にお礼を云《い》う。是《これ》は「物を思うまい」とは考えずに出来るだけの周囲のものを思い出して感謝する方法である。(「思うまい」と思えば思うほど、物を思う心の天邪鬼性《あまのじゃくしょう》に注意せよ)かくて畳《たたみ》に、柱に、天井に、空気に、水に、父に、母に、良人《おっと》に、妻に、子に……あらゆるものを思い浮《うか》べつつそれに感謝しているうちに、眠ろうと思わないでも眠ってしまうのである。

最後に、利害関係のない視覚的影像《えいぞう》は睡眠を助けるものである。野球の投手がボールを投げている光景を、昼見たそのまま眼《め》の瞑《つむ》った目の裏にわざと思い浮べていると自然に眠りを催《もよお》して来る如《ごと》きはそれである。これは野球の光景に限ったことではない。子供がぶらんこ遊びをしている光景でも、時計の左右《さゆう》振動の光景でも好《よ》い。或《あるい》は、どこか昼間見たところの景色でも好《よ》い——兎《と》もかく、それを思い浮《うか》べること によって何か激しい感情が湧《わ》き起《おこ》るような連想の伴《ともな》わない、又《また》、何の利害関係を伴わない客観的光景であれば、何を思い浮べても好《よ》いのである。不眠症患者が「何も思うまい」と考えたり「眠ろう」と考えたりして失敗するのを逆にしたもので、いいいいつとめて思い浮べることにして、しかも、何の感情も、損得《そんとく》の考えも伴わないことを思うのである。そうすると疲《つか》れている時に面白《おもしろ》くもない芝居《しばい》を一所懸命《いっしょけんめい》見ようと思っていればいるほど眠くなるような塩梅《あんばい》に眠ってしまうのである。この簡単な方法を教えてあげて、その通り実行することによって数ヵ月の不眠症が一夜に解消した実例は多数ある。

要するに就眠直前の精神を平静な平和な執着《しゅうじゃく》のない淡々《たんたん》たる状態たらしめることが必要なのである。或《あるい》は月輪《げつりん》の姿を心に描き、或《あるい》は落日《らくじつ》の姿を心に描き、ミレーの晩《ばん》鐘《しょう》の絵を想望《そうぼう》するのも好《よ》いであろう。また仏教信者で阿弥陀仏《あみだぶつ》の浄土《じょうど》を固く信ずるものならばその光景を心に描いて眠るも好《よ》いであろう。要するに就眠直前の精神状態または心に描かれたる心境は暗示として潜在意識の世界に印象され、其処《そこ》にレコードされて、やがてそれが具象化《ぐしょうか》されて現在意識の世界に現象化《げんしょうか》して出て来るのである。だから或《あ》る夜《よ》の眠りしなの心持《こころもち》の快不快は、翌朝目覚めたときの快不快の心持と一致する。それどころか、その次の日又《また》はずっと後《あと》に起《おこ》るところの日常生活上の些細《ささい》な又は重大な失錯《しっさく》又は成功にも関係しているのである。潜在意識上の観念が如何《いか》に日常生活を支配しているのかを知るものは自己の運命を支配する方法として、就眠直前の暗示を活用しなければならないのである。

或《あ》る人は「不眠症」や「神経衰弱《すいじゃく》症」を武器として使っている。そう云《い》う人は其《そ》の病気を（病気と云《い》うほどでないのに）大袈裟《おおげさ》に吹聴《ふいちょう》する。それは其《そ》の病気があるので自分は自分の生涯に大《だい》なるハンディキャップをつけられているという事の、広告がしたいのである。彼は素直《すなお》には自分の能力の足らぬことや、努力の足らぬことをみとめて降伏して了《しま》いたくはないので自分の不利条件を強調したいので、その不利条件として神経衰弱《すいじゃく》や不眠症を自分の心で製造するのである。そして色々の不眠征服の工《く》夫《ふう》を大袈裟《おおげさ》にならべる。固い枕《まくら》がどうだとか、柔《やわら》かい枕がどうだとか、曰《いわ》く就眠前の入浴、曰く就眠前の体操――そして却《かえ》って興奮して眠れなかったり、それから頭をつからせなければ眠れないとて興奮せしむるような書物を読む。静坐《せいざ》してみる。温湯《おんとう》を飲んで見る。腹が減っては胃腸の方へ血液が行かないので頭の方へ血が逆上《のぼら》せて眠れないとて夜食をとって眠ろうとする、そして却《かえ》って胃腸の不快感から眠れない――それはまさしく不眠症の威力《いりょく》のデモンストレーションであって、その蔭《かげ》にかくれて何か自分の事業や学業の成就《じょうじゅ》しないことを言訳《いいわけ》しているのである。本当の強者は言訳などをするものではない。ましてそのような病気を楯《たて》にして言訳をするような心は卑怯《ひきょう》中《ちゅう》の最大卑怯者だと知って、決然かかる病気を自己弁解の口実《こうじつ》にする心を捨てたとき、不眠症のみならず、其他《そのた》の病気すらも治ってしまう人々が沢山《たくさん》あるのである。

酒は一時的に麻酔を来《きた》して睡眠を促進する事があっても酒による眠《ねむり》は真《しん》の熟睡ではない。

悟境《ごきょう》の持続について

（問）頓得《とんとく》の悟《さとり》（ハッと一時にさとる）と云《い》う様《よう》な状態で、ハッと「我れ神の子なり」と自覚することが度々《たびたび》ありますが、さて日常生活を送っていますうちに、その頓得の悟境《ごきょう》と云《い》うようなものが何時《いつ》の間《ま》にかうすれて、悟《さと》りの前と少しもかわらないような感激のない生活と心境に陥《おちい》ってしまうことが度々あるのであります。これはどうしたら防ぐことが出来ましょうか。また如何《いか》にしたら、澄《す》み切った悟境と云うようなものを持続することが出来るでしょうか。（I生《せい》）

（答）それは中々好《なかなかよ》い質問であります。人間神の子の自覚がうすれて来たときに、人は禍《わざわい》に墜落《ついらく》する。病気も不幸も其処《そこ》から出るのであります。人間神の子の自覚が永続しないのは神想観《しんそうかん》が足りないからだと思います。道元禅師《どうげんぜんじ》は「祇管打坐《しかんたざ》」と云われました。祇管坐《ひたすらすわ》ることが必要なのであります。生長の家へ来て、話を熱心にきく人でも、神想観の時間になると帰ってしまう人がある。これは話よりも、神想観の方が尊《とうと》い行事であると云《い》うことを知らぬ人であります。観普賢菩薩行法経《かんふげんぼさつぎょうほうきょう》にも『端坐《たんざ》して実相を想《おも》え、慧日《えにち》よく衆罪《しゅうざい》を消除《しょうじょ》す』とあります。端坐して実相を念じているときには、そのまま仏・そのまま神の子であって、実相があらわれているから、諸罪はそのまま無いのであります。この行事を毎日毎夜行わぬ人は、いくら神の子だと一《いっ》ぺん悟《さと》っても、その実相が錆《さび》のために蔽《おお》われているのは、立派な名刀でも、毎日打粉《うちこ》をふって磨《みが》かぬとその明晃々《めいこうこう》たる状態が錆によって蔽《おお》い隠されるようなものでありまず。その打粉を打って毎日磨くのが、神想観《しんそうかん》であり、毎日、自分の実相と対面する行事であります。瑞巌和尚《ずいがんおしょう》は、毎日、自分の実相にむかって「主人公、主人公」と云《い》って喚《よ》び出《だ》したそうでありますが、ただ「主人公」とだけでは充分ではない。主人公が一体何者であるかをハッキリ知って対面するのでなければ本当に自分の実相に対面したと云う訳《わけ》には行かぬ。そこで、自分と云うものを「神の子」だとハッキリ知ってそれを言葉でとなえて対面するのです。これが神想観なのであります。実際心境が段々《だんだん》高くなって行く人は神想観を怠《おこた》らぬ人であり、理論や智慧《ちえ》には明るくとも、生活が段々調《ととの》わぬようになるような人は神想観《しんそうかん》を怠《おこた》る人に多いのであります。

神想観《しんそうかん》は自力《じりき》か他力《たりき》か

（問）神想観と云《い》うと、自力《じりき》の坐禅行《ざぜんぎょう》のように思えるのでありますが。私は真宗《しんしゅう》の信者でありまして、御開山親鸞聖人《ごかいさんしんらんしょうにん》はそのような観法《かんぽう》をしても到底凡夫《とうていぼんぷ》の自分達は救われる心境などにはなれるものではない。ただ念仏《ねんぶつ》して仏のおはからいの中へ自分を投げ入れるよりほかに救いはないと云《い》われたのであると思いますが。（ＮＴ生《せい》）

（答）私は神想観をして救われる、神想観をしないと救われぬと云っているのではないのであります。生長の家本来の教《おしえ》によると、人間は悟《さと》っても悟らないでも、神想観をしてもしないでも、本来人間は神の子であるから、救われていると云っているのであります。人間は本来神の子であり、仏の子でありますから、どうしないでも其儘《そのまま》で救われている――これが実相であります。併《しか》し現象は心の波の相《すがた》にあらわれるのであります。神の子であり、仏の子であっても、現象にその立派な円満完全な相《すがた》があらわれるためには、心の波を調整しなければなりません。心の波を調整するためには、深く祈ることが必要であります。神想観《しんそうかん》と云《い》うのは一種の自力的坐禅行《じりきてきざぜんぎょう》にも観《み》えるかも知れませんが、実は祈りの行事であります。人間は神の子である——斯《こ》う自覚しても深く祈らなければ、その自覚が現象界に永続してあらわれない。無論《むろん》、神は祈ったから我々に「生命を幸え《さきはえ》」たまい、祈らなかったから「生命を幸え賜《さきはえたま》わない」と云《い》う訳《わけ》ではない、常に生命を幸え給《さきはえたま》いて吾々《われわれ》を生かしてい給《たま》うのでありますけれども、祈りは其《そ》の事実を自分の潜在意識に深く印象せしめ、神に和解していなかった吾《わ》が潜在意識をして神に和解せしめ調和せしめる働きをするのであります。其《そ》の結果、既《すで》に神に生かされている実相の円満さが現象界にあらわれて来《き》、現象界の生活も調《ととの》うて来ることになるのであります。唯今《ただいま》「神に和解していなかった吾《わ》が潜在意識」と云う語を使いましたが、大抵《たいてい》の人の潜在意識は神に和解していない——という意味は、自分はまだ釈《ゆる》されていないとか、自分には斯《こ》う云う業《ごう》があるとか、因縁《いんねん》があるとか、遺伝があるとか、これこれの悪事をしたから、その報《むく》いを受けねばならぬとか――そう云《い》う色々の心の中に塵芥《ごもく》があって「神の絶対無条件の救い」と波長が合わなかったり、その救いの電流の通じがたい絶縁体《ぜつえんたい》になったりしているのであります。そう云《い》う潜在意識の絶縁体をなくしてしまわなければ、いくら実相に於《お》いて完全に救われていても、それが現象界に迄《まで》あらわれて来ることが出来ない。いくら放送局で上手《じょうず》に放送していても、こちらのラジオセットに電流が絶縁されていたら、通じて来ないようなものであります。そこで是《これ》ら潜在意識の絶縁体を消滅《しょうめつ》せしめるために祈りと云うことが必要なのであります。神想観《しんそうかん》は坐禅的《ざぜんてき》行事でもあるがたしかに祈りである。その招神歌《しょうしんか》の第一首にある「生きとし生けるものを生かし給《たま》える御祖神《みおやがみ》、元津霊《もとつみたま》ゆ幸《さきは》え給《たま》え」と云う歌は、ただ、それを歌のつもりで朗誦《ろうしょう》しているのでは可《い》けない。「生きとし生けるものを生かし給《たま》える御親神《みおやがみ》さま、どうぞあなた様《さま》の大本源《だいほんげん》のみたまから生命を先延《さきは》えて下さいませ。そして、此処《ここ》に生きている生命がまったく貴方様《あなたさま》の生命の延長《さきはえ》であることを知らして下さいませ」――と切実に祈る事が必要であります。そうすると、第二首の歌、第三首の歌の、わが生くるはわが力ならず天地《あめつち》を貫《つらぬ》きて生くる御親神《みおやがみ》の生命《いのち》であり、わが業《わざ》はわが為《な》すに非《あら》ず天地《あめつち》を貫きて生くる御親神《みおやがみ》のお力であることが深い心境の奥底から判《わか》って来るのであります。これは真宗《しんしゅう》のお念《ねん》仏《ぶつ》とおなじことだと思います。真宗でも南無阿弥陀仏《なむあみだぶつ》と唱《とな》えれば救われると云《い》いますが、それはそれをただ呪文《じゅもん》だと思って心の表面で称《とな》えれば好《よ》いと云《い》うのではない、やはり雑行雑修《ぞうぎょうざっしゅう》の心を振り捨てて、ただ一向専心、南無阿弥陀仏と唱名《しょうみょう》せよと云います。南無《なむ》とは帰命《きみょう》と云うこと、自己の命《いのち》を仏の命の中に投げ入れてまったく一体になること、即《すなわ》ち「わが生くるはわが力ならず、天地《あめつち》を貫きて生くる御親《みおや》の命」が、此《こ》処《こ》に生きているのだ、その無量寿《むりょうじゅ》の命、その無礙光《むげこう》の智慧《ちえ》が此処《ここ》に生きているのだと自覚する。その祈りが念仏である。真宗では祈《いのり》と云わずに念仏と云うが、念ずると祈るとは、語源は同じであります。祈るとは「いのち宣る」の略語で「帰命《きみょう》宣言」であり、「此処《ここ》に仏の生命《いのち》が、此処《ここ》に神の生命《せいめい》が、生きている」と云う仏我《ぶつが》一体、神我《しんが》一体の自覚を喚《よ》び起《おこ》すところの言葉の力が祈りであり、念仏であります。それは「一向《いっこう》専心《せんしん》」であって、雑行雑修《ぞうぎょうざっしゅう》の心を振り捨てなければならぬ。一向《いっこう》専心の心伴《ともな》う必要なく、ただ声帯の振動、空気の振動が「南無阿弥陀仏《なむあみだぶつ》」と聴《きこ》えるようでありさえすれば、その名号《みょうごう》の力によって救われると云《い》うのであれば、宗教などひろめる必要も、信心《しんじん》を起《おこ》す必要もない訳《わけ》で、到《いた》る処《ところ》に南無阿弥陀仏と云《い》う唱名念仏《しょうみょうねんぶつ》の声を吹き込んだ蓄音機《ちくおんき》のレコードをかけさせるか、録音盤で全国のラジオ装置に南無阿弥陀仏と放送して聴えさせてさえ置けば、空気はそのように振動するし、人間は皆《みな》その空気の振動で救われることになりましょう。しかし宗教とか救われるとか云う問題は空気の振動や、レコードや、ラジオのスピーカーの振動の問題ではない。心の問題である。簡単に「雑行雑修《ぞうぎょうざっしゅう》を振り捨てる」と云うけれども、この「雑行雑修」を振り捨てる事位《くらい》難《むつ》かしいことはない。直《す》ぐ吾々《われわれ》は雑行に頼り、雑修に頼りたくなる。それが肉体我《が》であり、凡夫《ぼんぷ》である。雑行雑修を振り捨てて専心念仏《せんしんねんぶつ》申したら凡夫も救われると云うけれども、雑行雑修を振り捨てられる位《くらい》ならば、その人はもう凡夫ではない。雑行雑修を振り捨てることそのことは既《すで》に一種の非凡《ひぼん》の修業である。心がはからわなくなると云《い》うことは非凡《ひぼん》の人ではないと出来ないことであり、凡人《ぼんじん》でも雑行雑修《ぞうぎょうざっしゅう》を捨て一向専念至心廻向《いっこうせんねんししんえこう》したら救われると云《い》うけれども、その至心廻向がむつかしいのであります。凡人の常として斯《こ》うしたら救われるか、ああしたら救われるかと、兎角《とかく》はからい心が出る。そのはからい心を雑行雑修と云う、はからい心があっては救われない、雑行雑修があっては救われないと云うのでは、そのはからい心をどうしたら捨てられるかと、凡人にははからい心を捨てる為《ため》のはからいが次から次へと起《おこ》って来て止《や》む事がない。そこで生長の家では雑行雑修を捨てなくとも、はからい心を断滅《だんめつ》しなくともそのままで人間は救われていると云う。方便《ほうべん》で安心させるためにそう云うのではない。人間の生命は本来神の生命の延長であって、完全円満であるから、どうしないでも其儘《そのまま》で救われているのが人間の実相である。一切衆生悉有仏性《いっさいしゅじょうしつうぶっしょう》である。これは「一切衆生 悉《ことごと》く仏性あり」と読んではならない。一切衆生悉有《しつう》仏性と道元禅師《どうげんぜんじ》のように読まなければならない。悉有《しつう》とは「有《あ》るもの皆《みな》」である。苟《いやしく》もあるものは悉《ことごと》く仏性である。仏性のみがあるのである。だから悟《さと》ろうが悟るまいが、はからい心を捨てようが、捨て得《え》なかろうが、人間はそのまま救われている。そのまま神の子であり、仏子《ぶつし》であり、救われているのならば神想観《しんそうかん》する必要はないではないか、坐禅《ざぜん》する必要はないではないか、念仏《ねんぶつ》する必要はないではないか、祈る必要はないではないかと云《い》う人があるかも知れぬ。そうではない、そのまま神の子であり、仏の子であるからこそ、神の子が神の子を行《ぎょう》じ、仏の子が仏の子を行ずることになる。道元禅師《どうげんぜんじ》はこれを「行仏威儀《ぎょうぶついぎ》」と云《い》っていられる。仏を行じ、仏の威儀を行ずるのである。仏にならうと思って行ずるのではない、これでは無理がある。仏であるから仏を行ずるのである。そこにおのずから威儀があらわれる、それが神想観であり坐禅であり、念仏である。証上《しょうじょう》の修《しゅう》である。頓得《とんとく》のさとりも、ハッと気がついただけでは脳髄の表皮細胞一枚のことである。われ神の子なり、仏子なりのさとりも、生命そのものとなるためには行仏《ぎょうぶつ》とならなければならない。その行仏が神想観であり、行仏すれば自然に懈怠《けたい》の心も起《おこ》らず、頓得《とんとく》のさとりを永久に生活の上に持続することが出来るのであります。神想観は自力《じりき》か他力《たりき》かと云う問題になりますと、行仏は自力か他力かと云う問題になってまいります。自分のいのちではない、仏のいのちであると云《い》うことがわかって、仏自身が仏のいのちを行《ぎょう》ずるのであるならば、坐禅《ざぜん》をしても、神想観《しんそうかん》をしても、それはもう自力《じりき》ではないと云《い》うことになります。

苦行《くぎょう》は悟《さとり》の因《いん》に非《あら》ず

〈問〉 釈迦《しゃか》は「苦行《くぎょう》は悟《さとり》の因《いん》に非《あら》ず」と悟《さと》って苦行林《りん》から去って尼蓮禅河《にれんぜんが》にて沐浴《もくよく》して悟を開いたと申しますが、私の考えでは真《しん》に深い心境に到達するためにはやはり苦しみを通して鍛《きた》えられることがなければならない、境遇の甘《あま》さに甘やかされているようでは駄目《だめ》だと思いますが、如何《いかが》でしょうか。（ＭＵ生《せい》）

〈答〉 釈迦は苦行をして、はじめて苦行は悟の因に非《あら》ずと悟ったのであり、苦行しなかったならば、苦行は悟の因に非《あら》ずと云うことはわからなかったのではないかと思います。尤《もっと》も釈迦が「苦行は悟りの因にあらず」と云ったのは当時バラモンの行者《ぎょうじゃ》が苦行をもって悟りの因であると思って、色々と不自然な苦行をした。腹に鈎孔《かぎあな》を穿《うが》って、その鈎孔《かぎあな》に鈎をつけた紐《ひも》を引っかけて、その紐《ひも》に重錘《おもり》をぶらさげて歩いたり、茨《いばら》の腹帯《はらおび》をしめて身体《からだ》をかがめる毎《ごと》に痛むその茨《いばら》の棘《とげ》が身を刺す苦行《くぎょう》をしたり、石塊《せっかい》の上に向《む》う脛《ずね》を出して坐《すわ》ったりした。そのような苦行のための苦行は真《しん》に悟《さとり》の因《いん》になるのではないと云《い》うことを釈迦《しゃか》は云《い》ったのだと思います。自然に人生の生活の中に於《お》いて課せられて来る苦しみと云うものは、それは人間の尊《とうと》き実相のあらわれる為《ため》の鍛錬《たんれん》であるのであります。人間の実相は鍛《きた》えられた鋼《はがね》の様《よう》なもので、鋼の本性《ほんせい》があっても鍛えなければその実相があらわれない。貴方《あなた》の被仰《おっしゃ》る通り、環境にあまやかされている者には、人間の強さも、ねばりも、人生に於《お》ける深い理解も、苦しんでいる人への深い思いやりも湧《わ》いて来ない。そう云う者にとっては人生の艱難《かんなん》が必要である。日清、日露の戦争を経て欧洲《おうしゅう》大戦に便乗《びんじょう》し、綿業《めんぎょう》の世界的進出によって安易《あんい》なる境遇にあまやかされていた日本民族は、いつの間にか和敬清寂《わけいせいじゃく》の茶道《さどう》精神も、愛他《あいた》的な基督《キリスト》教精神も失って、個人主義的な快楽をよろこび、創造よりも、所有と侵略と享楽《きょうらく》とをよろこぶ利己主義的な民族と化しつつあった。『生命《せいめい》の實相《じっそう》』第九・十巻靈《れい》界《かい》篇には過去の徳行《とくぎょう》によって高級の霊界に生《うま》れた高級霊魂も、その過去の徳行によって傲然《ごうぜん》としてただ安易《あんい》な生活ばかりを送るようになっていると、神の摂理《せつり》によって、宇宙的な旋風《せんぷう》がやって来《き》、その旋風に吹き淩《さら》われて、どうしても安易な生活を送っていられないような境遇に追いやられる――と云《い》う意味が書いてありますが、日本民族も幸福なる過去の業績から結果したる安易の生活をつづけることが出来なくなって、今度のいたましき敗戦のような状態に追いやられるようになった。これは神の摂理によって、享受《きょうじゅ》に偏《かたよ》り過ぎた不健全な生活から、創造を喜ぶ生活に追いやるための神の摂理であると云《い》い得ると思います。生命は享受のみによっては伸《の》びないのであって創造によって伸展《しんてん》するのです。あまりに享受のみに偏り過ぎた昭和十二、三年頃《ごろ》までの日本人の生活は不健全な生活でありました。そこで摂理が全国民を創造にまで追いやるべく課したのがそれ以後の事態とそれに引きつづく敗戦である。切迫せる境遇ほど人類の創造力を刺戟《しげき》するものはありません。過去三十年間の科学的創造よりも最近数年間の科学的創造の進歩の方が早いとも云えましょう。こうして吾等《われら》は享受の生活から創造の生活に引き戻された。戦争中私は佐世保《させぼ》に宗教講演に行ったとき、日本海軍の兵隊から「遊廓《ゆうかく》はどこですか」と平気でたずねられたときほど驚いたことはなかった。その時まで私は日本の軍人を神様のように立派な捨身無我献身《しゃしんむがけんしん》の方々《かたがた》だと錯覚していたのだった。あとで附近の人にきいて見ると、民間では遊廓を廃止せしめて置きながら軍の専用品としては依然《いぜん》として遊廓はあり、芸妓《げいぎ》は廃止されて芸を売らぬ宴妓《えんぎ》と云《い》う肉体享楽《きょうらく》目的のみのものになったのだときかされました。こう云《い》う軍人の戦いが聖戦《せいせん》である筈《はず》もなかったが国民の殆《ほとん》ど全部は知らなかったのです。しかし神様は知りたまう。神は敗戦によって日本人を正しき道に押し戻されたのです。この時摂理《せつり》が日本民族に何の目的で此《こ》の苦難を課したか、それは人間の魂《たましい》の実相を顕《けん》現《げん》する為《ため》の鍛《きた》えとして課したものだと云う摂理の意図《いと》に対して目覚めて協力することが必要であったのだ。摂理の意図に目覚めてみずから進んで創造に協力したとき、日本は復活する事ができたのです。苦難はみずから進んでこれを受けるときそれは苦難でなくなるのです。柔道《じゅうどう》の試合で首を絞《し》め合って落ちる(気絶する)時でも、あのまま抛《ほう》って置けば、あのままで死であるが、死ぬほどの苦しみでも、みずから進んで試合をしているが故《ゆえ》に、試合で落ちた人に「君《きみ》、落ちるとき苦しかったか」ときくと、「苦しくなかった」と答えるのが普通である、中には嚠喨《りゅうりょう》たる天の音楽を聴《き》いたとか、花びらがさんさんと降《ふ》る幻《まぼろし》を見たとか云《い》う人さえもある。みずから進んで摂理《せつり》の与えるものを受けて、その摂理の意図《いと》に協力するとき、その苦難が苦難でなくなり、喜びに変《かわ》るのです。苦行《くぎょう》はさとりの因《もと》に非《あら》ずと云《い》う事はバラモンの行者《ぎょうじゃ》の様《よう》な「苦行の為《ため》の苦行」の場合に当て嵌《はま》るのであって、摂理の課した苦難に対しては当て嵌《はま》らないのです。そして摂理の課した苦難は、その摂理の意図目的についてそれを理解し協力する時、苦難が苦難でなくなり、それは鍛《きた》えとなって、生命の尊《とうと》き実相がそこから輝き出す事になるのです。ところで現在の日本人の状態に於《お》いては戦争以来、日本人の全《すべ》てはよくなっているかと云うと、確かによくなっている人たちも多勢《おおぜい》ある。併《しか》し悪くなっている人達も沢山《たくさん》ある。学生が警官と乱闘《らんとう》する、性が解放され、賭博競輪《とばくけいりん》に狂奔《きょうほん》する。人間が利己主義になり、勝手気儘《かってきまま》をこととし、思いやり深《しん》切《せつ》がなくなっている——こう云《い》う様《よう》な人たちは、この苦難を人類に課した摂理《せつり》の意図《いと》を知らないからなのです。そう云《い》う人達はこの敗戦にみちびいた摂理の意図が判《わか》らないから、それに協力しようとせず、逃げ出そうとして踠《もが》くから、益々《ますます》自己を堕落《だらく》させるのです。苦難はその摂理の意図を知ってそれに協力するとき苦難が苦難でなくなり魂《たましい》が進展し、生命が力を層一層《そういっそう》得るが、摂理の意図から逃げ出そうとするとき益々苦難となって吾々《われわれ》の前に立ち塞《ふさ》がるのです。キリストの云ったところの「十里の公役《こうえき》を強《し》いられなば二十里を行け」です。「上衣《うわぎ》をとらんとする者には下衣《したぎ》をも与えよ」の無抵抗の真理、柔軟《じゅうなん》の真理です。是《これ》は対外的にも、国内に於《おい》ても神からの摂理に対して、与えられたところのものにハイと素直《すなお》に従うことです。苦難は受け方によって、主客が位置を変化するのです。十里の公役を強いられて十里を行くだけでは、まだ受動であり奴隷《どれい》にすぎません。生命の行者は受動をかえて主動に変ずる自主的なところがなくてはならないのです。かくてこそ人生の勝利者となれるのです。十里の公役を強いられて十里を行っただけでは受動生活に過ぎません。ところがその時みずから進んで二十里を行った時、ここに始めて受動は変じて主動となるのです。今日日本に必要なのは、この「十里の公役《こうえき》を強《し》いられなば二十里を歩け」の精神です。もしこの精神があれば日本国の前途は誠《まこと》に洋々《ようよう》たるものがあり、資本自由化の波の中にも繁栄は約束される。其時《そのとき》、如何《いか》に課せられた苦難でも、自《みずか》ら進んで受けるが故《ゆえ》に、それは主動的となり発展の基礎となる。人類は或《あ》る発達期間には苦難を必要とする、そしてその苦難をみずから進んで平気に受ける気持になるとき、苦難を必要としない栄《さか》える世界が其処《そこ》に出現するのであります。

人間と食物《しょくもつ》の問題

人間は決して生物互《せいぶつたがい》に殺し合いをして生活しなければならないものではないのである。最近の戦争は色々の現実的動機はあるであろうが、第一次欧洲《おうしゅう》戦後の人類全体の必死の努力にも拘《かかわ》らず、ついに第二次世界大戦の勃発《ぼっぱつ》を防止することが出来なかったのは何故《なにゆえ》であろうか。それを宗教的に云《い》うときは人類の生活が他の生命の殺し合いの上に築かれている業因《ごういん》の上に発展しているからだと私は考えざるを得ないのである。私は最近、邸内《ていない》の池にいる金魚が子供達に奪《うば》い去られ、恐《おそ》らくは弄《なぶ》り殺しになったであろう事実に接した。そしてそれは日本の子供達が社会的訓練が足らず、自分又《また》は自分の家の楽しみにさえなれば好《よ》いのであって、社会全体の幸福についての連帯性の自覚の欠如《けつじょ》から来るものである事を一応認める。しかしそれは表面の現実的原因であって、もっと深いところから云《い》えば、金魚が他の生物《せいぶつ》から生命を奪われて死なねばならないのは、金魚自身が他の生物（例えば蚊《か》のボーフラの如《ごと》きもの）を食して、その生《せい》の犠牲の上に生活している業《ごう》そのものが、もっと深い原因になっているのである。殺すものは殺されなければならないのである。このことはキリストの『剣《つるぎ》をとるものは剣によって滅《ほろ》ぶ』と云《い》う聖言《せいげん》にもあらわれている。殺す者は殺されなければならないのである。私は庭の数尾《び》の金魚の運命について深く反省せしめられるところがあったのである。併《しか》しまだ深く反省しないところのものが心の底に残っていたらしいのである。越えて数ヵ月、隣家《りんか》の鉄道省の道場で飼っている犬が、或《あ》る夕方鶏舎《けいしゃ》の金網をかみやぶって侵入し、もう近く卵を生む筈《はず》になっていた二羽の雌鶏《めんどり》を殺し、一羽は何処《どこ》かへ奪《うば》い去り、もう一羽は見るも無惨《むざん》にその半《なか》ばを食《く》いあらし、臓腑露出《ぞうふろしゅつ》したままそこに捨てられてあったのである。

私はこれを見たときに非常に深く心を打たれたのである。これはすべて私の心の影《かげ》なのであると云《い》うことである。

其頃《そのころ》数ヵ月間、私は京都の某《あ》る霊覚者《れいかくしゃ》から毎日々々五月蠅《うるさ》くてたまらない程《ほど》、手紙や原稿を送られて来ていたのである。その霊覚者は、私が『生命《せいめい》の實相《じっそう》』に於《お》いて「猫《ねこ》は鼠《ねずみ》を食《くら》わず、ライオンは小羊《こひつじ》を食《くら》わず、幼児が蝮《まむし》の孔《あな》に指を入れて遊ぶとも傷つかず、一切《いっさい》の生物《せいぶつ》その処《ところ》を得て争う者なく、相食《あいは》むものなき常楽《じょうらく》の世界が実相の世界である」と書いたことに対して、猫は鼠を食《く》う本性《ほんせい》を有するのであり、鼠は猫に食われる本性を有するのである。そして、「性《せい》は命《いのち》なり」であって、その本性に随《したが》うのが却《かえ》って生命が生きる所以《ゆえん》である。鼠が猫に食われることを恐《おそ》れて逃げるのは迷っているからである。よろこんで猫に食われる性を完《まっと》うするのが、鼠は鼠としての本性

郵便はがき

料金受取人払郵便

赤坂支店
承認
5034

差出有効期間
2023年4月
30日まで

107-8780

235

東京都港区赤坂
9-6-44

日本教文社
愛読者カード係行

ご購読ありがとうございます。本欄は、新刊やおすすめ情報等のご案内の資料とさせていただきます。ご記入の上、投函下さい。

(フリガナ)

お名前　　　　男・女／年齢　　歳

ご住所　〒

都道　　市区
府県　　町村

電話　(　　)　　e-mail　　@

ご職業　　ご購読新聞・雑誌名

よく使うインターネットサービス名

下記の小社刊の月刊誌を購読されていますか。

□いのちの環　□白鳩　□日時計24

(見本誌のご希望　□いのちの環　□白鳩　□日時計24)

・新刊案内　□希望する　　・おすすめ情報の案内　□希望する
・図書目録　□希望する　　・メルマガ(無料)　□希望する

愛読者カード

今後の参考にさせていただきます。本書のご感想・ご意見をお寄せ下さい。

◇今回ご購入された図書名

◇ご購入の動機

1. 書店で見て
2. インターネットやケータイサイトで
3. 小社の案内を見て
4. 小社の月刊誌を見て
5. 新聞広告を見て(紙名　　　　　　　　)
6. 人に勧められて
7. プレゼントされた
8. その他(　　　　　　　　　　　　)

◇ご感想・ご意見

*いただいたご感想を小社ホームページ等に掲載してもよろしいですか?
□はい　□匿名またはペンネームならよい(　　　　　　　)　□いいえ

◇今後お読みになりたいと思う本の企画(内容)や作者

◇小社愛読者カードをお送り下さるのは今回が初めてですか。

□はい　□いいえ(　　　回め)

◆ご注文カード◆

書　　名	著者名	定価	冊数

*ご注文は電話、FAX、e-mail、ホームページでも承っております。
*国内送料:一件2000円(税込)以上=送料無料、2000円(税込)未満=送料210円

◇ご記入いただいた個人情報は、小社出版物の企画の参考とさせていただくとともに、ご注文いただいた商品の発送、お支払い確認等の連絡および新刊などの案内をお送りするために利用し、その目的以外での利用はいたしません。

日本教文社
TEL03-3401-9112　FAX03-3401-9139
http://www.kyobunsha.jp

*アンケートはPCやケータイ、スマートフォンからも送ることが可能です。

を生きることであり、生命を完《まっと》うすることである――と云《い》う生物相食《せいぶつあいは》み合うことを合理的に肯定《こうてい》したような反駁文《はんばくぶん》を受取《うけと》ったのである。これは現象の出来事の上に立脚して立論すれば、猫《ねこ》は鼠《ねずみ》を食《くら》い、金魚はボーフラを食《くら》い、犬は鶏《にわとり》を食《くら》い、鶏は蚯蚓《みみず》を食《く》うところの生物相食《あいは》む修羅場《しゅらじょう》をそのままありとして肯定するほかはない。その議論は俗受《ぞくう》けするし、現象にピッタリ合う。それは弱肉強食の世界の肯定であって、殺されまいと思ったらただ強くなるほか仕方がないのである。それは生物界の戦争を、ひいては人間界の戦争をも不可避《ふかひ》とする思想である。その人の論文を読んでいるとそれが現実にピッタリ合っていながら、少しも愉快《ゆかい》な明るい気持にはなれないのである。いかにも生物界の争闘《そうとう》がそのままにあるが様《よう》に感ぜられて、傷《いた》ましさに心が暗然《あんぜん》としてくるのであった。(その霊覚者《れいかくしゃ》に云《い》わせると「傷《いた》ましい」と感ずるのは迷っているからである。性《せい》は命《めい》なり、食われる性を完《まっと》うするのは、命を完うするのであると云うであろうが)それは私が嘗《かつ》て青年の頃《ころ》、亀岡《かめおか》にて自分の家の庭先で蛇《へび》が蛙《かえる》を呑《の》んでいる光景をみて、いたましくなり、かくの如《ごと》き世界を如何《いか》にすれば脱却《だっきゃく》することが出来るかの一大問題にぶつかった時の感情を再起せしめたのである。かかる争闘《そうとう》の世界を脱却《だっきゃく》する道をひらいた所の大飛躍が、現象を超《こ》えて大調和の実相世界へ飛び込む生長の家の信であったのである。

併《しか》し、争闘を肯定《こうてい》し、相殺《そうさい》を是認《ぜにん》し、それを本性《ほんせい》と見、本性を充足するのは却《かえ》って生命を生きる所以《ゆえん》であると云《い》う様《よう》な論文を、毎日毎日読ませられていると、言葉の力と云《い》うものは恐《おそ》ろしいもので、そうした相殺相闘《そうとう》の世界があるように感じられてくる。その言葉の現象創化《そうか》作用によって、ボーフラは金魚に殺され、金魚は子供に殺され、みみずは鶏《にわとり》に殺され、鶏は犬に殺され、人間は黴菌《ばいきん》に殺されると云うような現象が私の周囲にいつのまにか起《おこ》って来つつあるのであった。まったくこれは私が、そう云う暗黒思想の論文を読んだことが悪いのだと感じて、今後そのような論文を送ってきても読まないようにしたのである。

私は金魚が子供に殺されるのは、金魚にも業《ごう》があると云った、しかし業《ごう》本来ないと云う「超《こ》え方」をするのが生長の家であって、「業《ごう》がある」と云う説明の仕方は第二義的なものなのである。業《ごう》はあらわれていて而《しか》も無いのである。それは或《あ》るときの心の波のあらわれであって、心の波しずまればそれは無い。殺人でも同じことである。殺人は本来あらわれていても無いのである。神は生き物と生き物とが殺し合うような実相をつくらなかったから、金魚がボーフラを殺すこともなければ、金魚が子供を殺す事もない。金魚の腹中《はらのなか》に入《はい》ったボーフラが見えるならば、それはピントの合わぬ眼《め》で月を見れば二重に重なって見える様《よう》に、金魚と、ボーフラとが二重に重なって見えるだけで、金魚とボーフラとは互《たがい》に相犯《あいおか》さない世界に住んでいるのである。

　されば神（実相）がそのままあらわれたならば、『甘露《かんろ》の法雨《ほうう》』にある通り、「善となり、義となり、慈悲《じひ》となり、……一切《いっさい》の生物処《せいぶつところ》を得て争うものなく、相食《あいは》むものなく」なるのである。兎《と》も角《かく》、こう云《い》う実相世界のみが実在すると云《い》う思想は、心に思い浮《うか》べれば浮べるだけでも幸福な楽しい感じがするのである。これが生長の家の実相直観の哲学である。そして心が幸福になれば幸福の世界が現象にもあらわれて来る……

たとえば、人が此処《ここ》に魚《さかな》をたべているとする。現象的にはかく見えているのであるが、実相に於《お》いては人間は、魚を殺してたべると云《い》う事などはない、現《げん》にたべてはいないのである。だから殺すと云《い》う業《ごう》もなければ、殺された恨《うら》みの業《ごう》もない——魚を食べるにも、かくの如《ごと》く知って食べねばならないのである。殺すと思い、殺されると思って食べるときには、そこに殺生《せっしょう》の業《ごう》も生み、（業《ごう》とはナリである。鳴りである。心の鳴りひびきである。心のひびきを止《と》めるとき業《ごう》の実態は消えてしまう）その業《ごう》は心がその存在を支えている限り流動し、輪転《りんてん》し、殺生は次の殺生を生み、ついに人類相互の一大殺生なども生むようになるのである。だから現象本来無しとわかるまでは殺生の業《ごう》はつぎの殺生を生む。人類が肉食をして（換言《かんげん》すれば人類が殺生によって）生《せい》を保つかぎり、人類相互の殺し合いも休むことがない。戦争の根本原因は爰《ここ》にあると考えざるを得ないのである。

だから、現象本来無しとわかるまでは生き物を殺して、又《また》は捕殺《ほさつ》せしめて食べない方が好《よ》い。それは殺生の業《ごう》を輪転せしめる事になるからである。私は『生命《せいめい》の實相《じっそう》』

の中で、肉食厭離《えんり》の心を起《おこ》さしめるためにトルストイの肉食反対論や屠牛場《とぎゅうじょう》の悲惨《ひさん》な光景を書いた。現象無しと悟《さと》れば凄惨《せいさん》なる屠牛場の光景もない、肉食していると云《い》うこともない、それはただ夢中に幻《まぼろし》を見ているのと同じことであるから、一休和尚《いっきゅうおしょう》が般若心経《はんにゃしんぎょう》をとなえながら平然と魚《さかな》を食《く》って、しかも、此《こ》の魚はこれで成仏《じょうぶつ》していると云《い》い得る境地になれるのであろう。しかし、かかる悟りと心境になれないで、ただ習慣で生き物を食う故《ゆえ》、凄惨な気がしないだけであるならば、それは平俗な殺生《せっしょう》の肯定《こうてい》であり、戦争するのが習慣になった軍人が平気になっているのと同じであって「本来殺生なし」の悟境《ごきょう》ではない。かくの如《ごと》き殺生は、凄愴《せいそう》悲惨な感じを伴《ともな》わないままに、知らずに犯《おか》した罪《つみ》の方が知って犯す罪よりもその被害が大きいように、殺生の業《ごう》の存在を強引に肯定しているのである。

真《しん》に此《こ》の世界から戦争を根絶し、絶対平和の世界を実現するためには、殺生の業《ごう》を積まないようにすることが必要なのである。現象が本来無であり、空華《くうげ》であることが真に自覚できない限りに於《お》いては、みずから殺生し、又《また》は、他をして捕殺《ほさつ》せしめる

「殺害《せつがい》」の業上《ごうじょう》に築かれたる肉食を人類はみずから勇猛心《ゆうもうしん》をもって根絶しなければならない。釈迦《しゃか》は自分の弟子《でし》に、みずから殺さずして他の人が布施《ふせ》し供養《くよう》をした肉食のみはこれを受けても好《よ》いとした。それは受けても好いのであって、進んでその饗応《きょうおう》を強制したり、なるべくそうするように勤《つと》め、又《また》は仕向《しむ》けてはならないのである。純粋の愛念《あいねん》又は報謝念《ほうしゃねん》又は布施心《ふせしん》をもって供養されたる肉食は、その愛念、報謝念又は布施心によって浄《きよ》められているから浄食《じょうしょく》である。自分が儲《もう》けるために捕獲したる獣《じゅう》鳥魚肉《ちょうぎょにく》は、利己心のために殺生《せっしょう》を肯定《こうてい》したものであるからけがれたる殺生である。しかし漁夫がかくの如《ごと》き業務をもって生活するよりほかに生計の道を見出《みいだ》し得ざるが故《ゆえ》に已《や》むを得ず魚等《さかななど》を捕獲するのは生活権として尚《なお》ゆるされ得るであろう。しかも自己の生活の必需《ひつじゅ》に迫られずしてただ閑暇《かんか》の娯楽のためにする魚釣《うおつり》の如《ごと》き、他の生命を玩弄《がんろう》するのであるから、聖霊《せいれい》を瀆《けが》す罪《つみ》として赦《ゆる》されがたいのである。生命は聖霊であるからこれを弄殺《ろうさつ》する事は赦されない。

斯《か》くて吾《われ》らは一切《いっさい》の獣肉食《じゅうにくしょく》、鳥魚食《ちょうぎょしょく》等からなるべく遠離《おんり》することが宗教的に必要なのである。否《いな》、実相世界に於《お》いては「一切《いっさい》の生物処《せいぶつところ》を得て、相食《あいは》むものなき」状態であるから実相が顕現《けんげん》するに従って、かかる食物《しょくもつ》から自然に遠ざかる様《よう》になるものである。自然に食べたくなくなると、自然に食膳《しょくぜん》に上《のぼ》らなくなることなどがそれである。それは自然にであって、実相の顕現は自然にそれがあらわれるのである。

併《しか》し、自然に肉食が遠離《おんり》されるようになるまで、道を生きるのに勇猛《ゆうもう》なる人々は決して待つ必要もないのである。吾々《われわれ》は生き物を殺すことが悲惨《ひさん》であると云《い》うことを知り、その屍《しかばね》を食《くら》うことが浄食《じょうしょく》でないことを知るならば、勇猛心を揮《ふる》って肉食を遠離することは一層好《いっそうよ》いことである。ただそれには強固なる意志と大《おお》いなる勇気とを要する。それがまだ備わらない人々には生長の家は何人《なんぴと》にも何物も強制しないのであるから、強《し》いて肉食をやめよとは云《い》わないのである。

或《あ》る人は生物《せいぶつ》を共食《ともぐ》いするのは浄食《じょうしょく》ではないと云うことを反駁《はんばく》して、生物は必しも動物のみではない、植物もまた生物であり、米も麦も豆も野菜も生きているのである。それを収穫と称《しょう》して捕殺《ほさつ》するのは残虐《ざんぎゃく》なる殺生《せっしょう》ではないかと云う。

生命あるものを切って生《せい》を奪《うば》うことは真《しん》に罪悪《ざいあく》であろうか。吾々《われわれ》の髪の毛や爪《つめ》は吾々《われわれ》の身についている間《あいだ》は生きている。それを身から切り放ったとき、それは死ぬのである。しかし、吾々は髪を調《ととの》え、爪を揃《そろ》えするために、それを悦《よろこ》んで切り捨てるのである。切り捨てられた髪と爪とは生を失う。それは快い業《ごう》であり、悲惨《ひさん》でもなければ苦痛でもない。それは何故《なぜ》悲惨でなく苦痛でないのであろうか。それは髪を切り、爪を切っても苦痛を感じないからである。然《しか》らば苦痛を感じないように切り、生を奪うことならば悲惨でも残虐《ざんぎゃく》でもないのである。或《あ》るかまきり虫の一種は、その雄《おす》は交尾《こうび》の佳境《かきょうき》期の最中に雌《めす》にくわれて死んでしまうのである。それが痛苦であるならば交尾をやめて逃げ出して了《しま》いそうなものであるけれども逃げ出しはしないのである。それはかまきりの雄にとって悲惨であろうか。彼は恋愛の快感の最中に、その生命が雌《めす》の生命にとけ込んで、現象的には自分の個としての生命を失う、彼は却《かえ》って幸福だと云《い》わなければならないのである。考えて見れば動物を捕《とら》え殺し食するのが悲惨であり残虐であるのは、彼が捕えられ、殺され食されることを苦痛として逃《のが》れようとする。その逃《のが》れようとし避けようとする自由を奪《うば》って、殺すところに殺生《せっしょう》の罪悪《ざいあく》があり残虐性《ざんぎゃくせい》があるのである。生命は不死であり、現象界から生命は去っても霊界にその生命は転現《てんげん》するのであるから、自由意志で転出する場合には罪悪ではない。またそれが痛苦を伴《ともな》わない場合には残虐でもない。ところが肉体の苦痛は、痛覚《つうかく》細胞があって、末梢《まっしょう》神経の痛覚細胞の刺戟《しげき》が大脳の痛覚中枢につたえられて脳細胞のエネルギーが心の痛みに変化して始めて感じられるところのものである。爪《つめ》や髪の毛は生きていても痛覚細胞がないから痛みを感じない。とかげの或《あ》る種類はその尾をもって捉《とら》えようとするとき、みずからその尾を自然的に切断して逃れ去る。その尾は暫《しばら》くは生きてもがくが如《ごと》く跳《は》ねているが、それは脳髄の痛覚細胞から切断されてしまっているから痛覚は無いのである。肉体の踠《もが》きは必ずしも本人の苦痛の表示でない事もある。首を突如《とつじょ》として切られたる人間は、その胴体にある手足は暫《しばら》くは踠《もが》いているが、それは脳髄中枢から切断されているから痛みを感じていない。それでは切り離された方《ほう》の頭首《あたま》は痛んでいるかと云《い》うと、瞬《またた》くうちに多量の出血が頸動脈《けいどうみゃく》から噴出するので、一定の圧血量を失った脳髄は知覚を失って痛みを感じない。結局苦痛と云《い》うものは、肉体でショックを受けたのを知らせる極《ご》く短時間か、痛むだろうと想像する人間（又《また》は生物《せいぶつ》）の心の観念中にあるのみであると云《い》える。死と見える現象そのものの中《うち》にはそれほどの苦痛はないのである。神は決して生き物にそれほどの実際の苦痛を与えてはいられないのである。

それ故《ゆえ》、残虐《ざんぎゃく》とは、相手に恐怖心を起《おこ》さしめ、苦痛の観念を起さしめる行為に名づけられるのであって、かまきりの雌《めす》が雄《おす》をその交尾中《こうびちゅう》に食《く》ってしまっても雄を恐怖せしめず苦痛を感ぜしめなかったら残虐ではない。之《これ》に反して、相手を打ちも斬《き》りも傷《きず》つけもしないでも心に恐怖や苦痛を与えることは残虐であると云い得る。

ここまで思索《しさく》してくるとき吾々《われわれ》が植物の果実や菜根《さいこん》を食《く》うのは悲惨《ひさん》であろうか、残虐であろうかと云うことになる。決してそうではないのである。植物はみずから翼《つばさ》なく、脚《あし》がなく、位置をかえる飛翔《ひしょう》も歩行も出来ないので、動物にその運搬を依頼するのである。ただ運搬して貰《もら》う訳《わけ》には行かないので、その報酬《ほうしゅう》を与えるために美味《びみ》の果汁や果肉を備えて動物をひき寄せる。若《も》し動物が果実を運搬してくれなかったり、間《ま》抜《び》きをしてくれなかったりしたりしたら、同じ狭《せま》い面積に、多数の種子や苗が重《かさな》り合って、同類相互に殺し合って、種属の播殖《はんしょく》が出来ないので、種子を適当にバラ播《ま》いて貰《もら》ったり、間《ま》抜《び》きをしてもらったりする。その代《かわ》りに美味の果汁果肉や、葉根《ようこん》等を動物に与えるのである。そのために、種子の熟した頃《ころ》になると果実を鳥獣《ちょうじゅう》に目立つところの赤や黄や紫に色どって彼らの目をひくのである。若《も》し鳥獣人間等が適当な時にそれを捥《も》ぎとってくれなかったら失望したかのようにみずから腐《くさ》り落ちる。植物はまた余《あま》り茂《しげ》りすぎると、通風《つうふう》と日《ひ》当《あた》りが悪くなり却《かえ》って枯死《こし》するので、剪定《せんてい》と云《い》って枝を切って、通風と日当りをよくしてやると却《かえ》って元気になる。それは吾《われ》らが爪《つめ》を切るのと同じ様《よう》に痛覚《つうかく》細胞がないので痛みを感ぜず、しかして吾々《われわれ》に薪炭《しんたん》の材料を供給してくれるのである。それゆえ吾々《われわれ》が植物の果実や枝や葉や根などから食物《しょくもつ》や薪《まき》を得ることは残忍《ざんにん》ではなく、これは相互扶助《ふじょ》だとも言い得るのである。

されば吾々が愛ふかく、残忍性少《すくな》き食物としては植物食が最もよいのであり、動物食をとるならば、痛覚《つうかく》細胞のあまり発達していず苦痛を感じる度の少《すくな》い軟体《なんたい》動物の如《ごと》き下等動物又《また》は小魚《こうお》の如《ごと》き幼若《ようじゃく》な動物を食する方が好《よ》いのである。（なまこの如《ごと》きは腸を針金で引きずり出してこのわたと称《しょう》して食し、あとを海中へ放り込んで置くと、そのまま腸が再生する。人間のように痛みを感じないらしいのである。）牛馬等の高級動物は人間に類似《るいじ》して、死に対する恐怖又は嫌悪《けんお》を感じて屠殺場《とさつじょう》に行くときに涙を流して行きたがらない有様《ありさま》を示すのもある。かくの如《ごと》き動物を殺し又は殺さしめて食することは甚《はなは》だしい残虐《ざんぎゃく》であるから私は避けられるならばそれらの食を避けたいと思うのである。

この問題に連関して、或《あ》る日道場からの帰りに私を追いかけて来た一人の青年が、「食物《しょくもつ》は動物食を食べなければ、食べないで生活出来ますけれども、社会生活を送っている上から皮靴《かわぐつ》等は穿《は》かずに生活することは出来ません。しかし皮靴を穿《は》けばやはり動物を殺さねば皮は得られませんから、肉を食わなくとも殺生《せっしょう》をすることになると思います。」と真摯《しんし》な面持《おももち》で私にたずねかけたのである。その青年は足もとを見ると皮の短靴《たんぐつ》をはいていた。

「それは君《きみ》が決心すれば、下駄《げた》を穿《は》いて出勤すると云《い》うこともできます。」と私は自分が穿《は》いているゴム靴に眼《め》をおとしながら、「僕《ぼく》の穿《は》いているのも動物性ではありません。」

「しかし下駄《げた》穿《ば》きでは事務所へ入《はい》ることは出来ません。」とその青年は云《い》う。

「君が決心が出来さえすれば、途上《とじょう》は下駄を穿《は》いて往《い》って、事務所は上草履《うわぞうり》を穿《は》くことも出来ます。」

「だけどもそう云う下駄も上草履も得られなければ……?」

「それは君の決心一つで、跣足《はだし》ででも生活出来るのです。一度そこまで人間は真剣に自分を追いつめて考えて見ることが必要です。」

私の心の中には、過去の青年時代の自分が浮《うか》び上《あが》って来た。空気を吸っても、空気中の微生物《びせいぶつ》を殺さねばならぬし、道を歩いても無数の昆虫その他の小さな虫を蹈《ふ》み殺さねばならない。思えば息を吸うことも、水を飲むことも、歩むことすらも出来ない世界に窒息《ちっそく》しそうなその頃《ころ》のひたむきな自分を思い出したのである。

「……そうして出来るだけ自分を追いつめて往《い》って、もう二進《にっち》も三進《さっち》も行かなくなったとき、詫《わ》びつつ祈り祈りして生活する。兎《と》も角《かく》も殺生《せっしょう》を正面から肯定《こうてい》しては可《い》けない。そこから忽然《こつねん》別の世界がひらかれて来るのですよ。殺し合いだと見えた世界が、殺し合いの世界でないとわかって来る。生命は互《たがい》に問題と課題を提供しつつ生かし合っている。生命は死なない、永遠に死なないと云《い》うことが解《わか》って来ます。色々の問題、切実な悩みは、それを解決しようと努力することによって、魂《たましい》が進化し向上するための課題だとわかってまいります。あなたの靴《くつ》が牛革《ぎゅうかく》か馬革《ばかく》か知りませんが、牛も馬も生命は死なないとしたならば、それは殺生ではない、ただ牛や馬の生命が自分の生命力で造《つく》り出し、或《あ》る期間つかい古したこの「皮袋《かわぶくろ》」を、二度のお役に人間のためにつかうと云《い》うことになるでしょう。若《も》しあなたが偉大なる聖者《せいじゃ》になれば、聖者の靴となって自分の屍《しかばね》を捧《ささ》げたいと云うのがその牛馬の魂の本心の願いではありますまいか。聖者の役に立つと云うことによって其《そ》の功徳《くどく》によってその牛馬の生命も異常に進化する。法華経《ほけきょう》の中には仏に自分の身体《からだ》を献《ささ》げることが無限の功徳《くどく》であると云《い》って、自分の全身に香油《こうゆ》を澍《そそ》いで燃やしたら八万四千歳《さい》の間《あいだ》燃えていて、燃えつきると同時に忽然《こつねん》と新生している一切衆生憙見菩薩《いっさいしゅじょうきけんぼさつ》の事が書いてあります。あなたの生命が真《しん》に仏になるならば、どんな革靴《かわぐつ》を穿《は》いても、肉食をしても、それは却《かえ》って偉大なる功徳をほどこすものとなる。形を見れば同じ肉食であり、革靴をはくのであるかも知れぬが、外形だけを見て判断してはならない。とも角《かく》、君《きみ》の地上生活が偉大になり、浄《きよ》まり、多くの人々を救い得る人となれば、あなたの地上生活を維持《いじ》するために必要な一切の行為は浄《きよ》まったものとなる。先《ま》ず自分が浄《きよ》まることが大切だ。」

其処《そこ》へ渋谷行《しぶやゆき》の電車が来たので私はその青年にわかれて電車に乗ったのだった。何だか云《い》いたりない気もするのであるが……

楽園奪《だっ》還《かん》

人間は何のために此《こ》の世に生《うま》れてきたのであるか判《わか》らぬと云う人がある。何のためにと云《い》うことはないのである。何のために生まれたかと問う心のなかには、何か求めるものがあって、その求めるものが思うように成就《じょうじゅ》しないときに、心の中に浮《うか》び上《あが》って来る感じである。

吾々《われわれ》は生まれたのである。神が生んだのであって、吾々《われわれ》は神によって生まれたのである。何処《どこ》までも受身《うけみ》である。自分が生み出たのなら、何のためがあるかも知れないが、何処迄《どこまで》も受身である人間には何のためかわからないのがあたりまえである。

受身である人間は、ただ受ければ好《よ》いのである。ただ受ける信、これが他力《たりき》の信である。その他力の信が得られたとき、もう「自分」が無いのであるから、自分の「何のため」はない。自分の「何のため」が無くなれば、神が此処《ここ》に生きているのだと判《わか》る筈《はず》である。神が此処《ここ》に生きているのであれば、「人間は何のために生きているのか」と問うこともなく、問う人間もない筈《はず》である。

生きている人間もなく、問う人間もいないのである。ただ神が今此処に生きているのである。生きている正体《しょうたい》を人間から神にまですり替《か》えなければならぬのである。

生きている正体《しょうたい》をすりかえるのを「我《われ》の置き換《か》え」と生長の家では云《い》っている。そうして我《われ》と云《い》うものの正体がすり替《か》えられたとき、何のために生きている自分と云うものはない。神が今此処に生きているのであるとわかるのである。

それなら、神は何のために今此処《ここ》に生きているのであるか――そう云う問《とい》が出るかも知れぬ。

神は何のために存在するかと云うような、「ため」に支えられ、条件に支えられているような存在ではない。神はそのまま存在し、そのまま自己を表現し、そのまま行為し、そのまま創造したまうのである。それは小児の創造慾《そうぞうよく》のようなものである。小児が粘土《ねんど》を捏《こ》ねて何物かを創造しているときに、「何のためにお前はそれを創造《つく》るのか」と云ったら、小児は唯驚《ただ》くだけである。智慧《ちえ》の樹《こ》の果《み》をたべている大人は何のためにこれを創造《つく》るのかと考え、何のために生きているのかと考える。そしてエデンの楽園から追放されるのである。だからキリストは『凡《およ》そ天国に入《い》る者は此《こ》の幼児《おさなご》の如《ごと》きものである』と云ったのである。

人間はただ生きなければならぬ。無心で生きるとき、本当の生活があるのである。

離れて観《み》ること

ものを観《み》るのに、即《つ》いた観方《みかた》と、離れた観方とがある。即いて観るときは、事物の渦中《かちゅう》に捲《ま》き込《こ》まれて却《かえ》って其《そ》の真相を見ることが出来ず、事物の混乱の中に自分もまた埋没《まいぼつ》して苦しまねばならないのである。自分の眼球も睫《まつげ》も自分では見ることが出来ず、自分の欠点はよくわからず、燈台《とうだい》の下は却《かえ》って暗く、碁《ご》の勝負は傍目《おかめ》に八目《はちもく》の勝ち目があり、第三者には、当事者のわからない微細《びさい》な点もよく気がつくのである。病人は病気の中に捉《とら》えられて了《しま》ったら恢復《かいふく》の望みはなく、病気から心を離して「勝手《かって》にしろ」と云《い》う位《くらい》の気持で病気は病気、自分は自分と、心を離してしまえば速《すみや》かに癒《い》えるのである。「生長の家」やクリスチャン・サイエンスで、「病気は無い」「肉体は無い」と宣言して、真《しん》にその信仰に徹してしまえば病気が治る顕著《けんちょ》なる事実は、「無い」とわかれば、それから心を放ってしまうことが出来るのである。苦しみは本来無いが、心で苦しみをつかめば苦しみがあらわれる。苦しみは自分自身で仮作《けさ》するに過ぎないのである。

家庭に於《お》いて、家庭の中に面白《おもしろ》くない性癖《くせ》のある人たちが混《まじ》っていると、概《おおむ》ね其《そ》の家庭は不快となり、その一人の面白くない性癖《せいへき》や行動を矯《た》め直してやろうとすればするほど、その悪さがけざやかにあらわれて、どうしても消えない事が随分《ずいぶん》あるものである。そんなときにどうすれば好《よ》いだろうかとは時々吾々《われわれ》の道場で質問される問題なのである。

そう云《い》うときに私のする答《こたえ》は、「不思善悪《ふしぜんなく》」と云《い》うことである。親鸞聖人《しんらんしょうにん》の「善悪《ぜんなく》総《そう》じてもて存知《ぞんち》せざるなり」の境涯《きょうがい》になり切ることなのである。「人間の迷い」は雲の如《ごと》きものである。雲は何処《いずこ》より来《きた》り、何処《いずこ》へ去るかを知らない。人間の生命は太陽の如《ごと》きものである。太陽の光の美しさは雲に反映してそれぞれの美をあらわす。人間生命の美しさも、迷いに反映して色々の美しさをあらわすのである。画家の画筆《がひつ》は、カンバスの抵抗に触《ふ》れてその美を表現し、太陽は雲によって千差万別《せんさばんべつ》の美を表現し、人間生命は各々《おのおの》の迷いに反映して独特の美しさをあらわす。その美しさは離れて見なければわからないのである。雲中《うんちゅう》にいては積乱雲の美しさはわからない。どんな悪役も、舞台の上では一種の美を表現している。それは離れて見るからである。家庭に於《お》いて、父や、母や、良人《おっと》や、妻や、子や、嫁やの美しさが見えないのは離れて見ないからである。宗教的な観方《みかた》は芸術家の観方の如《ごと》く、すべてを離れて観《み》ることによって、どんなものにも神の生命の生動《せいどう》せる美しさを見出《みいだ》し、「不思善悪《ふしぜんなく》」の境涯《きょうがい》に達するのである。

神は完全なのに何故《なぜ》悪が現れるか

神は本当に完全であり、善であるのだろうか。何故《なぜ》、神が完全であり、善であるならば此《こ》の世に人間の不幸や苦しみや悩みや病気が存在しているのであろうか。生長の家やクリスチャン・サイエンスの説くところによれば、人間の不幸や苦しみや悩みや病気は存在してはいないのであり、それはあらわれているに過ぎないのである。ある（実在）と云《い》うことと、あらわれて見える（現象）ということとはハッキリと区別しなければならないと云《い》うのである。ある（実在）ものは神の創造であり、それはすべて善《よ》きものであるが、あらわれは「心の法則」に随《したが》ってあらわれて来るのであって、心に実相を観《かん》ずれば実在の完全なる相《すがた》が現われるし、心に実相を観ぜず、迷妄《めいもう》を観ずれば、その迷妄の影《かげ》を投じて実在の完全なる相《すがた》を蔽《おお》いかくして不完全な相《すがた》に見えるのであると云う。

それならば其《そ》の「心の法則」と云うものは果《はた》して何処《どこ》から生じたものであろうか。「心の法則」と云うものは神が吾《われ》らに利用さるべき形に一般化し、普遍化《ふへんか》してあらわれ給《たま》うたものである。神は「生《い》ける人格」であり給《たま》うと同時に、『甘露《かんろ》の法雨《ほうう》』にあるように「宇宙を貫《つらぬ》く法則」として一般形式化してあらわれていたまうのは、かく一般化されることによって、吾等《われら》（神の子）の自由が確保せられるのである。神がただ神の自由意志として肆意奔放《しいほんぽう》に勝手次第《かってしだい》に振舞《ふるま》われるのであるならば、神の子（人間）に自由はない。人間の自由が確保せられるためには、神は法則化して人間が自由にそれを駆使《くし》し得るのでなければならないのである。法則即《すなわ》ち「一定律《いっていりつ》」なるもののみ吾等《われら》の利用が可能である。そして人間は、自由意志をもって何でも自由に表現し得るのである。それはたとい、悪であろうと、不完全であろうと、苦しみであろうと、悩みであろうと、病いであろうと、貧しさであろうと、自由に表現し得るのである。そして真の自由のみが「最高の善」であり、強制されて実現されたる善は、善の形式的模造品《もぞうひん》であって、それは機械的行為であって道徳的善ではない。神は人間に真の自由と云《い》う「最高の善」を与えたまい、自由意志によって、如何《いか》なるものでも、表現することを得さしめ給《たま》うているのである。

　かくて人間は根本に於《お》いて「自由」を与えられ、「内在無限の善」を与えられたが、その内在無限の善は修練によってのみ実現し得ること、美術家に内在する「美」の理想が修練によって徐々《じょじょ》に尚一層《なおいっそう》完全に表現せられ行くと全《まった》く同じである。内在無限の善は既にあるが故《ゆえ》にこそ、開発せられ、表現せられるのであるが、いまだ完全には開発せられず、いまだ完全には表現せられていないのである。未《いま》だ完全には開発せられず、表現せられていないが故《ゆえ》にこそ、その開発過程、表現過程に歓《よろこ》びが感じられるのである。一度に富士山の頂上に登ってしまったのでは、登攀《とうはん》につれて展開する麓《ふもと》や山腹《さんぷく》の美しさはわからない。写真の一齣々々《ひとこまひとこま》の輪廓《りんかく》のきり方でその美しさが変化する。人間の生涯も、時々刻々が一齣々々の絵の切り方のように、次第《しだい》に変化しつつ、内在無限の美しさを徐々《じょじょ》に展開し行くことが喜びなのである。だから、人生のよろこびは、「既《すで》にある完全さ」が「いまだ表現されざる完全さ」として徐々に展開し行くところに感じられるものなのである。「既にある完全さ」は無限であるから、如《い》何《か》ほど登りつめても、これで完全だと云《い》うことはない。即《すなわ》ち、既に完全にして同時に不完全であるために、これを「既に完全なる理想」より振返《ふりかえ》って「今ある自分」を眺《なが》めるならばもどかしき限りであり、苦しみも悩みも其処《そこ》からあらわれて来るのであろうが、「今ある自分」から、無限にひろがる広漠《こうばく》たる自分の前途をながめるならば、これから到達すべき理想が愈々《いよいよ》高ければ高いほど悦《よろこ》びは一層《いっそう》深いと云《い》わざるを得ないのである。苦しみと悦びとは糾《あざな》える縄《なわ》の如《ごと》くであり、登山の努力を苦しいと見る者もあれば、登山の努力を楽しいと見る者もあるのである。眠っている間に頂上につれられて眼《め》を覚《さま》したならば、楽ではあろうけれども、それでは人生は退屈《たいくつ》であり、呆気《あっけ》ない限りである。生命は「ハタラキ」であるから、「ハタラキ」無くして生命の実相は展開しないのである。その「ハタラキ」を努力と云《い》う。だから、神は人間を自己の自由に於《お》いてハタラクように努力するように、法則の相《すがた》に於《お》いて顕《あらわ》れたまい、その法則を利用して、無限の自由を発揮《はっき》するように吾《われ》らに対して希望していたまうのである。

だから病気も、貧乏も、真《しん》に生命が自己本然《ほんねん》の完全さを自覚してハタラケば、本来存在しないのである。病気も、貧乏も、それは存在するのではなく、いまだ「開発せられざる完全さ」の状態であるのである。謂《い》わばそれは「開発せられつつある完全さ」とも謂《い》い得るのである。生命が真《しん》に正しき方向に働いてその実相が展開すれば、「病気」も「貧乏」も、消えるのである。何故《なぜ》なら「病気」も「貧乏」も、「生命の未《いま》だ開発されざる完全さ」に過ぎないからである。

第二章　神示《しんじ》と予言について

「世界終末を予言をする者があり、京都には近いうちに大地震が起《おこ》ると云《い》う人があり、鳥取地方では、近いうちに日本国土の日本海側が一大陥没《かんぼつ》を生じ、太平洋岸に巨大なる島を生ずる。その影響で無論《むろん》太平洋岸は一大海嘯《つなみ》に見舞われるのではないかと思われるのでありますが、実際そのようなことが起るものでしょうか、神様にお伺《うかが》いして御返事を願いたいのであります。」

以上は原文のままではないが、数名の読者から来た真面目《まじめ》な、寧《むし》ろ恐怖心におそわれて真剣になっていられる人々からの手紙の要旨《ようし》を一つにまとめたものである。最近、最後の審判説《しんぱん》を原理運動その他で言いふらし末世《まっせ》の予言のこともあり、人々が変に神経を昂《たか》ぶらせている際ではあり、これに関して私の考えを述べて置くのも無駄《むだ》ではないと思って筆を執《と》ることにした。

先《ま》ず、或《あ》る処《ところ》に起《おこ》った実際の話から申し上げる。処も人名も記載しないが、その教えに関係した附近の人で、既《すで》にそれを知れる人々は、ああの事かとお気がおつきになると思うが、知らない人にまで、その人の名を知らせる事は差《さ》し控《ひか》えたいと思う。

Bさんは生長の家の敬虔《けいけん》なる誌友《しゆう》であったが、三年前の或《あ》る日Bさんの長男（当時九歳）が突然朝食中に、「大連《だいれん》のおばあさんが来る。茶色の着物を着て、黒い帯《おび》黒い羽織《はおり》を着て、……それそれ其処《そこ》へ来る」と云《い》い出したのである。それは明《あきら》かに眼《め》に見えるらしいのであるが、家族には見えない。ところが其《そ》の二時間後にBさんの妻の母親が何等《なんら》の予告もなしに遥々《はるばる》大連から到着した。見れば其《その》服装は、全《まった》く予言通りの服装だったのである。これは全く千里眼《せんりがん》現象で、英語で所謂《いわゆる》 clairvoyance と云《い》われるところのものである。それ以来この九歳の長男には予言的な姿が見え、更《さら》にまた、予言的な言葉を発する様《よう》になったのである。ところが暫《しばら》く後《のち》に更《さら》にBさんの十三歳の次女が同じく予言をする様になったのである。何かを所謂《いわゆ》る「お伺《うかが》い」すると、次女は軽く目をつぶって即答《そくとう》する。その予言がまた不思議に的中するのであった。だんだん「お伺い」をしたり、問答をしているうちに、九歳の長男には猿田彦命《さるだひこのみこと》、次女の方は弁才天女《べんざいてんにょ》の御顕現《ごけんげん》だと称《しょう》するようになった。その予言が実際に的中するために、その御神託《ごしんたく》は正しいものに相違《そうい》ないと云《い》うことになり、Bさんの宅ではすべて実生活の指導を此《こ》の二人の神様の御神託におまかせすることになったのである。すると、この二人の神様は、ついに「Bは住吉大神《すみよしのおおがみ》の出現であるから、生長の家を離れて新宗教を樹立せよ。」と云《い》う御神託を下《くだ》された。そしてBさんの宅は信者の集会所と云うことになった。予言と云うものは的中すると魅力のあるものである。予言などをしないで唯《ただ》、平常の生きる道を説いている生長の家などよりも、此《こ》のB教団は魅力があって、忽《たちま》ち信者が雲のように集《あつま》るようになってきた。危険は其処《そこ》から始《はじま》るのであるが、現世利益《げんせりやく》を好む信者には予言によって利益《りえき》ある行動をとりたい為《ため》にそうした予言の好《こう》餌《じ》につられて続々と集《あつま》って行った。その頃《ころ》B氏夫人に男の子が生《うま》れたが、それは神《しん》示《じ》によれば国常立尊《くにとこだちのみこと》の再顕《さいけん》だと云《い》うので、親といえども抱かす事は出来ぬと云《い》うので、信者の中の盲信的婦人に昼夜を通じて保育の任に当《あた》らしめ、保育係の婦人は、神様をお育てするとなし、家業を捨て、家も自分の子供も放《ほ》ったらかして奉仕《ほうし》するに至ったのであった。

二十年の三月の或《あ》る日神様から「此処《ここ》は焼野原《やけのはら》になるから他へ移転せよ」と御託宣《ごたくせん》があった。すると篤信者《とくしんじゃ》の一人なる某《ぼう》大生命保険会社の社長から「それならば私の宅へお住《すま》い下さい。毎朝四時頃からのお詣《まい》りやお集りにも私の方が助かりますから」と申入《もうしい》れがあり、その社長の大邸宅、而《しか》も宮様《みやさま》をお泊めするために特にしつらえた貴賓《きひん》室《しつ》である大座敷二室《ふたへや》を提供され、そこへ移転したのである。Bさんは自分の家を立退《たちの》いて後《のち》その父に電話をかけて「私の、あの元いた家を売りたいのですが売って貰《もら》えませんか。あの家は爆弾でやられると云う神示があったのです。」と云った。

Bさんの父と云うのはもう五十年間も熱心なクリスチャンであり、同時に生長の家の初期時代から今に至るまで熱心なその教《おしえ》の信奉者《しんぽうしゃ》であったから、自分の息子Bさんや孫娘や孫などに神が憑《うつ》って二重人格的に神示《しんじ》があらわれると云《い》うことをきいたときに、聖書にあるとおり、已《おの》れを神とすることの不法であること（内在の神性《しんせい》のことに非《あら》ず、現象の我《が》のこと）や、生長の家の「本当の神は霊媒《れいばい》にはかからぬ」と云《い》う教えを引いて、Bさんに反省をもとめたのであるが、もう肉体そのまま神の表現であるかの如《ごと》く思いあがっているBさん一家には全然反省がないのである。今また爆弾が落ちて焼けると云うので家を売ると云う電話がかかったとき、正義一徹《せいぎいってつ》のこの父は「それは可《い》かぬ。神様から予言を受け、それをお前が真実として確信する以上は、お前にとっては実に重大問題じゃ。苟《いやしく》も神様の御用《ごよう》に仕《つか》えている身がその神様の予言によって損害《そんがい》を人に転嫁《てんか》するのはどうか。貴方《あなた》どう思いますか。心に慚《はず》かしいと思いませんか。」と電話で返答した。するとBさんは、

「併《しか》しあの家はお父さまから貰《もら》った家ですから私の思うままにさせて下さい。あの家が焼けるか焼けないかは今度買った人の心境によるんですからな。」と云った。

「それではお前の勝手《かって》にしなさい。併《しか》し云《い》って置くが、心に慚《は》じや、神様の前に悔《く》いの遺《のこ》らぬ様《よう》にしなさい。」と云《い》って父は電話をきったのである。

約一ヵ月後、この家の譲渡登記《じょうととうき》が終《おわ》った三日後に、其家《そのいえ》の前方の家屋《かおく》に爆弾が落下し全家大破損《だいはそん》を蒙《こうむ》り、六月五日には予言通りにその辺一帯焼野原《やけのはら》になってしまった。

読者よ、諸君はこんなに予言の的中する教祖があらわれて一教団を建てたら、今迄《いままで》の信仰をやめてその方へ集《あつま》ってお出《い》でになられるであろうか。それともBさんの父のように敢然《かんぜん》として良心に慚《は》じなき道をえらび、正しい道を守り通して予言によって自分の利益を護《まも》ろうとする誘惑を排撃《はいげき》されるであろうか。いずれが本当に神の道であり、良心か、二重人格的な御神託《ごしんたく》か、いずれが正しき神の示現《じげん》であるだろうか。真《しん》の正しき神の神示《しんじ》と云うものは「良心」の純粋なる啓示《けいじ》であるほかあり得ないのである。

併《しか》し、世間には利慾《りよく》に迷う人たちが多い。此《こ》の良心に慚《は》ずべき、予言を利用しての自己損失《そんしつ》の他人への転嫁《てんか》が成功すると、かかることを成功せしむる「神」なるものが、真の神ではないことは当然であるにも拘らず、信者の妄信《もうしん》は愈々《いよいよ》固くなり、信者は愈々蝟集《いしゅう》しその集団の結束は堅くなり、その教義として教えるところは、生長の家の教《おしえ》と殆《ほと》ど同じの焼き直し教義であったが、形式は全然異《こと》なり、荘厳味《そうごんみ》を副《そ》える必要があると云《い》うので、神想観《しんそうかん》のほかに大祓祝詞《おおはらいのりと》の多勢《おおぜい》による斉唱《せいしょう》、Bさん自己創作の聖経《せいきょう》の朗読、数十の神々を招霊《しょうれい》して祈る行事、生長の家には全然ないところの「天皇を護《まも》り給《たま》え」と幾《いく》十回信者一同斉唱する行事を厳修《げんしゅう》し、これは一日六回、如何《いか》なる大空襲下でも実行すると云《い》う熱心振《ぶ》りであったのである。

Bさんは、其《そ》の三月頃《ごろ》の事であったが、当時の首相K閣下《かっか》に「神を無視した戦いは不可である。神功皇后《じんぐう》の御幸《ごこう》の如《ごと》く住吉大神《すみよしのおおかみ》の教《おしえ》を基《もとい》として行わなければならぬ。今日《こんにち》の軍艦は神功皇后のなさった道にそむいているではないか」と云う神からの神託《しんたく》を書き送ったそうである。四月頃になると、A陸相《りくしょう》から使いが来て、この戦争は今後どうなる、ソ国の態度はどうなるか、お伺《うかが》いせよとの事であったので、Bさんは二人の霊媒《れいばい》にお伺いをたてたところ、その神託には、

一、日本の兵器、兵力、科学等どれも皆劣《みなおと》っている。明らかに負けである。

二、ソ国は日本が戦《たたかい》の窮極《きゅうきょく》に達した時突然掌《てのひら》を返すが如《ごと》く米国に加担して宣戦《せんせん》する。

と云《い》うお示《しめ》しが出たと云《い》うことであった。日本の敗戦が明らかになり、終戦が近づいてきた頃《ころ》、その華々《はなばな》しい予言の的中で、信者たちは、もう常規を逸《いっ》した熱狂的妄信《もうしん》振《ぶ》りで、この神様に随《したが》っておれば救《たす》かるが、そうでないと焼きほろぼされる。自分たちのみが神の選民《せんみん》だと云う様《よう》な気持で、ただもう唯々諾々《いいだくだく》と三人の「生神様《いきがみさま》」の御《ご》神託《しんたく》に随《したが》っているのであった。その時、突然Bさんの夫人は神憑《かみがか》りの状態となり、みずから天之御中主神《あめのみなかぬしのかみ》が降神《こうしん》したと宣言した。こうしてこの教団には天之御中主神、住吉大神《すみよしのおおかみ》、猿田彦命《さるだひこのみこと》、弁才天女《べんざいてんにょ》の四柱《はしら》の生神様がそろったのであるが、天之御中主神が最上位であると云うので、B夫人は他の三人をも自由に命令し、圧制し、専《せん》横《おう》なる強制を加える事になってきた。Bさんの父親は嘗《かつ》て心霊科学研究協会で、種々《しゅじゅ》の神憑《かみがか》りの状態を見、大体どう云う神憑りの形態が高級霊であるか、低級霊であるかと云《い》う事を知っていたので、往《い》って見ると夫人の自称天之御中主神《あめのみなかぬしのかみ》とは実は低級な動物霊の憑依《ひょうい》であると云《い》うことが判《わか》ったので、一喝《いっかつ》したが、もう慢心し切っているB夫人には歯が立たぬ。Bさんは二児の霊媒《れいばい》現象による予言の的中で信じ切っているので、B夫人への天之御中主神の降神《こうしん》をもまた深く信じ切ってしまったのである。或《あ》る日、猿田彦命《さるだひこのみこと》が、

「近いうちに一大天変地変《てんぺんちへん》がある」と予言した。そこでBさんが住吉大神《すみよしのおおかみ》にその神託《しんたく》の伺《うかが》い直しをすると、

「それは新天地出現の前提としての、天変地変である。それは黙示録《もくしろく》第八章の如《ごと》きもので、世界の三分の一は亡《ほろ》ぼされる」との御託宣《ごたくせん》あり、是《これ》に乗じてB夫人の自称天之御中主神は、「ここは（某《ぼう》社長の大邸宅のこと）神の要塞《ようさい》である。わしを信じてここに集《あつま》っている者は、天変地変から免《まぬ》がれ得る。神が助ける」との有難《ありがた》い宣言である。こうして愈々《いよいよ》熱狂を加えた信者達は昔の初代使徒《しと》の如《ごと》く凡《すべ》ての持物を共にし、経済を共にするようになり、世界が変《かわ》るのであるから子供の学問も必要ないと云って登

校を停止した。更《さら》に神示《しんじ》があり、「この天変地異《てんぺんちい》のため東京もやられ、谷口先生は実にみすぼらしくなって此家《このいえ》（その大邸宅）に避難して来られ、自分達と共に新天新地《しんてんしんち》の政治を共にせられる。お父さまも今は神の世界はお分《わか》りにならないけれども、天変地変《ちへん》終了後は住吉大神《すみよしのおおかみ》の父である因縁《いんねん》によりここに導かれて共に政治の一端《いったん》に与《あずか》る」と云《い》う予言が出たのである。

これらの最後の予言が的中したかしなかったかは其後《そのご》の現実が明《あきら》かにしている。ここに、予言は的中し、又《また》予言は的中せぬと云《い》う矛盾《むじゅん》した事実に逢着《ほうちゃく》する。私は嘗《か》つて「諸君は予言を信じて自己の生活を幸福にしようと考えられるかも知れませんが、例えば何時何十分に何処《どこ》そこに爆弾が中《あた》ると云うような細《こま》かいことを一々《いちいち》予言にきいてその通り実際行動をなし得ますか。かくの如《ごと》き外《そと》からの予言をきく方法によって人生の危害から免《まぬ》がれようとすることは、事実上複雑きわまりなく不可能のことであります。宇宙には神の叡智《えいち》が満ちて居《お》り、吾々《われわれ》の本性《ほんせい》には神性《しんせい》が内在しています。吾々《われわれ》は何時《いつ》如何《いか》なる時にも、この宇宙の叡智の自然の導きと、内在神性の叡智の自然的導きによって導かれて自然にそのまま行動するとき、別に予言者の予言をきかなくとも、奇蹟《きせき》と云《い》うような姿ではなく、自然に当《あた》り前に危害をまぬがれる事が出来るのであります。」と云《い》う意味の事を述べたことがある。最近の関西の大地震及《およ》び海嘯《つなみ》においても、「買う筈《はず》になっていた家が、どうしても買えないで先方から破約して来た。その家が海嘯《つなみ》で流されてしまった」とか、「その夜、自然と他家に泊《とま》ることになって自然に海嘯《つなみ》に逢《あ》わなかった」などと云う誌友《しゆう》からの体験談もきて居《い》る。こう云う自然の導きが、少しも無理なく自分を護《まも》っているようになっているのが、超越内在神《ちょうえつないざいしん》の自然の導きなのである。（本書・第一篇・第六章「神の導きをわがものとせよ」の項参照）

これこそ奇蹟《きせき》ならざる奇蹟であって、「生長の家は奇蹟をなくするところである。病気が治るのが何故《なぜ》奇蹟であるか、人間は健康であるのが、当り前ではないか。当り前が当り前になるのが何故奇蹟であるか」と示されている生長の家の教えに注目せられたいのである。病気は肉体の災難であり、災難は境遇の病気であるから、人間の生活が当り前になり、神の心に一致するようになれば境遇の病気（不慮《ふりょ》の災害）も自然に消滅《しょうめつ》するのである。予言にたよって不慮《ふりょ》の災害を免《まぬが》れようとしたり、或《あるい》は自分の損《そん》害《がい》を他に転嫁《てんか》しようとするなどはもう既《すで》に「当《あた》り前の心」をふみはずしているのであるから、かくの如《ごと》き方法によって一時危難をまぬがれたり、一時損害を他に転嫁しても、やがては心に蒔《ま》いた「当り前」ならざる種子《たね》は発芽《はつが》して実《み》を結ぶほかはないのである。昭和二十一年三月頃《ごろ》から長男、次女の霊眼《れいがん》は閉塞《へいそく》し霊媒的《れいばいてき》能力は停止し、Bさんは重き病の床《とこ》に臥《ふ》すことになり、ただ最後のドタン場に物質を信者からかき集める手段のみの夫人の自称天之御中主神《あめのみなかぬしのかみ》の神憑《かみがか》りのみが残ったが、次第《しだい》に信者達も、その熱狂状態からさめ出し、その教団は日に日にさびれるに到《いた》った。Bさんも次第に目覚めて、病床《びょうしょう》から夫人の神憑《かんがか》り状態を批判する様《よう》になり、「どうもこの神憑《かんがか》りはお父さんの云《い》われた通り少々変だ」と気がついて、神託《しんたく》に対して少《すこ》しく懐疑的《かいぎてき》態度をとると、夫人は「神のオキヨメだ」と称《しょう》し、自称天之御中主神の権威をもって、重態にて衰弱《すいじゃく》の極《きょく》にあるBさんに言語に絶した暴力的制裁を加えるのであった。信者達も口を出せば、又「オキヨメだ」と称して制裁を加えられるので、心に残念がるのみで、一人去り二人去り愈々《いよいよ》その集会の人数は減り、六月四日Bさんの永眠とともに、さしも最初は予言が的中したこの教団も、否《いな》その家庭すらも壊滅《かいめつ》状態に陥《おちい》ったのである。

以上はBさんの父君《ちちぎみ》からの親書《しんしょ》が述べるところを殆《ほとん》ど一章一句の削減《さくげん》もなく綴《つづ》ったのであって実際のことである。私だけに打明《うちあ》けられた私信であるが事実を既《すで》に知っている人は知っているのだし、知らぬ人には誰《たれ》のことか判《わか》らぬのでBさんの名前を毀損《きそん》することもないと思う。現在の社会的混乱状態と終戦後の人心動揺と宗教の自由の波にのって、無数にいかがわしい教団が出現し、人間の「現世利益心《げんせりやくしん》」を好餌《こうじ》として多くの人を迷わしている場合もあるので、そうした迷いを正して多くの人が救われる為《ため》にBさん一家の体験が役立ったとすれば、Bさんの霊も喜ばれ、その功徳《くどく》によってBさんの霊界向上のこともあろうと思われるので、敢《あえ》て事実を公表させて頂いた次第《しだい》である。B氏父君の私信を利用させて頂いたことに対しては、ここに深くB氏父君に感謝するものである。

最後にかかる予言が何故《なぜ》的中するかの理由を申述《もうしの》べたいと思う。これは『生命《せいめい》の實《じつ》相《そう》』第十巻靈界篇下に「低級霊は低く地圏《ちけん》に浮浪《ふろう》して生活しているので、地上の雰《ふん》囲気《いき》の事は各々《おのおの》仲間うちの霊の噂話《うわさばなし》などでよく知っている。そして地上の現実事件は、先《ま》ず心の世界に雰囲気的な状態でつくられる。それが地上に映し出されて生ずるのであるから、地上の雰囲気に精通《せいつう》している低級の霊は却《かえ》って予言が的中するのである」と云《い》う意味が書かれている。それは恰度《ちょうど》各地の測候所が連絡して何処《どこ》に低気圧があり、それがどの方向に進行しているかと云《い》うことが分《わか》ると、その低気圧の反映として雨が何日頃《ごろ》に何処《どこ》に降るかが予言し得るのと同様である。

神示《しんじ》の正しさは、だから予言にあるのではなく、道徳性の高下《こうげ》にあることに注目しなければならぬ。「此《こ》の家は爆弾が当《あた》るから売れ」と云うような神示は、それがたとい的中しても、道徳性の欠如《けつじょ》から高級霊の神示とは云いがたいのである。

更《さら》に、何故《なぜ》、低級霊のこうした人心攪乱《こうらん》を神又《また》は高級霊が許しておくのであるかと云うと、低級霊には低級霊の使命があり、たといそれがウソをつくとも、惑《まど》わしを告《つ》げようとも幾多《いくた》の真偽混淆《しんぎこんこう》せる中《うち》より、自分の思慮判断によって真理を甄別《みわ》けて、みずからの力によって正しき道に進む真《しん》にデモクラシー的方法によってのみ、真に人類の魂《たましい》は進歩するからである。

神様が人間に与えた人格の自由はかくの如《ごと》きものなのである。諸君は各種の意見や、各種の材料や、神示《しんじ》や予言を提供せられる。それを諸君は諸君のうちに宿る内在神性《しんせい》の正しさによって判断し、正《せい》をとり邪《じゃ》を捨てなければならぬのである。神示の正しさはその発現する状態の劇的な厳《きび》しさにあるのではなく、その内容の正しさと真実とにあるのである。

第三章　人間の苦しみの原因

――貧乏・病気・人生苦の解決の仕方――

人生の目的は何であるか。重ねて爰《ここ》に書いて見たい。書くことは思想を整理することであり、思索《しさく》を精緻《せいち》にすることである。人生の目的は人生そのものの本質の中にある。人生とは何であるか。人間が生活することである。その人間とは何であるか。人間は神より生《うま》れたるものであり、人間は神を此世《このよ》に実現するために地上に生れ出《い》でたのである。重ねて云《い》う、人間は神を此世《このよ》に実現するために地上に生れ出《い》でたのである。

神を此世《このよ》に実現する事が人生の目的であるならば、その「神」とは一体如何《いか》なるものであるか。「神」とは「愛」であるから、「愛」を実現しなければ人生の目的は達したと云《い》えないのである。

人間はともすれば愛を忘れて、眼前の物質的豊富や、安楽なる境遇や、肉体の快楽や虚名《きょめい》や傲慢《ごうまん》などを求める。そして人生の目的が愛であることを実現することから脱線するのである。人生の苦悩はそれらの脱線からおのずから生じたところのものである。

敗戦日本の苦悩も、愛を失った過去の生活の清算《せいさん》であると云《い》えるのである。

汽車が脱線した時に汽車が傷つくように、人間も人生の目的から脱線した時に、傷つくのである。脱線したる汽車の破壊や損傷《そんしょう》や災禍《さいか》は神が神罰《しんばつ》を与えたものであろうか。脱線は人間（運転士）の側《がわ》の失敗であり、それは法則に外《はず》れたことをしたために法則が自働したのである。神はこの場合、ただ超人格的・普遍的《ふへんてき》法則としてましまして、有意的《ゆういてき》に人間を罰《ばっ》し給《たま》うたのでなく、人間がみずからの災禍を見て、宇宙の法則を一層《いっそう》よく知り、その法則を利用して尚《なお》一層人間自身が幸福になるよう「利用し得べき普遍《ふへん》法則」としてそのままでい給《たま》うのである。人間が「愛」にそむいた行為をしたとき法則の自働によって不幸や災禍《さいか》が集《あつま》ってくるのは汽車の脱線の場合と同様であるのである。人生には自然界の法則もあれば愛の法則もある。自然界の法則を破れば法則の自働によって傷つくと同じように、「愛の法則」を蹂躙《ふみにじ》っても、自働によって傷つくのである。

昭和二十一年七月十九日の金曜日の白鳩会《しろはとかい》（生長の家婦人部集会）に於《お》ける体験談発表会に於《お》いて、一人の中老《ちゅうろう》婦人が次のような体験談をしたのであった。――

自分は戦災に遭《あ》って焼け出されて、衣類などはすっかり失《な》くなってしまった。自分の性質はケチな物質慾《ぶっしつよく》の深い性質で人に物はやりたくない性質であったが、食べ物だけは人に惜《お》し気《げ》もなく食べさせるのがすきで、息子の友人などが来ても、食事時になると「マア食べて帰んなさいよ」と云《い》って惜《お》し気《げ》もなくたべさせる性質でした。すると、戦災に遭っても食べ物だけは不自由しない。何処《どこ》からかお米を送って来てくれたり、持って来てくれたりするのです。そんな訳《わけ》でお米が箱に何斗《と》かあり、まだあけない一俵《ぴょう》もある。その一俵は別に悪い事をした米ではないから玄関《おもて》のところに、俵《たわら》のまま置いてある。与えれば与えられると云《い》う教えそのままのようでした。或《あ》る日山形から息子の友達がやって来たのです。その友達はいつも御飯を食べさせたりしてやっていたのでしたが、何だかその日お茶を淹《い》れてやるのも面倒《めんどう》になったのです。晩になって一緒にたべるときにその青年がまだいたら食べさせてあげても好《よ》いが、今は待遇《たいぐう》してやるのも面倒だと思って私は外出する気持になったのです。外出すると洋服屋さんに出会った。自分は焼け出されであるから衣料がない、息子に洋服一着買ってやりたいが中々《なかなか》手に入《はい》らぬ。また眼《め》の玉が飛び出るほど高い。そこでこの洋服屋さんに頼んで見ようと思って、「実は私の家《うち》には米ならあるんですけれども、洋服と交換してくれませんか」と頼んだ。そして自宅へ帰って来て見ると、息子の友人の学生はもう帰っていないのです。これは悪いことをした。いつもは深切《しんせつ》に待遇してやったのだけれども、今日は私の気持が悪かったから、表情なども変な表情していたのだろう。腹を立てて帰ってしまったのかと思うと、何となしに、今日に限ってあの青年に食べさせるのが妙に惜《お》しいような気になったのが悔《くや》まれてくるのでした。するとその翌日、警察から「君《きみ》のところに隠匿《いんとく》物資があると云《い》う投書があったから調べさせて貰《もら》う」と云《い》ってやって来た。「そんなものはありやしませんよ、調べたければ勝手に調べなさいよ」と云うと、箪笥《たんす》の抽斗《ひきだし》などを盛《さか》んにあけている。そんな処《ところ》に何にもない、何も隠匿している訳《わけ》でなし、米の俵《たわら》は一俵《ぴょう》入口のところに隠さずに立てかけてある、悪いことをして集めたものではないと思っていると到頭《とうとう》それを見附《みつ》けてしまった。

息子が警察へ往《い》って呉《く》れて色々議論して弁明してくれたけれども、一般の困っているときに君の方《ほう》だけこれだけ多く持っているのは可《い》かぬと云うことになり、その一俵は買えば何千円もするのだけれども、百何十円かの㊜《マルコー》で強制買上《かいあげ》せられてしまった。その時息子が警察でその隠匿物資の投書と云うのを見て来たが、私が洋服とお米と交換してくれませんかと話した其《そ》の洋服屋の筆蹟《ひっせき》だったと云うことです。考えて見れば、息子の友達が来たときに、深切《しんせつ》に食べ物でも出してやり、人に与えるのを惜《お》しむ心を起《おこ》していなかったら、あの時、外出をしなかったであろうし、随《したが》ってあの洋服屋にも会わなかったし、米の話もしなかったから、隠匿米《いんとくまい》の投書などせられずにすんだ筈《はず》。あの時に、いつもいつも来て食べて帰る、あの青年に食べさせてやればよかったのに、何だかその日に与えるのを惜《お》しむ心が起《おこ》ったために斯《こ》うなったのだと教えられたことでした。――

中老婦人《ちゅうろうふじん》は『与えよ、与えられん』の「愛の法則」を破ったために、「与えざれば奪《うば》われる」と云《い》う心の法則が自働してみずから審判《さば》かれたのであった。この婦人の息子と云《い》うのは帝大の工科学生であったが、肺が悪いと母子《おやこ》とも思い込み、食欲《しょくよく》がすっかりなくなって衰《おとろ》えて行くのであったが、ある日、生長の家から出していた『光の泉』と云う修養雑誌を読んで「肉体は心の影《かげ》」と云う条《くだり》を読み、西田哲学の素養もあり、その哲学の「形あるものは形なきものの影である」との理論も思い出されて、ピタリと心に来るものがあり、現在の結核類似《けっかくるいじ》の症状は、自分の心の影だと悟《さと》り、忽《たちま》ち食慾不振がなおり、あらゆる結核性自覚症状が消し飛んでしまったのであったと云う。西田哲学を読んで病気の治った話を聞いたことがないのに、生長の家の教えを、そんなやさしい修養雑誌で読んで治ったと云《い》うのは不思議に思う人があるが、それは西田哲学は文章が晦渋《かいじゅう》であるから、読んでいる人が心の中でアレかコレかの両頭の疑惑が起《おこ》り、生死の両頭を截断《せつだん》し得る文章の明快さがないのと、西田哲学は、「悪」の実在をみとめ、その「悪」の根元《こんげん》を神に原因しているように説いているところがあるからである。

病を癒《い》やすダビデの讃歌《さんか》

ダビデの歌——
わが霊魂《たましい》よ主《しゅ》なる神をほめまつれ
わが衷《うち》なる凡《すべ》てのものよ、
そのきよき御名《みな》をほめまつれ、
わがたましいよ、主なる神を讃《ほ》めまつれ。
そのすべての恩恵《めぐみ》をわするるなかれ、

主《しゅ》は汝《なんじ》のすべての不義をゆるし、
なんじのすべての疾《やまい》をいやし、
なんじの生命《いのち》をほろびより贖《あがな》いいだし、
仁慈《いつくしみ》と憐憫《あわれみ》とを汝《なんじ》らに被《こうぶ》らせ
なんじの口を嘉物《よきもの》にてあかしめ給《たま》う。
斯《か》くてなんじは壮《わか》やぎて鷲《わし》のごとく新たになるなり。（詩篇、第一〇三篇）

病気にかかってなかなか癒《い》えないところの人々にとっては此《こ》のダビデの神を讃《たた》うる歌を繰返《くりかえ》して念ずることは、必ずやその人にとって確かに助けとなるであろう。

従来日本訳の旧約聖書には、私が「主の神」と訳したところには「エホバ」と云《い》うユダヤの神の固有名詞が書いてある。私はヘブライ語の聖書も、ギリシャ語の聖書も知らないが、英語の聖書には"The Lord"と書いてあって決して「エホバ」と云《い》う固有名詞は書いてはないのである。"The Lord"であれば、日本語に訳する場合には、

「主《しゅ》」又《また》は「主なる神」と訳すべきであって、「エホバ」と固有名詞づけすべき根拠《こんきょ》はないのである。エホバとは恐《おそ》らく無名の本源神《ほんげんしん》の符牒《ふちょう》に過ぎない如《ごと》くである。又《また》グリーク語等の聖書にエホバの名が若《も》しあらわれているにしても次の理由により、そんなことは根本神《こんぽんしん》を讃《ほ》めたたえる上に何ら障礙《しょうがい》とはならないのである。

「主なる神」と云《い》う場合には、日本で「天之御中主神《あめのみなかぬしのかみ》」と云《い》う場合と同じく固有名詞ではない。宇宙（天球《あめ》）の御中《みなか》（内在）に主なる神と云う意味であり、何々宗又《また》は何々教のみの本尊《ほんぞん》というような狭《せま》い神ではなく、又ユダヤ民族の守護神とか、日本民族の族長神《ぞくちょうしん》とか云うような狭い意味でもない。それは宇宙の根本中《こんぽんちゅう》の神である。宇宙の根本中なる根元神《こんげんしん》には固有名詞はない。名称づければ根元神の内容性質を限定することになる。限定しがたき、限定するには余《あま》りに偉大に、余りに神聖なのが神であり給《たま》うのである。併《しか》し、それを吾等《われら》は、不幸にして、呼びかけるために何等《なんら》かの名辞《めいじ》を用いなければ不便であるために、色々の名称を用いようと企《くわだ》てる。或《あるい》は阿弥陀《あみだ》と云《い》い、大日如来《だいにちにょらい》と云い、天之御中主神と云い、エホバと云い、アラーと云う。かく名称づけるときに、それは言葉の力によって限定し難《がた》き神を何時《いつ》の間《ま》にか限定することになり、仏教的な阿弥陀《あみだ》とか大日如来《だいにちにょらい》の名称を用《もち》うれば仏教の一宗派の本尊《ほんぞん》のように考えられ、キリスト教の人とは何の関係もない（従って全人類的とは何の関係もない）仏だと思われるに到《いた》り、エホバと云《い》うユダヤ人の考える創造神《そうぞうしん》の名をもってすればユダヤ人のみを守護する偏頗嫉妬《へんぱしっと》の神と混同せられ、（旧約の預言者のうちには、実際エホバ神《がみ》をイスラエル民族だけを守護する神と信じて書いている点がある。これは、主《しゅ》の神と、民族守護神との混同であって、日本に於《お》いても天照大御神《あまてらすおおみかみ》等を日本民族神と混同し、神話と歴史とを混同している如《ごと》きがそれであって、これらは吾《われ》らが是正《ぜせい》しなければならぬ）天照大御神や天之御中主神《あめのみなかぬしのかみ》と称《しょう》すれば日本の現実歴史と何か関係のある歴史的の人間神《にんげんしん》だと考えたりするようになる。これは言葉によって限定しがたき、真実無限定の聖極位《せいきょくい》にましします神を、言葉によって名称づけんとした結果の錯誤《さくご》である。かくの如《ごと》き錯誤を放逐《ほうちく》してしまったときに、すべての人類は一様に普遍《ふへん》にして「一」なる本源神《ほんげんしん》を礼拝《らいはい》信仰し得るに到《いた》るのである。ここに於《お》いてすべての人類は、宗教的又《また》は民族的信仰差別を超《こ》えて本来「一」なる神に於《お》いて「兄弟」の自覚を得、これによってのみ、世界平和の根元《こんげん》が定まるのである。キリストはユダヤ民族神と混同されそうなエホバの語を用いず「天の父」と云《い》ったのである。生長の家では「生きとし生ける者を生かし給《たま》える御祖神《みおやがみ》」又は単に「みおや」と呼び奉《たてまつ》っているのである。

それはさて措《お》き、ダビデの詩篇一〇三篇は病者がこれを心に唱《とな》え、言葉に称《とな》えるとき、そしてその歌の内容に完全に自分が溶《と》け込んでしまうとき、偉大なる積極的な癒《ゆ》力《りょく》をあらわすに相違《そうい》ないのである。

普通病者が神に祈るときには「神よわが病いを癒《いや》したまえ」と祈るのであるが、詩篇一〇三篇は『すべての疾《やまい》を癒《い》やし、なんじの生命をほろびより贖《あがな》い出《い》だし、……かくて汝《なんじ》は壮《わか》やぎて鷲《わし》のごとく新たになるなり』と云《い》うことを夢うたがわず、そのままに肯定《こうてい》して「主《しゅ》の神」に感謝しほめたたえるのであって、これから祈って癒やされるか、癒やされないか不明なような、そんな不確かな信仰ではないのである。

神を讃《ほ》めたたえることが先《ま》ず必要である。讃《ほ》められて悦《よろこ》び、罵《ののし》られて怒《いか》り給《たま》うような神ではない。讃めることによって、たたえることによって、そして感謝することによって、其《そ》の言葉の力によって、人間自身の心が清まり、浄化《じょうか》し、神の霊波《れいは》と波長が合うようになり、「神の国」が今此処《ここ》に実現し、無病の国が今此処《ここ》に実現し一切《いっさい》の災《さい》厄《やく》なき世界が、万民鼓腹撃壌《こふくげきじょう》の世界が今此処《ここ》に実現するのである。

ラジオの受信セットがなくとも世界の放送の電波は今此処に既《すで》にあるかの如《ごと》く、無病、不老、不死、一切の災厄なき神の国が、その久遠《くおん》の理念が今此処にあるのである。しかも人の心が、その波長を受信せず、ラジオにテレビジョンに——否《いな》、この現実五官世界に——実現し得ないのは吾《われ》らの心の波長が「神の国」の波長に合わないからである。心の波長を合わせれば、今此処《ここ》に、無病、無災厄の至福浄土《しふくじょうど》が実現する。では如何《いか》にすれば既《すで》にある「神の国」に吾《われ》らの心の波長を合わせることが出来るだろうか。

吾らが「神よ、此の病気を癒《い》やし給《たま》え」と念ずる場合、又《また》「此の悩みを癒《いや》したまえ」と念ずる場合、「此の病気を」「此の悩みを」と念ずる故に、念を病気に集中することになるのである。念を病気に集中するとき、吾《われ》らの心は「病気」によって汚《けが》れたるものとなる。「病気」の波長を有する吾《われ》らの心は、「無病世界」の神の霊波《れいは》と波長が合わないものとなる。神に平癒《へいゆ》を祈って、いつまでたっても病いの癒《い》えない理由は其《そ》処《こ》にあるのである。

神は病気を作り給《たま》わない、従って本当の意味に於《お》いては病気を癒《いや》し給《たま》わないのである。神は悩みを作り給《たま》わない、従って本当の意味に於《お》いては悩みを癒し給《たま》うのではない。病気の根元《こんげん》は、人間精神と云《い》うラジオ受信機の波の中にあるのである。喩《たと》えば、ブツブツ、ピーピーと変な雑音がラジオ受信機にあらわれるのは、実は放送局の放送の波にそのような波長があるのではなく、雑音が混信しているに過ぎないのである。放送局はラジオ受信機を直す役目ではないのである。その放送の波を一層精妙《いっそうせいみょう》なものとするだけである。吾々《われわれ》は唯《ただ》ラジオ受信機のクセを去り歪《ゆが》みを去り感度を鋭敏《えいびん》にし、ただその放送を完全にキャッチするを得る受信機をつくれば好《よ》いのである。それを人間の心にたとえれば、無我《むが》になって、ただ神の御《み》こえに耳を傾《かたむ》け、神の中へ、「神の国」の中へ飛び込んでしまえば好《よ》いのである。それは神の国の完《まった》き有様《ありさま》を心に描き、それを讃《たた》え、ほめ、感謝しその中に没入するようにすることこそ最も肝要《かんよう》である。ＡＫの放送に受信機の波長を完全に合わせたらほかの波長は聴《きこ》えなくなる。それは神の国の波長に心の波長を合《あわ》せたら神の国でないもの、病気、不幸等は消えて無くなるのと同じである。

第四章　潜在意識と幸福生活

健康は幸福の源泉

生長の家は一面から言えば「言葉の宗教」だと云《い》うことが出来る。若《も》し積極的なる言葉が組織的に聡明《そうめい》に使用せられるならば、その言葉の力に依《よ》って吾々《われわれ》は失敗、失意、及《およ》び失望のドン底より起《た》ち上《あが》って、本来の使命を自覚せしめ、勝利、繁昌《はんじょう》、祥福《しょうふく》等、人生百般《ひゃっぱん》の面に於《お》いて行くところ可《か》ならざるなき精神及び意志の状態にまで、立上《たちあが》る事を可能とするのである。

人生に於《お》いて人を悩ます所の最も大《おおい》なる不幸の一つは健康の不完全と云《い》うことであ

る。健康が不完全であったら、仕事をするにも活動力が鈍《にぶ》って来るから、更《さら》に第二の不幸が起《おこ》るのである。不健康者はどうしても生活を強力に押し進めることが出来ないのである。生活を強力に押し進めることが出来ないために何事をなしても中途にて挫折《ざせつ》する。彼らは頭が重かったり、イライラして来るために何事を処理するにも明るいテキパキした判断と果敢《かかん》な決断で処置することが出来ない。物をしかけようと思うと、気が重《おも》くるしく、面倒《めんどう》で憂鬱《ゆううつ》で退嬰《たいえい》的な気持になって、ぐずぐずして居《い》る中《うち》に好機会は逃げ去ってしまうのである。こうして仕事を為《な》し得るための自分の力は自縄自縛《じじょうじばく》されてしまって、機会をつかむ手も足も出ないのである。ジュリアス・シーザーは直訴《じきそ》を読むのが十分間おくれた為《ため》に、陰謀《いんぼう》を知ることが出来ず、元老院《げんろういん》へ着いたとき暗殺されたのだと云《い》われている。スロー・モーションは時間を失い、生命を失うが、そのよって来《きた》るところは健康でないためであることもある。不健康では、総《すべ》てのことが喜びに感ぜられる代《かわ》りに物煩《ものわずら》わしさに感ぜられる。彼等《かれら》は焦々《いらいら》しくなり、怒《おこ》りっぽくなり、本来の温和《おんわ》な、深切《しんせつ》な自分自身の性格を失ってしまう。そのため人々から愛想《あいそ》をつかされ、敬遠され、用いらるべき所に用いられず、可惜《あたら》人生を何等《なんら》なすところなく空費するのである。健康なるかな、健康なるかな、然《しか》らば健康は如何《いか》にして得られるか。

病気になりたい意志

不健康者の多くは自分の不健康の状態や、生活力の欠乏や、元気の無さや、身体《からだ》の異常を常に心に思念し、そのような思いを言葉に現わして表現し、人に同情を求めようとするのである。彼等《かれら》は「自分はどうも健康がよくない」と云《い》う。或《あるい》は又《また》「自分は不消化で胃に食物《しょくもつ》がもたれて仕方がない」と云《い》う。或《あるい》は「僕の心臓はとても苦しい」とか、「まるで鍋釜《なべかま》を頭にかぶっているように頭が重苦しい」とか云う。そして、こうして色々の不快な言葉を使うことその事が彼等の病気の主な原因であることを知らないのである。彼等は「言葉の力」と云うことを知らないから語られた言葉の力に依《よ》って自分自身の悪い状態が、尚強《なお》められていることに気がつかないのである。

子供の病気も亦《また》同じようにして強められる。親が子供の病気を打ち案じて始終《しじゅう》子供の病気のことを口にするのである。或《あ》る母親は病院に支払《しはら》う金額の多さを誇るために子供の虚弱《きょじゃく》を子供の前で人に話す。それが言葉の力で自分の子供を虚弱にしていることを知らない人が多いのである。何《いず》れにせよ、悲観的な、消極的な言葉を用《もち》うることに依《よ》って彼等《かれら》は自分自身を、或《あるい》は家族を病気にならせ、病気ほどでなくとも不健康で活動力を低下せしめていてそれに気づかないのである。彼らは病的意識を自分達の言葉で作り上げるばかりでなく、その作り上げた病的意識の中に、恰《あたか》もヤドカリが貝殻《かいがら》の中に巣喰《すく》っているように住んでいるのだ。そして彼らにとっては病的意識は一個の懐《なつか》しい隠《かく》れ家《が》でさえある。若《も》し此《こ》の病気がなくなれば、彼らは話題がなくなるばかりでなく、何かしら人から同情される種《たね》がなくなるように心細《こころぼそ》い気がする。それで自分で造《つく》った所の窮屈《きゅうくつ》な「病気」と云《い》う部屋の中に自分を閉《と》じこめ、自分で拵《こしら》えた不自由な鎖《くさり》に依《よ》って自縄自縛《じじょうじばく》されていたいのである。それは働きたくないために「言葉の力」で病気を作っている場合もある。凡《すべ》て病気とは、有意識又《また》は無意識の自己虐待《ぎゃくたい》だと云《い》うことが出来る。食《しょく》あたりのような、物質的「外物《がいぶつ》」に傷《きずつ》けられた場合でさえも、その患者の精神分析をして見ると、実はその「外物」なるものに自分が好んで衝突《つきあた》っているのである。人類から病気を無くする為《ため》には「病気になりたい意志」を人類から取去《とりさ》ることが必要なのである。「病気になりたい意志」は家庭の不和や愛する人に愛されたい慾望《よくぼう》が充《み》たされなかったりするとき兎《と》もすれば起《おこ》るもので、家庭を調和し、人類を愛し、愛を生活に行《ぎょう》ずるようにするとき病気が不思議に治るのも、病気の根源であるところの「病気になりたい意志」が是《これ》によって消滅《しょうめつ》するからである。

反対暗示の功罪《こうざい》

さて諸君は病気を絶滅《ぜつめつ》し、不健康を征服するためには先《ま》ず善《よ》き言葉を使うこと、不健康を暗示する消極的な言葉を使わぬこと、更《さら》に進んでは健康を暗示する言葉を成《な》るべく使えばいいのであると思われるであろう。即《すなわ》ち、「自分は不健康だ」と言う代《かわ》りに「自分は健康である」と言えば好《よ》いのだと簡単に思われるかも知れないのである。併《しか》し乍《なが》らこの簡単なる救治法《きゅうちほう》は実際やって見ると概《おおむ》ね何等《なんら》治す力がないと云《い》うことを発見する場合が多いのである。そのとき諸君は「言葉の力」などは嘘《うそ》だ、谷口は嘘を云《い》ったと思われるかも知れないのである。それは病気である人間が「私は健康である」と自分の口で、自分の耳に聴《きこ》えるように言ったからとて、それは明《あきら》かに自分自身を欺《あざむ》きつつあるのだと判《わか》っているから諸君の潜在意識が反撥《はんぱつ》するのである。諸君が自分自身が現に病気である時に、「私は健康である」と云う暗示の言葉を使う時、そして毎日自分の病気を振返《ふりかえ》って見るならば、普通その症状が尚一層《なおいっそう》悪くなっていると云うことを見出《みいだ》すことさえあるのである。之《これ》は所謂《いわゆ》る「反対暗示」又《また》は「暗示の逆反応」と称《しょう》せられる所のものであって、潜在意識が、その上に無理に押し込もうとする「健康の暗示」を受けることを拒《こば》んだ時に斯《こ》う云う現象が現れるのである。即《すなわ》ち、病人が自分自身に向《むか》って「汝《なんじ》は健康である」と云えば、潜在意識は「そんな筈《はず》はない」と逆に撥《は》ね反《かえ》して、全然反対のものを発生せしめるのである。医者が「あなたの病気は軽いですよ」と云ったときにも「そんな筈《はず》はない、お前は藪《やぶ》医者だ」と潜在意識が医者の暗示を撥《は》ね反《かえ》して、一層《いっそう》症状を悪くする患者もある。ある人は「暗示」とは自己又《また》は他人に嘘《うそ》を語って「言葉の力」でそれを強制せんとするものであるとも云《い》って居《い》る。この反対の暗示の悪結果を避けんが為《ため》に仏蘭西《フランス》のクーエは有名なるクーエ式の自己暗示の方式を創造したのである。即《すなわ》ち坐《ざ》して瞑《めい》し、「サ・パス、サ・パス」(去れ、去れ)と律動的《リズミカル》な調子で唱《とな》えるのである。聴《き》いていると、それは「パッサ、パッサ……」と唱えているようにも聴《きこ》える。それは呪文《じゅもん》と同じように調子を有《も》ちつつ、病気の反対を云《い》うのでもなく、病気が去ることを促《うなが》す言葉の力が繰返《くりかえ》されつつ精神統一の状態に入《い》るのである。「病気でない」と云うよりも、「病気よ去れ」と云う方が合理的であるから潜在意識も反撥《はんぱつ》しないでよく治病の効果を奏《そう》するのである。クーエはまた「自分は毎日凡《あら》ゆる点に於《おい》て一層善《よ》くなる」と云う暗示の言葉を眠りしなに、又目覚めたときに、静かに夢みるように、恰度《ちょうど》患者が眠りに誘われるような調子で何回も唱えよと云う方法も案出した。これは病気に関する言葉を避け、それを「凡《あら》ゆる点に一層よくなる」と云う言葉に代え、こっそり「健康」の観念を潜在意識に導入せんとするものであって、顕在及《けんざいおよ》び潜在の両意識が反抗しないで素直《すなお》にそれを受入《うけい》れて呉《く》れるよう、批判精神のまだ充分覚醒《かくせい》しない朝まだき又《また》は夜の眠りしな自己の催眠《さいみん》状態に近い時期を選んで自己暗示するよう工夫《くふう》したものである。

生長の家式の暗示法

ある心理学者は斯《こ》う云《い》う事を教えて居《い》る。「自分は健康である」と云《い》う言葉の代《かわ》りに「人間は本来健康である」と云う言葉を使う事に依《よ》って同じ目的を達しようと云うのである。つまり「自分」の代りに「人間」と云う言葉を置き換《か》えたのである。此《こ》の場合の「人間」とは「真《しん》の人間」と云う意味に用いられるのであって、「現象にあらわれている人間」の事ではない。即《すなわ》ち神の肖像《にすがた》に造《つく》られた所の「原型の人間」「理念の人間」「実相の人間」を意味するのである。「自分は健康である」「自分はすっかり健康だ」と云う暗示を与える代りに、「人間は健康であり、完全である」と言葉の力で宣言するのである。クリスチャン・サイエンスや生長の家は此《こ》の方面に属すると云えよう。エディ夫人の「真理と健康《サイエンス・エンド・ヘルス》」の本や、生長の家の『生命《せいめい》の實相《じっそう》』の本を読んで病気が治る一つの理由は、その著書の到《いた》るところに「人間は神の肖像《にすがた》であるから健康であり、完全であり、本来病気はない」と繰返《くりかえ》し書いてあるからである。斯《か》くの如《ごと》き言葉の使い方は潜在意識に正面衝突《しょうとつ》することがないから潜在意識に充分吸収せられて健康の栄養となるのである。何故《なぜ》なら、それは、病人に対して「汝《なんじ》は病気でない」と言ってはいないのであって、「本来の人間」が健全であると言う真理をとなえて居《い》るのであるから、真理は真理として潜在意識に受容《うけい》れられ「それでは此《こ》の病気であるのは真理でも実相でもなかった」と気がついて病気が癒《い》えるのである。

容易にして有効なもう一つの自己暗示方法は自己の希望する所の状態を、「私は」とか「人間は」とか言う前置《まえおき》を使うことなしに、直截端的《ちょくせつたんてき》に「生命だ、」「健康だ、」「幸福だ、」「喜びだ、」……等の言葉を幾回《いくかい》も自己の耳に聞《きこ》える程度の低い声で繰返《くりかえ》すのである。かかる言葉の効果は自己の内部に新しい生命力を鼓舞《こぶ》して健康を回復する働きをもって居《い》るのである。米国光明思想家のうちには斯《こ》う云《い》う方法を勧《すす》めている一派もある。私もそれに賛成するのである。「喜びだ」とか「幸福だ」とか言う言葉がその中に含《ふく》まれ、示されて居《い》るのは健康に何の関係があるかと疑う人があるかも知れない。それは表面から見れば何ら健康には関係がないように思えるのであるが、実際は大《だい》なる関係があるのである。「喜び」とか「幸福」の感情は健康と非常に関係があるのである。健康である為《ため》には吾々《われわれ》は「喜び」の感情、「幸福」の感情を培《つちか》わなければならないのである。「喜び」の感情、「幸福」の感情ほど純粋なる健康を育て上げるための強壮剤となり、栄養剤となるものはないのである。健康と云《い》うものは外部の環境から生ずるのではなく、内部の精神より生ずるのである。喜びの感情は幸福であらんとする意志の努力によって創造することが出来るのである。それは花の如《ごと》きものである。それは栽培することを必要とするのである。それを栽培しそれに栄養を与えるならば、喜びの花は一層《いっそう》美しく咲き出《い》るのである。「喜び」と云《い》う言葉を繰返《くりかえ》すことに依《よ》ってさえも吾々《われわれ》の中《うち》にそれに相応《あいおう》ずる生理作用を喚起《かんき》することが出来るのは、「梅干《うめぼし》」と単に思うだけで口に唾液《だえき》が湧《わ》き出《い》でることによって類推《るいすい》することが出来るのである。吾々《われわれ》は努力によって悲しみを喜びにまで高め上げ、憂鬱《ゆううつ》の感情を破砕《はさい》し、意志の力によって喜悦《きえつ》の感情を喚《よ》び起《おこ》し、みずから自己の感情の主人公となることも出来るのである。毎日数回鏡に向《むか》って微笑し「自分は幸福だ」と唱《とな》えることによって真《しん》に幸福となり、又《また》健康になった人もあるのである。

声に表現されたる言葉の力

声に表現されたる言葉の力は、驚愕《きょうがく》の叫《さけ》び声がそれを聞く人の心臓の鼓動を昂《たか》め、気合が人の歩行を止《と》め、時とすれば山岡鉄舟《やまおかてっしゅう》のように気合によって鼠《ねずみ》を殺すことも出来るので判《わか》るのである。イエスは言葉の力によって多くの病人を癒《いや》しているのである。

生長の家は「有言実行」をすすめているのであって「不言実行」よりも有言実行の方《ほう》が一層《いっそう》効果をあげることが出来るのである。若《も》しイエスが言葉を使わなかったならば、その癒《い》やす力は非常に消極的なものとなったであろう。会堂《かいどう》の門前に居《い》た跛《びっこ》の男は、ペテロ又《また》はヨハネが自分自身語る所の言葉を信ずることが出来なかったならば、癒《いや》されることはなかっただろうと思われる。四国に非常に病気治しの上手《じょうず》な老婆《ろうば》があった。彼女は人の病気を加持祈禱《かじきとう》する時「大麦小豆二升五銭《おおむぎしょうずにしょうごせん》」と呪文《じゅもん》を唱《とな》えながら、気合をかけると病気が立所《たちどころ》に治るのである。老婆がみずからこれを大切な呪文だと信じ、自己の与えた積極的な呪文の言葉が神の癒す力の表現であると信じて居《い》たので、そのように治効《ちこう》を現したのである。ところが、一人の僧侶がその呪文は金剛経《こんごうきょう》にある『応無所住而生其心《おうむしょじゅうにしょうごしん》』のカタコトであると云《い》って金剛経の講義を聞かされた。老婆はそれ以来『応無所住而生其心』とやって見るけれども病気は治らなくなったと云《い》うのである。何故《なぜ》カタコトの呪文が、治効をあらわしたかと云うと、それを唱えるとき、「この呪文が効《き》く」と云う信念を有《も》っていたからである。何故《なぜ》、金剛経の正しい呪文を唱えたとき効かなかったかと云うと、その呪文を信ぜず、口に唱えながらも何だかアヤフヤな気がしていたからである。ペテロに癒《い》やされた生《うま》れつきの跛者《あしなえ》は急に立上《たちあが》って宮に登り行き、或《あるい》は歩行し、或《あるい》は勇躍《ゆうやく》し、歓喜忭舞《べんぶ》して、神を賞《ほ》め讃《たた》えたと云《い》うことであるが、之《これ》は言葉の力の効果が現れたのではなくして、ペテロが聖霊《せいれい》の力に満たされて居《い》たからであり、その聖霊が跛者《あしなえ》に感応《かんのう》したのであると解釈することが出来るであろう。ペテロが聖霊の力に依《よ》って満たされて居《い》たことは事実であると思われる。併《しか》し乍《なが》ら、ペテロの内部にある聖霊の力に表現を与えた所のものは「声に表現された言葉」を通してである。若《も》しペテロが黙って居《い》たならば、此《こ》の跛者《あしなえ》は決して癒《いや》されなかったであろう。若《も》し諸君が「病気がない」と云《い》うことを断々乎《だんだんこ》として信じそれを信念強き言葉をもって、「汝《なんじ》に病気はない」と強く断言するならば貴方《あなた》によって癒《い》やされる所の人は幾人《いくにん》も出て来る筈《はず》である。併《しか》し諸君が、自分自身には何等《なんら》の力なしと信じ、黙ってそこに坐《すわ》って居《い》る限り、聖霊は其処《そこ》に臨《のぞ》んでいるとしても聖霊のはたらく契機《けいき》が与えられない。されば、言葉に依《よ》って随伴《ずいはん》して起《おこ》る所の奇蹟《きせき》的な実証は決して現れては来ないのである。

善《よ》きことは言葉に出して云え。悪《あ》しきことは言葉に出して語るな。悪しき言葉は不快な感情を喚《よ》び起し、従って又《また》生理作用に影響して不健康に導くのである。語られた言葉は人生の凡《あら》ゆる事態に之《これ》を応用することが出来るのである。何か驚くべき不愉快《ふゆかい》なる人生の出来事も之《これ》を楽しき言葉を以《も》って現せば祝福に代えることが出来るのである。私は多くの不良又《また》は劣等《れっとう》児童に「君《きみ》、この子の人相《にんそう》を見給《みたま》え、此《こ》の児《こ》は必ず出世するよ。今はどうあろうとも、額《ひたい》の広さがそれを示している」と云《い》って立所《たちどころ》に善良な優良児に変化せしめた実例をもっているのである。悪《あ》しき性癖《せいへき》又は習慣も言葉に依《よ》ってこうして祝福することが出来るのである。人間は本来「善良」であるから言葉によって、本来の善《よ》き性質、実相の完全さに変化せしめて、今迄《いままで》の歪《ゆが》み誤った性癖を直すことが出来るのである。若《も》し諸君がキリスト教の教師ならば「君はイエスの名において汝《なんじ》に聖霊《せいれい》を以ってバプテスマを施《ほどこ》す」と確乎《かっこ》とした信念に裏付けられたる厳《おごそ》かなる言葉を以って唱《とな》える時如何《いか》なる状態の性癖も、性格も常に変化せしめられて真《しん》に完全なる性格となり、歪《ゆが》められて居《い》た状態は消え去る筈《はず》である。若《も》しそうでないならば、彼は牧師であるにしても芥種子《からしだね》ほどの信仰も有《も》たないのである。

諸君は人生の行路に於《お》ける色いろの試みに会った時、イエスの如《ごと》く言葉を以って

『サタンよ、去れ』と断々乎《だんだんこ》と云《い》え。これに依《よ》って如何《いか》なる困難も克服することが出来るのである。イエスは誘惑に打ち勝つために旧約聖書の言葉を引用した。吾《われ》らは新約聖書の言葉を引用して、唱《とな》えることによって誘惑に打ち勝つことが出来るのである。『求めよ、さらば与えられん。眼《め》を開いて見よ、さらば見出《みいだ》さん。魚《うお》を求むるに蛇《へび》を与うる父あらんや』……等々。かく心の中に繰返《くりかえ》して唱えることによって諸君の運命が次第《しだい》に一層《いっそう》祝福されたものとなる事は確実だ。

第五章　家庭に於《お》ける女性の位置

一

女性が男性に対して等《ひと》しく神の子として同等の権利を主張するのは正しい。人間が一様に神の子として、男性も女性も平等の権利が要求されるのは当然のことであるけれども、それは人間本質の尊厳《そんげん》の平等であって、個性の平等でも、天分の平等でも、智能《ちのう》の平等でもないのである。女性には女性ならでは備わらない愛情の温《あたた》かさ、細《こま》かな行届《ゆきとど》いた思い遣《や》り深さ、その平和的な愛他的《あいたてき》な資質等色々の点に於《お》いて、女性が男性に優《まさ》っているところの天分を持っていることは明《あきら》かなのである。しかるに女性が、この女性特有の天分資質をもって、神が地上に彼女たちを生んだ使命を全《まっと》うしようとはせず、逆に男性化することによって、男性的性格の面に於《お》いて男性と角逐《かくちく》することは神が彼女たちに与えた使命を軽《かろ》んずることになるのである。凡《およ》そ神の子の自覚は、個人々々の内部使命の完全なる尊重と云《い》うことでなければならない。先《ま》ず自己が自己自身の本質を尊《とうと》び重んじなければならないのである。外形の社会的位置の優越を目指すのは好《よ》い。併《しか》しそのために自己の本質、美点が空疎《くうそ》となり、男性への模倣《もほう》（女性の男性化は男性性格の模倣に過ぎない）をもって女性尊重だなどと思い誤まるに到《いた》ると き、外形的には社会的に優越した位置を占《し》め得る時が来るかもしれないけれども、女性特有の愛と柔和《にゅうわ》との尊き本然《ほんねん》的内部生命が涸渇《こかつ》してしまう虞《おそ》れがあるのである。

日本では女性の位置が在来《ざいらい》から男性の下位に従属せしめられていると考えられている。それは日本には最近まで公娼《こうしょう》制度があったり、女性に公民権がなかったり、選挙権がなかったりした社会的、外面的な方面から見てのことは爰《ここ》には云《い》わない。恐《おそ》らく日本の風俗に慣れないところの外人から観察すれば、日本婦人はその点で非常に男性に圧迫されていると思えるのであろう。併《しか》しひとたびその家庭内に立入《たちい》って見るならば、女性がどんなに男性を支配しているかは、局外者の思い半《なか》ばに過ぎるものがあるのである。まことに主婦と云《い》う名がそれを示しているように、各家庭に於《お》いては女性が主人公であり、男性はその従属である場合が多いのである。私は度々《たびたび》、家庭問題に就《つ》いての相談を受けるのであるが、家庭の紛争《ふんそう》の大部分は家庭内の女性の主権の強さから来ているのである。多くの生長の家誌友《しゆう》は「生長の家に入信しましてから、世の中の全《すべ》てのことは実に都合《つごう》よく行くようになりましたが、ただ一つ世の中に私の自由にならぬものがあります」と告白する。「それは一体何ですか」と私が訊《たず》ねると、彼らは屹度《きっと》「それは私の家内です」と答える。どんな男性も、家庭内では主婦の前に頭が上《あが》らないのが、日本家庭の内部事情なのである。豊太閤《ほうたいこう》さえも淀君《よどぎみ》の前には頭があがらなかった事実を見よ。日本女性の位置と力は大小の差こそあれ、淀君的な潜勢力《せんせいりょく》をもっているのである。女性を男性の下位にあると見るのは、外面からのみ見るからである。しかもかかる女性専制が極度に達したとき、その家庭は破壊し、或《あるい》は家庭からの女性の献策《けんさく》が社会国家の経綸《けいりん》を左右《さゆう》するに到《いた》るとき、豊臣家《とよとみけ》が三代にして滅《ほろ》びてしまったように、家も人間も幸福の世界から転落するのである。私は理論でなく最近一知人の家庭に起《おこ》った事実を次に紹介する。

二

彼女の良人《おっと》は召集《しょうしゅう》されて満洲《まんしゅう》に駐屯《ちゅうとん》している筈《はず》であった。終戦後、満洲からの消息《しょうそく》はない。良人《おっと》はシベリヤへでも拉致《らち》されて了《しま》っているのではなかろうか。それとも戦死しているのではなかろうか。消息不明の間《あいだ》は、ただもう良人《おっと》が安泰で帰還してくれることのみを女らしく祈っていたのである。ところが満洲に駐屯していた筈《はず》の良人《おっと》は他方面に転進していたので、無事最近帰還したのである。家庭は沸《わ》きかえるような悦《よろこ》びに満たされることになったであろうと、恐《おそ》らく読者は想像されるであろう。然《しか》るに事実はその正反対なのである。良人《おっと》は写真技術に堪能《たんのう》なアマチュア写真家であって、今迄度々三越《いままでたびたびみつこし》の写真展覧会などで優賞を得たのであったが、今度帰還したのを機会に、専門の写真技術家として生活戦線に立とうと決心したのである。それに対して夫人は大反対した――「千葉県に数町歩《ちょうぶ》の畑地《はたち》があります。それは最近改訂された農地調整法によれば、不在地主の所有地であるから、安い値段で強制買上《かいあ》げをせられる惧《おそ》れがあります。だから其《そ》の所有地へ移住して家族全部が農民として生活し、写真がやりたければ在来《ざいらい》のようにアマチュアとして写真をやれば好《よ》いでしょう」と云《い》うのである。良人《おっと》はどうしても都会を去って農民には成《な》りたくない。夫人はそれを強制する。とうとう其《そ》の争いのために家庭が真暗《まっくら》になってしまったと云《い》うのである。近頃《ちかごろ》その夫人が暫《しばら》く顔を見せないで、知人に間接にその消息《しょうそく》をきいて見ると、前記のような経緯《いきさつ》のあった後《のち》に、夫人は自分の思いが全《まった》くかなわないのでスッカリ憂鬱《ゆううつ》になり切って、「もう死んだがましだ」と暗い暗い溜息《ためいき》を吐《は》いていると云う。この実例でもわかる通り、女性自身の不幸は、家庭に於《お》いては女性が男性を強制しようとしているところにあるのである。そのために家庭内に暗雲が低迷し、互いの雰囲気《ふんいき》が窒息《ちっそく》しそうな重《おも》くるしさになり、矢《や》も楯《たて》もたまらないで男性が外《そと》に慰安《いあん》を求めて家庭以外の歓楽《かんらく》郷《きょう》に行くことになるのである。日本男性の蓄妾《ちくしょう》は、男性が女性を玩弄物視《がんろうぶつし》する人間観の低劣《ていれつ》さに原因しているところもあるではあろうが、家庭に於《お》ける主婦の権威の強さから、その優しさの奥にある重《おも》くるしい圧迫力からのがれるための唯一《ゆいいつ》の道であることもあるのである。若《も》し女性が、良人《おっと》が写真技術家として出発したがるならば、ただ「ハイ」と良人《おっと》自身の自由を生かしてやるような優しい心の女性であるならば、前述した家庭のような暗澹《あんたん》たる現実は起《おこ》り得ないであるだろう。人間神の子とは彼自身の主人公であると云《い》うことである。良人《おっと》には良人《おっと》の自由が許され、妻には妻の自由が許され、子供には子供の自由が許され、それが互《たがい》に強制せずとも、みずから進んで調和するものでなければならないのである。これこそが本当の人間神の子の家庭であるのである。家庭内で女権の圧迫が去らない限り公娼《こうしょう》は廃されても私娼《ししょう》は跋扈《ばっこ》するほかはないのであろうと思われる。

三

もう一つ二つ家庭の神の子的生活を紹介しよう。福山の中川庯男《なかがわとらお》氏からきいた実話である。孝心《こうしん》深き中川氏は七十数歳の自分の老母に孝養をつくしたい気持から、お年寄《としより》にはそんな野良《のら》仕事をさせては申訳《もうしわけ》がない、鶏《にわとり》の世話など穢《きたな》い仕事をさせては申訳がない、どうぞお楽にお静かに生活して下さいと、深切《しんせつ》丁寧に仕《つか》えて、夜は毎晩その老母の按摩《あんま》をするのであった。

ところが老母はそれほど働きもしないのに年の加減《かげん》か毎晩肩が凝《こ》る、揉《も》んでも揉んでも肩が凝るのである。或《あ》る日中川氏は『生命《せいめい》の實相《じっそう》』を読んで、本当の神の子の生活を知ったのである。人間は神から完全な自由を与えられている。それを縛《しば》ってはならないのである。多くの人は「愛する」故《ゆえ》に、愛の執着《しゅうじゃく》をもって、斯《か》くあれかしと家族の生活を自分の型に嵌《は》めようとする。それは愛であっても、相手を自分の型に嵌《は》めようとするのは悪い。真実の愛は相手を解放しなければならない。行く者をして行かしめ、去る者をして去らしめ、来《きた》るものをして来《きた》らしめ、畑に行きたい者をして畑に行かしめ、鶏の世話をしたい者をして鶏の世話をやらしめるのが愛である。真実の愛は、相手を完全な自由人たらしめることであると覚《さと》ったのである。

中川氏の老母は畑作りと養鶏《ようけい》とが大変好きであった。それ以来、中川氏は老母を労働させては申訳《もうしわけ》がないと云《い》う様《よう》な考えを捨てて、老母の好むままに畑作りや養鶏を自由にさせることにし、何等《なんら》特別扱いをしなかった。それから晩になると、老母に対して、「肩を揉《も》まして頂きましょう」と云《い》うと、「今日は不思議に肩が凝《こ》らないよ」と被仰《おっしゃ》る。それ以来、中川さんの老母は按摩《あんま》の必要がなくなったのである。各人《かくじん》の生命の好むままに自由にさせることが、真《しん》に神性《しんせい》尊重であり、却《かえ》って相手を生かすことになるのである。「斯《こ》うあらせたい」と愛する相手を自分の型に嵌《は》めようと試みることは、相手を「愛の縄《なわ》」で縛《しば》ることになるのであって、家庭の幾多《いくた》の葛藤《かっとう》が、こうした「愛の縄」の縛り合いの紛糾《ふんきゅう》から起《おこ》っているか判《わか》らないのである。

昭和二十一年二月二十四日の日曜日の誌友会《しゆうかい》に一人の誌友が起上《たちあが》って体験談をした。その人は慢性の鼻加答児《びカタル》か蓄膿症《ちくのうしょう》かがあって、十分間毎位《ごとぐらい》には洟汁《はな》が出てどうしても治らないのである。処《ところ》が生長の家所説《しょせつ》の三界唯心《さんがいゆいしん》の真理を知って、是《これ》は自分の家内が自分に念を放送《おく》っているからだと気がついた。家内は良人《おっと》を愛するが故《ゆえ》に、良人《おっと》の洟汁《はな》がでているのが気になって「また父さん、洟汁《はな》が出ていますよ」と云《い》う。洟汁々々《はなはな》と始終《しじゅう》、家内は考えているらしいのである。「お前これから、私の洟汁《はな》の事を忘れてくれないか。そう洟汁々々《はなはな》と洟汁《はな》の事ばかりに心を配り、心を集中し、私がそれを忘れていても思い出させ、印象づけるから、何時《いつ》までたっても『心に描くものは現れる』と云《い》う法則で私の洟汁《はな》は治らない。洟汁《はな》が出ていてもこれから何も云わないで認めないでくれ」こうその誌友《しゆう》は細君《さいくん》に対《むか》って頼んだのである。細君はそれ以来、少しも良人《おっと》の洟汁《はな》のことを言葉に出さなくなり心に掛けなくなった。すると不思議なことには此《こ》の人の慢性鼻加答児《びカタル》らしい間断なき不快なる洟汁《はな》の分泌《ぶんぴつ》は無くなってしまったのである。

愛するために、愛の縄《なわ》を以《もっ》て愛人を縛《しば》っている人は、即刻《そっこく》その縄を解《と》いて、彼を彼自身の主人公としなければならないのである。

第六章　愛の種々相《しゅじゅそう》に就《つ》いて

愛すると云《い》うことは美しいことである。神は愛なりとも謂《い》われている。併《しか》し、すべての愛がそれほどに美しく、すべての愛が神であるだろうか。

最近私は、二人の女性が一人の男性を愛し恋し、ついに心が悩ましくなり、ついに家出をするに到《いた》った事件を眼《ま》のあたり見たのである。かくの如《ごと》き愛も果《はた》して美しく、また「神は愛なり」の愛であるだろうか。私はこれを爰《ここ》に考えて見たいのである。

愛は自他一体の自覚である。その限りにおいて、それは肉眼を超《こ》えたるところの彼《ひ》岸《がん》の世界のものである。肉眼で人間を見るかぎりに於《お》いて、人間は個々離ればなれある。甲と乙とはおのおの別々であり、彼氏と彼女とは各々互《おのおのたがい》に他者である。それは決して自他一体のものではないのである。ところが甲と乙とが互いに愛を感じるとき、甲の悲しみが乙の悲しみとなり、乙の喜びが甲の喜びとなる。甲の一顰《いっぴん》一笑《いっしょう》が乙をして或《あるい》は悲しましめ、或《あるい》は喜ばしめる。それは恰《あたか》も甲と乙とが肉体が離れながらも互いに神経がつながっていて一体であるかの如《ごと》く感じられるのである。それは五官の感覚によって見られる相互肉体が孤立せる人間ではなくて、肉体以上のものの生命のつながりと云《い》うものを感ぜしめずには置かないのである。

凡《およ》そ「美しい」とは如何《いか》なることであるだろうか。単なる物質には、「美しい」と吾等《われら》の心を打つものはないのである。それは一個の粘土《ねんど》にしても絵具《えのぐ》にしても、これは美しいと云《い》うことは出来ない。美しいとは「生命」がそこに其《そ》の内容を表現しなければならない。土塊《つちくれ》にしても絵具にしても、生命が其処《そこ》に表現せられたとき、それを美しいと感じ得るのである。火山の噴火口の美しさや、禿《は》げた山肌の美しさや、砂浜の波のあとの美しさは、それが単に火山灰の塊《かたまり》や赭土《あかつち》の塊や、砂利《じゃり》の堆積《たいせき》であるが故《ゆえ》に美しいと云《い》うのではないのであって、其処《そこ》に生命が表現されているとき美しいと感じ得るのである。それと等《ひと》しく、人間の或《あ》る行為が、それが英雄的《ヒロイック》であるにせよ、恋愛であるにせよ、それが美しいと感じられるのは、其処《そこ》に生命が現れているからにほかならないのである。若《も》し或《あ》る恋愛が美しいと感じられるならば、其処《そこ》に何等《なんら》かの意味に於《お》いて「生命」があらわれているからにほかならないのであろう。すなわちそれは、物質的に見れば何等の関係のない別個の存在と見える甲と乙とが、「共通一体の生命」を自覚している点に於《お》いて美しいと感じられるのである。生命は「個」の肉眼的分離感を超《こ》えて一体なのである。

多くの人間は、青春期に達して「恋愛」を契機《けいき》として、肉体が互《たがい》に別個の存在でありながら、生命なるものが互に一体であることを自覚しはじめる。すなわち互が別々の肉体でありながら、彼女の喜びが彼氏の喜びであり、彼女の悲しみが彼氏の悲しみであり、しかして彼女と彼氏とが互に一緒に永くあることに幸福を感じはじめるのである。

しかし恋愛は斯《か》くの如《ごと》く互《たがい》の一体感を自覚せしめるが、概《おおむ》ね独占的な執着《しゅうじゃく》的な愛情を感ぜしめるものである。即《すなわ》ち「彼女はわしのもの」であり、「彼氏はわたしのもの」であって其《そ》のほかの誰《たれ》のものでもないのである。其《そ》のほかの誰のものでもないと思うことは、其《そ》のほかの誰のものにもしたくないし、又《また》、其《そ》のほかの誰のものになっても、其《そ》れに対して激しい嫉妬《しっと》や、憎《にくし》みや、憤《いきどお》りや、悲しみを感ぜしめるのである。誰でも、或《あ》る人を熱烈に恋すれば恋する程《ほど》、その相手を独占したくなり、彼氏が他の人と仲好《なかよ》く談笑したりすることを喜ばなくなるものである。此処《ここ》に恋愛独特の純粋性と独占性との愛があるのであって、恋愛は決して「博愛衆《はくあいしゅう》に及《およ》ぼし」的《てき》な、衆多《おおく》を愛すれば愛するほど美しいと云《い》うものではないのである。

子供が成長すれば、その親たちは其《そ》の子供に適当な配偶者を与えたいと思う。婿《むこ》選びや、嫁《よめ》選びのためには、随分《ずいぶん》両親は苦労するものなのである。親は子供が自分の生命の分身《ぶんしん》であり分霊《ぶんれい》であることを如実《にょじつ》に知っているのである。だから自他一体感は深いのであるが、わが子供が青年期に達すれば恋愛の相手を見出《みいだ》して喜びを感ずるものであることを知り、わが子の感ずる喜びを自分の喜びとして感じて、わが子に適当な恋愛の相手の見つかることを希望するのである。この点に於《お》いて親の愛は、恋愛ほどに独占的ではないのである。親の愛は、自分の子供の恋愛をも自己の内に包摂《ほうせつ》する広さと寛容さとをもっている。

併《しか》し、親の愛が此《こ》の広さと寛容さとを持たない時、其処《そこ》に悲劇がはじまるのである。嫁姑《よめしゅうとめ》の家庭争議の如《ごと》きは、母親の愛情が其《そ》の息子に独占的に恋着《れんじゃく》しているために、その息子が嫁と恋着して仲むつまじいのを見ることに不幸を感じ、嫉妬《しっと》を感じ、息子と嫁との間《あいだ》を割《さ》かんがために色々の意地悪《いじわる》を嫁に対して行うのである。或《あ》る姑は息子を二階に就寝させ、嫁を階下に就寝せしめて息子と嫁との同衾《どうきん》を殊更《ことさら》に妨《さまた》げたと云《い》うような実話もある。このような姑は完全純粋な母性を獲得《かくとく》していないのであって、母性と恋愛とが混合しているのである。彼女は母性に於《お》いて、息子の恋愛をも包容《ほうよう》し得て、息子に可愛《かわい》い嫁を娶《もら》ってやりたいと考える。併《しか》し、嫁が実際自分の息子に愛着《あいじゃく》し、自分の息子が母などのことを忘れてその嫁に恋着しているのを見るとき、自分が息子から置き去りにされたように淋《さび》しく感ずるのである。彼女は孤独を感じ、嫉妬《しっと》を感じ、自分の息子と嫁《よめ》との間《あいだ》を成《な》るべく裂《さ》こうと考える。そこに姑《しゅうとめ》と嫁との葛藤《かっとう》が起《おこ》るのである。

時には娘婿《むすめむこ》が娘の両親に対して嫉妬を感ずることもあり得る。娘の両親は幼いときから自分の子として自分の娘を愛しているのである。それに愛語《あいご》し、やさしき眼《まな》ざしをさしかけることは、それは日常のことであり、常住《じょうじゅう》のことであり、何も特別のことではない。娘に婿が出来てからも親として時々は娘を抱擁《ほうよう》する事もあり得よう。それは自分の娘として彼女を愛するのである。然《しか》るに、時として娘の良人《おっと》たる婿は自分のみが彼女を愛したいと考えるのである。彼女が自分よりも親を愛している事に嫉妬を感じ憎《にくし》みを感じ淋《さび》しさを感ずるのである。そこに婿と娘の父又《また》は母との間の葛藤《かっとう》を生ずる可能性がある。父母の愛は必ずしも娘を独占しようとはしない。そして娘が婿と仲好《なかよ》くしていることに悦《よろこ》びを感ずるのに、婿の方は妻が其《そ》の父母と仲好くしていることに悦びを感ずることが出来ないのである。

家庭が幸福になるためには此《こ》のような錯綜《コンプレックス》を克服しなければならないのである。かかる錯綜《コンプレックス》は、親子愛と夫婦愛との混同錯雑《さくざつ》から起《おこ》るのである。親の愛は夫婦の愛と別の「位相《いそう》」にあるのであって、互《たがい》にそれが相侵《あいおか》す種類のものではないのである。それは空気は万物《ばんぶつ》を抱擁《ほうよう》し育て、太陽も万物を照らし温《あたた》め育てるが、空気と太陽とは別の「位相」に於《お》いて万物を愛しているのであって、決して、空気の愛と、太陽の愛とが衝突《しょうとつ》することがないと同じである。空気は太陽と競争して吾々《われわれ》に対する愛を独占しようとするのではない。空気が人間を愛することは、太陽が人間を愛する事に何《なん》等《ら》の妨《さまた》げもないのである。それと同じく親の愛がその息子又《また》は娘を抱擁しようとも、それは別の位相における愛であるから何ら衝突するものでないと云《い》うことを知るとき、舅姑《しゅうとしゅうとめ》の愛は浄《きよ》まって嫁《よめ》いじめをしなくなり、婿《むこ》の愛は浄まって娘の父母に反抗しなくなるのである。これは智慧《ちえ》の問題である。智慧によって親子の愛と夫婦の愛とが別の位相にあることを明《あきら》かにし、正しい見解を持《じ》することによって、嫉妬《しっと》争闘《そうとう》の心を鎮《しず》めるのである。

夫婦の愛は独占的の愛であるが、親子の愛と、其《そ》の位相《いそう》が異《ことな》ることを知って浄《きよ》まり得るし、親子の愛は内に夫婦の愛を包摂《ほうせつ》して、夫婦愛の睦《むつ》まじさを親の愛でいつくしむことが出来るのである。位相の異るものは互《たがい》に重《かさな》り合っても衝突《しょうとつ》しない。ラジオの波は空気の波に衝突しない。けれども愛は時とすれば独占的になろうとし、親の愛でさえも自分の子を自分の「好き」の型に嵌《は》めることによって、その愛を満足せしめようとする。かくの如《ごと》き愛はもう純粋の愛ではなくて「愛慾《あいよく》」であるに過ぎないのである。愛慾は愛の育《はぐく》みそだてる性質を損《そこな》い、却《かえ》って相手を劫掠《ごうりゃく》して相手を清姫《きよひめ》の如《ごと》く愛慾の火で焼き滅《ほろ》ぼそうとする。清姫の安珍《あんちん》に対する愛は、恋愛であって、親の愛ではないのであるが、親の愛でさえも、子に執着《しゅうじゃく》して、それを自分の型に嵌《は》めようとするとき清姫の愛慾が安珍を燬《や》きほろぼしたとおなじようにその子を燬《や》きほろぼしてしまうことになるのである。子孫のために美田《びでん》を貽《のこ》そうとするような愛は、却《かえ》って子孫を滅ぼすことにもなるであろう。かかる時に聖フランシスは、「最早《もはや》われは肉体の父ベルナルドの子に非《あら》ずして、天の父の子である」と宣言して、肉親の父の愛を否定したのである。真《しん》の愛は「自分の型」と云《い》う「小鳥の籠《かご》」にとじ籠《こ》めて置くような愛ではなくて、彼をして彼自身の行くべき道を行かしめるごときでなければならないのである。

或《あ》る青年がある婦人に或《あ》る機会に逢《あ》ったとする。彼は既《すで》に妻もあり子もあり、その婦人も既に良人《おっと》もあり、子もあるとする。それにもかかわらず、彼は彼女を一目見た瞬間に恋愛を感じたとする。その場合、彼が彼女に恋愛を感じたと云《い》うことは、それは不可抗《ふかこう》的に自然がしからしめたのであるから罪悪《ざいあく》ではないのである。しかし彼が彼女に愛を感じた以上は、彼は彼女を幸福にすることによってのみ、彼自身も幸福になるのでなければならないのである。何故《なぜ》なら愛は自他一体の感情であるからである。彼がただ彼女の肉体をふみにじることによって快楽を感じ、彼女の今後の運命について何らの思い遣《や》りをも感じないのであるならば、彼は決して彼女を愛しているのだと云うことは出来ないのである。それは情慾《じょうよく》であり、渇慾《かつよく》であり、相手の幸福をみずからの幸福と感ずる自他一体の愛の感情ではないのである。彼女に一層《いっそう》近づけば近づくほど、彼女との情慾《じょうよく》は昂進《こうしん》し、彼女と離れがたくなり、しかも、彼女も彼も共に配偶《はいぐう》があり子供があり、彼女に一層《いっそう》近づけば近づくほど悲劇に近づいて行くと知るとき、如何《いか》に彼の情慾が彼女に近づくことを誘惑しようとも、智慧《ちえ》ある者は、彼女との間に一定の距離を保って彼女に一層近づくことを警戒しなければならないのである。それは例えば聖フランシスがキアーラを愛しながらも彼女と話すときには彼女を見ることをしないで目を俯《ふ》せていた如《ごと》くでなければならないのである。これこそが真《しん》の愛の道である。かくて或《あ》る聖者《せいじゃ》は次のように歌っているのである。

聖者の愛

美しく而《しか》して清き
そなたは聖母《せいぼ》マリヤか
マグダラのマリヤか
わが足の下《した》にひれ伏《ふ》して

香油《こうゆ》をそそぎしマグダラのマリヤか。

あまりにも清く
あまりにも美しく
白百合《しらゆり》の如《ごと》く神々《こうごう》しければ
一枝《ひとえだ》を手折《たお》りて
くちづけをせばやと思いしが
その清らかさに打たれて
われはためらいぬ。

清くして而《しか》して美しき
わがマリヤよ
おん身《み》はかつて

ルルドの聖泉《せいせん》の岩壁《がんぺき》に
きざまれし黄金の
三輪《さんりん》の薔薇《ばら》の花を踏んで立ちし
聖母《せいぼ》マリヤか
わが愛は汚《けが》れたれども
君《きみ》にふれなば
たちまちに清まりぬ。

第七章　愛に就《つ》いての考察

愛とは自他一体の自覚である。本来すべての生物《せいぶつ》は、唯《ただ》一つの神により生み出され、創造せられたるものであるから本来自他一体なのである。しかし自他一体と云《い》うことは単なる五官の感覚ではわからない。五官的認識に於《お》いては自他はハッキリ別々の存在である。自他一体の自覚と云《い》うものは感覚的認識を超《こ》えての生命の実相の把握《はあく》によるほかはないのである。

母性の愛に於《お》いては明《あきら》かに母はその子を自己の肉体より生み出したるが故《ゆえ》に、肉体的にも明《あきら》かに母と子とは自他一体の自覚をもっている。されば母は吾《わ》が子の悲しみを見て悲しみ、吾《わ》が児《こ》の喜びを見て喜び、吾《わ》が子の病を見て、自己みずからの如《ごと》く悩み苦しむ。釈迦《しゃか》は一切衆生《いっさいしゅじょう》を見ること一子羅睺羅《いっしラゴラ》を見るが如《ごと》きであったと云《い》う。それは釈迦の自覚が五官の認識を超《こ》えて、一切衆生ことごとく唯《ただ》一つの神より生《うま》れたと云《い》う自覚をもっていられたからである。

かくの如《ごと》く、愛の最も原始的なる形は「母の愛」であるが、「子」は必ずしも母が彼を愛するが如《ごと》くには母を愛しないのが普通である。子が母を愛するのは、直接的に「母の肉から分離した」と云う自覚をもっているからではなく、概《おおむ》ね、母が愛してくれるその愛念の反映として母を愛するのである。だから子が母を愛するのは必ずしも「生みの母」に限らないのであって、養母であっても、愛される程度に従って、養母を愛し慕《した》うのである。この点において「子の愛」は「親の愛」の反映だと云い得るのである。また子が親を慕《した》う愛に於《お》いては、食を与えてくれるのに対する本能的な愛《あい》着《じゃく》が混入しているものである。動物は必ずしも母でなくとも、食を与えてくれる人間を親の様《よう》に恋い慕う。アヒルを雛仔《ひよこ》から育てると、座敷の中を人間を慕って追い歩くのである。

そのような食を与えてくれるものを愛する愛は真《しん》の愛と云《い》うよりも、食本能の転化したものに過ぎないとも云《い》い得るのである。それは単なる「好き」であるとも云い得る。「好き」は決して「愛する」ではないのである。「好き」は自己の好むところを実現せんが為《ため》には相手を破壊することをも辞《じ》せないものである。吾々《われわれ》は林檎《りんご》を「好き」と称《しょう》して、それを齧《かじ》り、破壊し、その美しき姿を毀《こわ》してしまうのである。食本能から導かれたる愛は概《おおむ》ねこの種類の愛である。しかし林檎を噛《かじ》り破壊する愛のうちにも、やはり相手を自己に奪《うば》いとって、一体化（同化）を実現せんとする真の愛が内蔵されてはいるのである。一体化とは、真の愛にほかならないのである。

食本能から転化した愛と、同様のレヴェルに立つ愛は、性本能から転化した愛だとも云い得るであろう。性本能から転化した愛は、「愛する」とは云うのであるが、実は「好き」から変じた愛である点に於《お》いて「或《あ》る食物《しょくもつ》が好き」と云うのと同様である。それは或《あ》る「食物《しょくもつ》」が好きであると云《い》うのと同じく、或《あ》る「異性」が好きなのであって、決して全体にひろく其《そ》の愛が及《およ》ぶ訳《わけ》ではないのである。それは或る「異性」が好きであり、或る異性を好かないのである。そして「好きな異性」に対しては渇慾《かつよく》の如《ごと》きものを伴《ともな》って恋《こ》い慕《した》い、その慾望《よくぼう》を遂行《すいこう》することによって、相手に危害が加わろうとも、また自分自身に危害が加わろうとも、敢《あえ》て辞《じ》するところではない。それは相手を食《く》い滅《ほろ》ぼすところの慾情《よくじょう》であり、同時に相手に食い滅ぼされんことを欲《ほっ》するところの慾情である。それは自己を滅《めっ》して一体とならんことを希《ねが》い、同時に相手をも滅して一体とならんことを希《ねが》う。それは種族の本能であり、個体の自由を食いつくして、種族の繁栄のために個体の生命までをも奪《うば》おうとするのである。まことに「恋は曲者《くせもの》」であり、恋のためには心中《しんじゅう》をも敢《あえ》てするのである。

併《しか》し、多くの人間は恋によって不思議な感情を味《あじわ》うのである。それは肉体に於《お》いては、確かに個々別々の人間でありながら、そして確かに赤の他人でありながら、親子以上の「一体感」を自覚するのである。かくて或る娘は親に背《そむ》いて男性のあとを

追い、或《あ》る息子は親に背《そむ》いて女性のあとを追う。しかしその自他一体感は「相手のため
にはかる愛」ではなくして何処々々《どこどこ》までも「自己の好き」を中心としている。しか
しその「好き」は「自己の好き」の如《ごと》くにして「自己の好き」ではない。それは「種
族の好き」にあやつられて「自己の好き」だと思いあやまっているのである。それが
所謂《いわゆ》る性愛である。この場合には押し迫り来る「種族の好き」によって、自己の正
しい判断と自由とを失い勝《が》ちである。種族の「好き」にあやつられている愛は、真《しん》に
自由な愛ではない。真に自由な愛はそれが恋愛であってさえも、種族の愛を超《こ》えなけ
ればならないのである。換言《かんげん》すれば真の愛は「性愛」を超えなければならないのであ
る。「性愛」を超えてそれが昇華《しょうか》する時、慾情《よくじょう》でない聖《きよ》らかな恋愛に達する。私はそ
れを別著『戀愛《れんあい》・結婚・母性』の本で詳しく説いて置いたから読んで頂きたい。

第八章　願いを成就《じょうじゅ》する祈り

帝大法学部へ入学したいと云《い》う一女性にこたえて

貴方《あなた》の願いが、真《しん》にあなたの魂《たましい》の切なる願いであるか、それが真にあなたの魂の切なる願いでありましたらそれは屹度《きっと》成就《じょうじゅ》することになっているのです。それが根本です。時としたら時局の影響や、流行や、人の勧《すす》めや、利己的目的や、虚栄心《きょえいしん》や、いろいろの夾雑物《まざりもの》が入り混《まじ》って、あなたの魂の切なる願いの装《よそお》いをし、貴方自身をあざむいていることがあるものです、だから先《ま》ず貴方の願いを克明に、手帳にでも便箋《びんせん》にでもハッキリとお書きなさい。恰度《ちょうど》、業務用資材配給許可願を、商工省へでも提出するときに、一々の所要品目を書き上げるように書くのです。グレン・クラーク氏は此《こ》の方法を勧《すす》めています。

大学へ行きたいが、学資が欲しい場合には、実際大学で要する一年の学資の総額をハッキリ勘定《かんじょう》して書くのです。自動車が欲しい場合には、何号の何型の、どんな色の自動車が欲しいと書くのです。又《また》職業が欲しい場合には、どんな職業が欲しいのであるかその職業の種類、位置、収入などを明細《めいさい》に書きます。家が必要な場合には、その家の大体の所在地、その設計構図等を書きます。しかし他の所有権を犯《おか》してはなりませんから、誰《たれ》の持っている、あの家と云《い》うように指定してはなりません。吾々《われわれ》が頂くのは、神から頂くのであって、他の人から奪《うば》うのであってはならないからです。尤《もっと》も他の人が不要になって、神に還《かえ》した処《ところ》のものを此方《こちら》が頂くのは合理的なのであります。

貴方《あなた》に能力が必要であったならば、どう云《い》う能力が必要であるのか。何の目的で必要であるのか詳しく記載いたします。健康が必要であれば、何の目的で必要であるか書きそろえます。友達が必要であるならば、如何《いか》なる友達が必要であるか、如何《いか》なる協力者が必要であるか。何の目的の協力者が必要であるか、兎《と》も角《かく》、切に必要と求むるものを列記するのであります。

それを列記した後《のち》に、みずから、その自分の求めが、願いが、神に受け入れられる資格のあるものであるか否《いな》かに就《つ》いて、自己批判をするのであります。その批判の標準として、聖パウロはその求め願いが、

一、真《しん》なるや否《いな》や

二、正直なるや否や

三、正しきや否や

四、純粋なるや否や

五、愛すべきものなりや否や

六、よき音信《おとずれ》をもたらすものなりや否や

七、何らかの善徳《ぜんとく》あるものなりや否や

八、何らかの賞讃《しょうさん》に値《あたい》するものなりや否《いな》やの各項について、考査《こうさ》すべきであるとしたのであります。

先《ま》ず自分で書きおろした自己の求め願いの各箇条について、

(一)それが自己にとって真であるか否《いな》かを審査《しんさ》して見ることが必要であります。真《しん》とは「マコト」であり、本物であります。林檎《りんご》の樹《き》が林檎の果実をみのらせたいとねがう如《ごと》きは、その願いが「真」であると云《い》い得るのであります。玉蜀黍《とうもろこし》がトーモロコシの果実をみのらせたい如《ごと》きは、その願いが真《まこと》であると云《い》い得るのであります。これに反して林檎がトーモロコシの果実をみのらせたがったり、玉蜀黍《とうもろこし》が林檎の果実を実《みの》らせたがったりしたのでは、「真《まこと》」ではない願いだと云うほかありません。

これを過去の人達に当て嵌《は》めて見ますならば、シェークスピアが素晴らしい戯曲《ぎきょく》を創作したいと願うことは「真」のねがいであり、コロンブスが新大陸を発見したいと願うことは「真」のねがいであり、エディソンが蓄音機《ちくおんき》や、電燈《でんとう》や、映写機械を発明したいとねがうことは「真」のねがいであります。これらのねがいは、その人にとって「真《まこと》」であり、また「世界」にとって「真《まこと》」であるとも云《い》えましょう。世界は、これらの人々のねがいの実現することによって、その豊富さと楽しさとを加えることになるのであります。

果《はた》して然《しか》らば、「真《まこと》」でない願いとは如何《いか》なるものでありましょうか。シェークスピアが蓄音機《ちくおんき》を発明しようと考えたり、エディソンが、『リヤ王』や『ハムレット』や『ヴェニスの商人』などの戯曲《ぎきょく》を書こうとねがいますならば、その願いは、その人にとって「真《まこと》」でないでしょう。即《すなわ》ちその願いが、その人の真性《しんせい》より発していないとしなければならないでしょう。

そこで此《こ》の標準に立脚して、貴方《あなた》が便箋《びんせん》に書きおろした自分の願いの数々を審査《しんさ》して見ます。そして自分の真性に立脚しない願いを「真《しん》ならざるもの」として一々消して行くのであります。誰《たれ》にでも無論《むろん》共通な、なくてならぬものの願いはあります。そんなものは消すに及《およ》びません。例えば新鮮な空気、栄養の適当な食物《たべもの》、働く機会、適当な休養、良き友達、家庭の調和、考えたり祈ったりする時間などと云《い》うものは、恐《おそ》らくすべての人間に共通する「真《しん》」なる願いでありましょう。

こう云《い》うものを求めて祈ることは許されることであります。併《しか》し、何が自分の「真《まこと》」の願いであるか、「真《まこと》のねがい」と思っていることが、実は「自分の真性《しんせい》」にもとづかないものであり、時流にわずらわされ、時局の波に乗って、「真」の願いであると思っているのかも知れない。そんな場合には自分の「真《しん》のねがい」が何であるか、自分の天性天分が何であるかを教え給《たま》えと祈るのが当然でありましょう。生物《せいぶつ》にも各々《おのおの》天分天性があります。飛《と》び魚《うお》以外の魚《うお》は空中飛行をしたいとは願わないでありましょうし、水禽《すいきん》ならざる鳥は水中を游《およ》ぎたいとは思わないでありましょう。人間も自分の「真性」にもとづく願いが何であるかを知ったならば、無駄《むだ》を求めて彷徨《さまよ》いあるく必要もなく、どんなにか時間と労力との節約になることでしょう。

自分が豊富になることだって、祈って悪いと云《い》うことはありません。自分が貧乏だったら、人に迷惑をかけなくてはならないでしょう。自分が豊富だったら人を助けることが出来るでしょう。或《あ》る一人が豊富になることは他の多くの人々から搾取《さくしゅ》したのだと思う人があるかも知れませんが、（中には其《そ》のような儲《もう》け方をする人もあるかも知れないが）エディソンが大発明をする事によって富《と》み、ヘンリー・フォードがフォード型自動車を考案することによって富んだのは、それは人類を搾取《さくしゅ》したどころか、人類に色々便益《べんえき》を与えることによって富んだのです。それは恰度《ちょうど》、林檎《りんご》が豊富に実《みの》ることによって、自分が豊富になればなるほど、人類をも豊富ならしめるのと同じです。

すべての供給が、一定有限量であり、それを盥廻《たらいまわ》しするよりほかに富む道がないとしたならば富んでいる人は誰《たれ》かを搾取したのでありましょうが、よきものを多量に生み出すことによって富む者は搾取ではなく、寧《むし》ろ他に与えるものであります。

芸術家がよい芸術を作らして下さいと祈ることは利己主義ではありません。それは「自分の天分を通して人類を富ましめ給《たま》え」とねがうところの愛他的《あいたてき》ねがいでありますむしろ芸術家でよい作品をつくらないでいることが、人類がもつべき筈《はず》の作品を奪《うば》っているのだとも云《い》えるでしょう。文学者がよい作品をつくらないのは、人類から文学的作品を奪《うば》うものであります。しかし又《また》、折角《せっかく》、つくってくれた芸術的作品や文学的作品を、享受《きょうじゅ》してあげないのも、人類からの捧《ささ》げ物《もの》を捨てるものだと云《い》わなければならないでしょう。それと同じく自動車製作者がつくってくれた自動車を、それを受けるにふさわしい人たちが、それを求めてくれないのも、折角《せっかく》の捧《ささ》げ物《もの》を捨てることになるでしょう。だから、祈るときには自信をもち、勇気をもって、必ず欲《ほっ》するものは得られると信じて勇敢《ゆうかん》に祈ることです。唯《ただ》、自分の「真性《しんせい》」に忠実であれ、但《ただ》し、他を搾取《さくしゅ》する事を祈るな。貴方《あなた》の「真性」は善悪を超越《ちょうえつ》して「真《しん》」である。丁度《ちょうど》「二二ンが四」が善悪を超越して「真」であるようにです。神は「真」なる願いを必ず成就《じょうじゅ》せしめ給《たま》うのと同じです。

以上で大体、「真《しん》」なる願いとは如何《いか》なるものであるかがお判《わか》りになったでしょう。では、あなたの書きとめた「真」なる求め願いを、もう一度よくよく自分で審《しん》査《さ》なさい。そして、「私はこれを求めるのです。これが私の真なる願いです」と魂《たましい》の奥底で叫《さけ》びなさい。そして、その真なる願いを、「神の愛の大地」の中に、植物の種子を蒔《ま》き込《こ》むかのように植え込みなさい。その「真《しん》なる求め願い」の種子を、分類して、三つの畦《あぜ》に播種《はしゅ》なさい。（一）我れ斯《か》くの如《ごと》き人を求む。友人として持ちたき人があれば人名を書いても宜《よろ》しい。或《あるい》はこんなタイプの人が欲しい。こんな事務員が欲しいでもよろしい。（二）我れ斯《か》くの如《ごと》き事を求む。よき思想、創作力、発明力、政治力、入学したい学校、など何でもよろしい。求むる事を書きます。（三）我れかくの如《ごと》き物を求む。自動車なら自動車のタイプ、色彩。万年筆でも、ラジオ・セットでも、欲《ほっ》するタイプ、種類、考案など、自分の求めに従って書きます。

そんなに好きなことを書いて、「あまり虫が好《い》い」と云《い》って神様から叱《しか》られやしないかと心配するには及《およ》びません。あなたの本性《ほんせい》に真《まこと》なることを実現するのは寧《むし》ろ貴方《あなた》の義務なのです。それは恰《あたか》も麦は麦の実をみのらせるのがその義務であるかのようにです。これらのことを書いて、神の心の前に提出し、その拒否権を神にゆだねるのでありります。即《すなわ》ちこう云《い》って祈りなさい。「これが私の本性にかなう真なるものでありますならば、与えたまえ。然《しか》らざれば神のみこころを成《な》したまえ。我が意をなさんとするのではありません。」と。

クラーク氏が、見本に示した祈りは次の如《ごと》き言葉であります。「吾《われ》らの父よ、羊《ひつじ》が羊飼《かい》の声を知るがように、吾《わ》がたましいの内で、吾《われ》らの父なる神が囁《ささや》き給《たま》うその真《まこと》の御声《みこえ》をきくことが出来ますように。」諸君よ、自己に宿る神の内在の声をきこうではありませんか。

（附記）この通りに実践《じっせん》されて大学の経済学部に入学許可になった六人の女性のうちの一人に加わり得たと云《い》って中野愛子《なかのあいこ》さんは四月十三日午後一時の生長の家本部道場に於《お》ける体験談発表会で御発表になりました。

第九章　女性と弓と矢

フランスの物理学者バラデュック博士は鍾乳状《しょうにゅうじょう》の硝子《ガラス》容器をつくり、それを木製の板の上に伏《ふ》せて外界よりの風の影響を避け、硝子《ガラス》器の天井より細《ほそ》い絹糸《きぬいと》を垂れてその尖《さき》に針をぶらさげたのです。針の下には目盛板《めもりいた》がおかれていて針が何度傾斜《けいしゃ》するかがわかるようになっている。そして木製の底板の下には銅製の螺線《らせん》を置いたが、これは何処《どこ》へも連結してはいないのであって、外《そと》から来るラジオ的な波に対してアンテナ的な感受能力増幅《ぞうふく》に使われるものであったのである。バラデュック博士は人間にポーラリティ（両極性）があると云《い》うことを信じていて、この装置で実験して見ようと云《い》うのである。この装置を二つ備えて、各々《おのおの》の装置に人間の両手を近づけると左手の方はその針を吸引《きゅういん》し、右手の方はその針を、反対に排斥《はいせき》すると云《い》うのである。

メンタル・サイエンスの科学的研究家トロワード氏はその話をきいて、そんな馬鹿《ばか》なことがあるものかと思ったのであるが、実際にトロワード氏がその装置に近づいて両手を差出《さしだ》して見るとその吊《つ》り下《さ》げられた針は、二十度がた、左手の方の針は引着《ひきつ》けられ、右手の方の針は排斥せられたので驚いたと発表している。更《さら》にトロワード氏が右手に思念を集中すると、右手の針は四十度がた排斥せられたと云《い》うのである。これによって人間の両極性のあるものが証拠《しょうこ》だてられたのである。左の手は陽性であり、右の手は陰性である。天の陽気を受けてそれを陰性の方へ流し込むのが、左の手であり、陰性はその集《あつま》ったものを放散するのである。男性は陽性にして天の陽気を受けて、それを女性に流し込むのである。素直《すなお》に男性の陽気を受けた女性は栄《さか》えるのである。

婦人が男性に素直に従うと云うことは別に女性の敗北《はいぼく》と云う訳《わけ》ではないのである。

従うことによって寧《むし》ろその天性を発揮《はっき》するのであり、それによって却《かえ》って勝利を得るのである。水は柔《やわら》かくして下に流れよう下に流れようとしているけれども、それは決して硬《かた》く儼然《げんぜん》たる岩に負けたと云《い》う訳《わけ》ではない。それは柔《やわら》かきが故《ゆえ》に岩をも穿《うが》って進むことを得るのである。それは山海嘯《やまつなみ》となっては、十畳敷《じょうじき》の部屋ほどの巨岩をも手だまにとって翻弄《ほんろう》し、みずからは何ら傷《きず》つくことはないのである。また例えば、婦人は弓であり、良人《おっと》は矢である。矢は剛《ごう》にして一直線に外《そと》に向《むか》って進む。外に向って進む矢は花々《はなばな》しいかも知れないが、内に柔《じゅう》にして丸くたわむ弓あってはじめて矢は外に進むことが出来るのである。それは寧《むし》ろ矢の勝利に非《あら》ずして、矢を駆《か》ってかくの如《ごと》く進ましめる弓の丸く柔《やわらか》くたわむ徳の勝利であるとも云《い》うことが出来るのである。「勝利」と云うような言葉を使うと、どちらか一方が敗北《はいぼく》したような感を受けるけれども、実はどちらも天分に随《したが》って勝利するのであって、敗北などはないのである。

矢なくして弓は用を為《な》さず、弓なくて矢は用を為《な》さず、その重要性は、弓と矢と甲乙なきこと、恰《あたか》も女性と男性とがその重要性に於《お》いて、その基本人格に於《お》いて甲乙なきが如《ごと》くである。ただ弓と矢と天分を異《こと》にし、役目を異にし分担を異にするのみである。剛《ごう》を分担するもの必ずしも柔《じゅう》を分担せる者よりも優《すぐ》れたりと云《い》う訳《わけ》ではない。「剛」はその柔《やわら》かさに於《お》いて却《かえ》って「柔」に劣《おと》るのであって、女徳《じょとく》は却《かえ》って或《あ》る意味に於《お》いて男徳《だんとく》にまさるのである。但《ただ》し、「柔」はその剛《かた》さに於いて「剛」に劣るのであって、男徳は或《あ》る意味に於いて女徳に優《まさ》るのである。かくの如《ごと》く優劣《ゆうれつ》を列挙するも、実はその本性異《ほんせいこと》なるものを比較するのであるから、松の亭々《ていてい》たると、牡丹《ぼたん》の花の優婉《ゆうえん》なるとはいずれがまされりやと論争するようなものであって、実は優劣などはないのである。しかし女性が男性を真似《まね》て、男性の能力に似たものを発揮《はっき》することによって、男性と優劣を争おうとすることは、結局、男性能力羨望《せんぼう》の前提に立つものであるから、その前提に於いて、既《すで》に「女性は男性に劣っているから男性の能力まで進まねばならぬ」と云《い》う女性劣等感《れっとうかん》の変形に過ぎないのである。

真《しん》に女性優秀の自覚に立つものは、女性性質そのものにおいて優秀の自覚があるから、男性の真似などするものではない。

女性が男性化すると云《い》うことは、男性が女性化すると同様に、まことに悲しき人生の損失《そんしつ》であるのである。「各人《かくじん》は各人自身の各人であれ」と云《い》うのが真《しん》の神の子主義でなければならぬ。かくの如《ごと》くすることによって各々《おのおの》の特長たる他の類型なき美点を発揮《はっき》することが出来、人生に美しさと逞《たく》ましさと調和とを実現することが出来るのである。

第十章　天《てん》佑《ゆう》と天《てん》譴《けん》

(問)　天《てん》佑《ゆう》があると云《い》う反面、天《てん》譴《けん》と云《い》うものはあるのでしょうか。先《せん》般《ぱん》、天《てん》譴《けん》と云うものがあると云うような思想で有名な哲学者である姉《あね》崎《ざき》正《しょう》治《じ》博《はく》士《し》が誰《たれ》かに質問したことが、新聞に出ておりましたが、先生はそれに就《つ》いて如《い》何《か》にお考えになりますか。

(答)　私は神《しん》罰《ばつ》天譴は無いと云う新しい考え方で新しい宗教を築き上げて来たものなのです。今《いま》迄《まで》の宗教は神罰を概《おおむ》ね説いて、自分の宗教から離脱したら罰《ばつ》が当《あた》るぞと云うような説き方で信者を永久に繋《つな》ぎ止めているのです。しかし神を人間に神罰を与えるような怒《いか》りの神、嫉《ねた》みの神、復讐《ふくしゅう》の神だと考えるのは旧約のユダヤ教の考え方です。イエスの新約の宗教では神はただ愛なのです。本当の神はそのような偏《へん》寄《き》なものではないのです。

(問) そう云《い》う懲戒《ちょうかい》の意をもって罰《ばっ》するとか復讐《ふくしゅう》するとか云《い》う意味でなく、天佑《てんゆう》と天譴《てんけん》とは表裏一体だと云うような意味に於《お》いてです。天佑《てんゆう》があれば天佑のないときが天譴《てんけん》だと云うような意味に於《お》いて天譴はあると云っても好《よ》いのでございましょう。

(答) 天佑がないときが天譴だと。成《な》る程《ほど》それは光が無いときが暗《やみ》だと云う意味によく似ておりますね。併《しか》しそう云ったからとて暗《やみ》そのものがあるわけではありません。「暗《やみ》」があるのではなく、「暗《やみ》」とは光がないと云う消極的状態を云いあらわしたものに過ぎません。それのみならず「天佑」がないと云うことは未《いま》だ曾《かつ》てなかったことで、これからも亦《また》あり得ないことなのです。天佑は常に何処《どこ》にもあるのです。ただ心の眼《め》を瞑《つむ》っている人には見えないに過ぎません。天佑は太陽のように常に何処にも照っているのです。太陽に背を向けているもの、心に迷いの雲を起《おこ》して天日《てんじつ》を蔽《おお》うていながら「天日は無い」と云《い》っている者には「暗《やみ》」があるかの様《よう》に天《てん》譴《けん》もあるかのようにあらわれて見えるのです。けれども「暗《やみ》」は「ある」のではありません。「ある」と「あらわれ」との区別を充分知らねばなりません。「暗《やみ》」は「あらわれ」て見えるけれども「暗《やみ》」は「ない」のです。天譴《てんけん》も「ある」かの如《ごと》く「あらわれ」て見えるけれども、それは真《まこと》にはないのです。天佑《てんゆう》のみ「ある」のです。天佑《てんゆう》のみ「ある」と信ずる者、天譴は「ない」と信ずる者には天佑のみが常に来るのです。

(問) 天譴がないと信じて、図《ず》に乗って生活しているときに却《かえ》って天譴と見えるような災禍《さいか》が見舞って来ると云《い》うのが本当じゃないでしょうか。

(答) 天譴がないと信じて図に乗るような人間は乾度唯物論者《きっとゆいぶつろんしゃ》か、無神論者に定《きま》っています。天佑があることを真《しん》に心の底から信ずることが出来る者は、神恩《しんおん》が有り難くて、図に乗って間違ったことや軽佻《けいちょう》浮華《ふか》なことなど出来るものではないのです。真に天佑神寵《しんちょう》があると信ずる者にはただ真剣な報恩感謝の生活が生ずるのみです。

（問）日本人が今直面している艱難《かんなん》は天譴《てんけん》ではありませんか。

（答）私は天譴《てんけん》とも思いません。此《こ》の様《よう》な過程がなかったならば、どうして大和《だいわ》せる「一つの世界」を欣求《ごんぐ》する人類の叫《さけ》びが一段と高まることができましょう。大和の理想が今ほどハッキリ日本の国に実現しかけている時はないのです。神は日本の国を懲罰《ちょうばつ》しているのではない、暗《やみ》を去って大和の光を輝かしてくれつつあるのです。アメリカはその為《ため》に偉大なる役割を演じてくれました。アメリカは天の使《つかい》として日本を正しき方向に向け、大和の理念を実現させてくれているのです。彼は日本を懲戒《ちょうかい》しているのではなく、日本を救済してくれているのです。これが光明思想の物の見方です。これは真理であって、決して勝者に諛《こ》びるのではありません。

（問）私が天譴と云《い》うのは必ずしも神罰《しんばつ》と云《い》う意味ではないのです。神の叡慮《えいりょ》あるお引廻《ひきまわ》し、神々のミシラセ、神の愛深き摂理《せつり》としての試煉《しれん》と云うような意味なのです。鉄は鍛《きた》えれば鍛えるほど其《そ》の質がよくなる。日本も鍛えれば鍛えるほどその質が善《よ》くなると云うような意味にです。

（答）　神の愛深き摂理《せつり》が人間に無数の残酷な屍山血河《しざんけつが》を強要したと云《い》うのですか。そんな摂理と云《い》うものは本来「無い」。無いけれども無くして顕《あらわ》れる。それは太陽光線を分光器《ぶんこうき》（プリズム）で虹《にじ》に分光したときあらわれる七色《いろ》のようなものです。七色はあるかと云えば「あらわれ」て見える。しかし真《しん》の太陽光線は「一」の全体であって、七つの光線の寄せ集めではない。それが七色に見えたりするのは、プリズムの作用なのです。それと同じくそれが摂理だと見えたり、神の愛深きお導きだと見えたり、神の愛の鞭《むち》や試煉《しれん》に見えたりするのはこちらの心のプリズムで、渾一《こんいつ》なる神徳《しんとく》を分光して見るに過ぎないのです。つまりこちらの心の立場に従ってそう見えるのです。金光《こんこう》教祖も云われました。「頼《たの》まいでもお蔭《かげ》はやってある。」これは実相の既《すで》に円満完全なる、既に「み心《こころ》の成《な》れる状態」です。既に円満完全であるけれども、その円満完全さがあらわれるためには心が、その円満完全さに調和しなければならない、心の調律が必要なのです。心の調律をするために必要な指標としてあらわれて来るのが現象界の姿なのです。七色《しょく》があらわれてくるのは自分の心に七色を反射する心が自分にある。黄色があらわれて来るのは黄色を反射する心が自分にある。病気があらわれて来るのは病気を反映し出すような心の波長がある。だから金光《こんこう》教祖は「たのまないでもお蔭《かげ》はやってある」と云《い》われながら、一方では「お蔭はわが心にあり」と云《い》われました。それをイエスは『神は求むるに先立《さきだ》ちて汝等《なんじら》の必需物《なくてならぬもの》を知り給《たま》う』と云われながら『汝等《なんじら》祈るとき既《すで》にそれを受けたりと信ぜよ』『汝《なんじ》の信ずるごとく汝《なんじ》にまでなれ』『若《も》し芥子種《からしだね》ほどの信だにあらばこの山に彼処《かしこ》に行きて海に入《い》れと云うとも必ず成《な》らん』とか、いずれも「お蔭はわが心にあり」と云う意味のことを云っています。実相は常に円満玲瓏《れいろう》、太陽の光線のように明晃々《めいこうこう》と輝いているのに、ある人は黄色だけの人生を顕《あらわ》して人生は黄色く残忍であると云い、ある人は緑色だけを捉《とら》えて人生は若草の野原のように住み好《よ》い世界だと云います。だからその人の人生はその人の心の反映だけのものなのです。殺す心の者は殺されるのです。併《しか》しそれは自心の反影《はんえい》であって、神が神罰《しんばつ》で人を殺すのではありません。

(問) 太陽の光線のなかには七色《いろ》がすべてある。そうすれば、実相は常に太陽の光線のように明晃々《めいこうこう》と輝いていると云《い》うことは実相は楽しさばかりではなく、実相の中には黄色と譬《たと》えられた苦難も、緑色とたとえられた平和も、七色のすべての相《すがた》があると云《い》うことでしょうか。

(答) これを「味《あじ》」の世界に譬《たと》えて見ましょう。「実相」と云う美味《おい》しい吸物《すいもの》の中に鹹味《からみ》も甘味《あまみ》もすべてが渾然《こんぜん》と一つにあると云うことは、そこから塩だけを抽出《ちゅうしゅつ》して嘗《な》めて見るときの耐えがたい鹹《から》さがあると云うことではない。そんなたえがたい鹹《から》さは実相には一つもない、実相には美味《おい》しさがあるだけである。苦難災禍《さいか》はその人の心が偏寄《かたよ》っていてすべてを平等に受取《うけと》らないところから起《おこ》って来るのです。自分の心が鹹い波長になっていて、鹹い波長だけを受取るからこの世界が鹹くあらわれてくるのです。「味」の世界も一つの心の世界です。この譬喩《たとえ》で人生と云う世界の味が辛《から》くなったり、苦《にが》くなったり、幸福になったり、不幸になったりする事が解《わか》るでしょう。大乗起信論《だいじょうきしんろん》には「心《こころ》、一法界《ほうかい》に達せざるを無明《まよい》と云う」とある。心が一円相《えんそう》にならず、遍《あまね》く平等に一切《いっさい》を受入《うけい》れることが出来ない状態を迷いと云《い》います。この偏寄《かたよ》った心は、本来の「一」を忘れて自己分裂を来《きた》し、ある物を排斥《はいせき》し、ある物に執着《しゅうじゃく》し、そこに衝突《しょうとつ》を来《きた》し、争いを来《きた》し、地獄の状態、阿修羅《あしゅら》の状態をあらわすのです。そしてその地獄の状態、阿修羅の状態を、神の試煉《しれん》だと云《い》うのです。あらわれている面から見ればそれは顕《あ》るのです。しかし、地獄も阿修羅も実相に於《お》いては本来無いのです。渾然一体《こんぜんいったい》の美味無量の実相世界には唯天人《ただてんにん》が充満しているだけなのです。法華経《ほけきょう》に『衆生劫尽《しゅじょうこうつ》きて大火《たいか》に焼かるると見る時も、我が浄土《じょうど》は安穏《あんのん》にして天人常に充満せり』とあるように天人安楽充満の世界が実相の世界なのです。試煉の世界は心に従って顕《あらわ》れている世界です。自分の心に分光器《ぶんこうき》になる三角ガラスがあるから太陽の一円相《えんそう》の円満な光を見出《みいだ》さず、七色種々《しょくいろいろ》の苦難の世界に人生があらわれて見えるのです。人間の心の「迷い」の指標として斯《か》くあらわれて見える上から云えばそれは神のお示《しめ》しと云う意味で天譴《てんけん》とも云い得るのですが、神が愛憎《あいぞう》の意図《いと》をもって鞭打《むちう》っていると云うような意味の天譴《てんけん》ではありません。

(問)　それではすべてが心の影《かげ》と云《い》う意味なのですねえ。今の人類最大の苦難たる戦争の惨害《さんがい》は如何《いか》なる心の反映として現れているのでしょうか。

(答)　第一にそれは本来の「一」を知らぬ心です。それは、分裂精神です。人類は「一」つと云《い》う自覚の欠乏、一体感の分裂の「心」の反映なのです。「心」の反映なのです。「心」の分裂は、壊《くだ》ける、傷《きずつ》く、破壊すると云うような形となって具象化《ぐしょうか》するのです。血みどろの人類の悲惨《ひさん》はかかる心の反映なのです。それは心の法則であり現象顕現《けんげん》の法則です。それは神罰天譴《しんばつてんけん》と謂《い》うような言葉では当て嵌《はま》らないのです。

(問)　併《しか》し、『甘露《かんろ》の法雨《ほうう》』にありますように、神を「宇宙を貫《つらぬ》く法則」と云うように解すれば心の法則も神の法則であり、神が此《こ》の悲惨事《ひさんじ》をあらわして、天譴《てんけん》と云う「見知《みし》らせ」を示したまうのだと解釈することも出来るでしょう。

(答)　そうです。天譴をもって、一々神が甲を罰《ばっ》し、乙を笞撻《むちう》つ神の有意志的な行為だと解すれば、そんな天譴はありませんけれども、神が法則のすがたをもって顕《あらわ》れたまい、その法則の鏡に照《てら》して、人類が自分の心の姿を具象化《ぐしょうか》して「見て知る」ための「見知《みし》らせ」又《また》は「見示《みしめ》し」と云《い》う意味に天譴《てんけん》を解釈すれば現在の人類の苦難はたしかに、「見示し」であります。この「見示し」を見て、同じ人類が分《わか》れて争う誤れる心の分裂の浅猿《あさま》しさを知り、人類は一つなりと云《い》う「一」の自覚に立復《たちかえ》れば心の分裂は消えてしまい、その反映としての世界の擾乱《じょうらん》も消えてしまうに違いないのです。心に「一和《ひとつ》」の状態が起《おこ》れば、世界に「一和《ひとつ》」の状態が生ずるのです。生長の家の使命は、人類はすべて「神の子」として「一体」だと云う信仰と哲学を弘《ひろ》めるのが目的です。神の道を弘めるので人間的方法である政治運動をやるのではないのです。此教《このおしえ》が真《しん》に世界に弘がったら心の方面から全世界が平和になるのです。

(問) 因果《いんが》の法則と云うのは、心の法則と同じものでしょうか。

(答) 心の法則と同じものです。

(問) 私は最近先生の『耶蘇傳《ヤソでん》』(『生命《せいめい》の實相《じっそう》』第三十一巻収録)の戯曲《ぎきょく》を再び読んで

考えて見たのですが、先生の耶蘇伝《ヤソでん》の最後にユダが磔刑《はりつけ》になるところがある。その時、悪魔が現れる、ユダが絶望して、「あなたは神様ではなかったのですか」とたずねると、悪魔が「私は因果《いんが》の法則だ」と答えるところがある。神は「宇宙を貫《つらぬ》く法則」であるのでしたら、何故《なぜ》悪魔が「私は因果の法則だ」と云《い》っているのでしょうか。因果の法則は、神の法則としてのあらわれだとすれば、悪魔をして「私は因果の法則だ」と云《い》わしめないで、神をして「私は因果の法則だ」と云わしむべきところではないでしょうか。

(答) 悪魔は無いのです。神一元の世界だから本来悪魔は無いのです。それならば悪魔とは一体何かと申しますと、あの聖フランシスも、云っているでしょう。「悪魔は主《しゅ》の御使《みつかい》である」と。聖フランシスは昼間何か善《よ》くないことを考えると夜間に悪魔の形をしたものが来て苦しめたと伝記にあります。それは心の法則で、そうあらわれて見えるのであって、それを人格化して名称づけると「悪魔」と云う名称になります。それを原因結果の法則によって現れると云うことに解釈しますと因果の法則と云《い》うことになります。因果《いんが》の法則の悪い半面、悪因悪果《あくいんあっか》と云《い》う方面を人格化して名称づければ、それは「悪魔」と云うことになり、天譴《てんけん》と云うことにもなるでしょう。そして因果の法則の善《よ》い半面、善因善果《ぜんいんぜんか》と云う方面を人格化して名称づければ観世音菩薩《かんぜおんぼさつ》と云うことにもなります。観世音菩薩とは世の中の音《おと》、即《すなわ》ち世人《せじん》の心の響《ひびき》を観《かん》じて、自在にその心の姿の通りに顕《あらわ》れて世を済度《さいど》する仏様と云う意味であります。

(問) それでは観世音菩薩とは単なる心の法則を擬《なぞら》えたのでございますか。

(答) 単なる「心の法則」と云うような「単なる」ものではありません。それは神の大慈大悲《だいじだいひ》のおはたらきの一面なのであります。だから大慈大悲と申すのでありま す。神は人間を愛したまうが故《ゆえ》に完全なる自由を与えたまいました。神は怒《いかり》によって人間を鞭撻《むちう》つような恐怖心を喚起《かんき》する方法によっては人間本性《ほんせい》の善を顕《あら》わそうとはせられませんでした。恐怖心によって縛《しば》られて善事をなしても、それは本当の善だと云うことは出来ないのです。脅喝《きょうかつ》され、恐怖心で心が縛られてしまって抵抗の力が無くなって辱《はず》かしめられた婦人が姦淫《かんいん》の罪《つみ》に問われないのと同じことです。強制力によって成《な》さしめられた善は道徳的自由がないから形は「善」でも善ではありません。だから神罰《しんばつ》の形式をもっては人に善を顕《あらわ》そうとはせられませんでした。神は人間の人格的自由を尊重し心の鏡としての具象化《ぐしょうか》の世界を与えたまい、その鏡に映った自分の心の反映を見て、自己の全《まった》き自由意志によって人間本来の善美なる姿を顕現《けんげん》するように計画なさったのであります。この大慈大悲《だいじだいひ》の天佑《てんゆう》の方面のお顕《あらわ》れが観世音《かんぜおん》であります。神様は人間が自分で浄《きよ》まり、善美なる本性《ほんせい》の顕現するを希望されるのです。

第十一章　子供に送る

恐《おそ》れなければ病気に勝てる

ニュー・オルレアンに黄熱病《こうねつびょう》と云《い》う悪い病気が流行したときである。誰《たれ》も彼《かれ》も此《こ》の恐《おそ》ろしい病気にかかったら死んでしまうと言ってふるえおののいていたのである。多くの患者がバタバタたおれる。其《そ》の時若い婦人教師が高熱で或《あ》るホテルに到着した。黄熱病かも知れぬと云《い》うのでホテルの人たちは驚いてカートライト博士《はくし》を招《よ》んで来た。ウィリアム・H・ホルコーム博士の報告書によると、カートライト博士は着くと間もなくホテルの職員及《およ》び宿舎の全員をホールにあつめて次のような演説をしたと云《い》う。

「この若き婦人は黄熱病《こうねつびょう》の患者です。しかし黄熱病は決して伝染するものではありません。諸君のうち、誰《たれ》もこの女性から黄熱病に伝染されるものはないでしょう。若《も》し、諸君が私の勧《すす》めるように実行するならば、この黄熱病の流行から此《こ》の町を救うことが出来るでしょう。その方法はこうなんです。諸君黄熱病と云《い》う言葉を一切《いっさい》口にしてはならないのです。それを全《まった》く無視してしまうのです。このホテルの婦人たちは患者を平気で看護しても宜《よろ》しい。美しい花や、美味《おい》しい食物《しょくもつ》を持って行って、何ら危険が伴《ともな》わない当《あた》り前の日常生活を行《おこな》っているかのように振舞《ふるま》うのです。患者はそれでたすかるでしょう。また、結局は、これから其《そ》の病気に罹《かか》る筈《はず》の多くの人が罹らずにたすかるでしょう。」

カートライト博士の此《こ》の言葉にすべての人は一致してしたがったのである。しかし一人の婦人だけは博士の説に反対し、黄熱病は必ず伝染《うつ》ると云って、みずから進んで、ホテルの一番はなれた遠くの部屋に、伝染《うつ》るとこまると云って逃げて往《い》った。若い婦人教師の病気は治った。他のどの人にも病気はうつらなかった。が、その病気を恐《おそ》れてわざわざ遠くの部屋へ逃げて行った婦人だけは黄熱病《こうねつびょう》にとりつかれたのである。

しかし、カートライト博士《はくし》はじめ周囲の人たちが少しも病気を恐れなかったが為《ため》に、その婦人さえも治ってしまった。この出来事を批評してホルコーム博士はこう云《い》っている。

「カートライト博士の名声と、その強い人格の磁石的力《じしゃくりょく》とが彼らの恐怖心を消散し、この恐るべき流行病の蔓延《まんえん》を喰止《くいと》めた。それは今や人類の感覚の上に東雲《しののめ》そめつつある精神の力、想念の力が有効に肉体の力に応用せられた実例であり、その偉大なる業蹟《ぎょうせき》は、時代の英傑《えいけつ》や大政治家のそれよりも、もっと大きな脚光をあびて表彰さるべきものである。」

どんな時にも恐《おそ》れるな

人間が所謂《いわゆ》る動物と異《こと》なるところはその精神の力が偉大なることである。心の力で何者をも支配することが出来るところが所謂《いわゆ》る動物と異るのである。平地に二寸幅《すんはばぐらい》位の筋《すじ》を引いて、その上を落ちずに、真直《まっすぐ》に歩いて見よと云《い》ったら、誰《たれ》でも、其《そ》の筋からハミ出さずに平気であるく事が出来る。併《しか》し二寸幅が底知れない深い谷の上にかかっているとすると、その橋の上を落ちずに歩くのは中々《なかなか》大変だ。下の深い谷底を見て、これは「落ちたら大変だ」と思うと、身体《からだ》の平均を失って落ちてしまう。平地の上の二寸幅の橋なら身体《からだ》は平均を失わないのに、谷の上の二寸幅の橋の上では「身体《からだ》の平均」を失うのは、恐怖で「心の平均」が失われてしまうからである。心で「落ちるかも知れぬ」と思うから「落ちる」のだ。試験場にのぞんでも、心が恐《おそ》れるから心の平均がとれず、頭がふらふらして、知っている事も其《そ》の時には思い出せないのである。そして落ちると思うから「落ちる」のである。試験だけではない。どんな時にも恐《おそ》れてはならない。水泳をするにも恐れなければ人間は必ず浮くのである。何故《なぜ》なら人間は水よりも軽いからだ。水よりも軽い人間が、水に落ちて沈むのは水を恐れているからである。

人間が水に浮くようになるのは、水を恐れなくなることに過ぎない。水を恐れなくなれば人間は水に浮くのである。土左衛門《どざえもん》にはもう心がないから恐れないので浮くのである。

恐れると云《い》う事は一体何であろうか。高い百貨店の七階から下を見ると「落ちやしないか」と恐れる。そして若《も》し七階の屋上に墜落《ついらく》よけの金網でも張ってないとしたら、脚《あし》がふるえて、本当に落ちることだろう。「落ちやしないか」と恐れたのは、「落ちた」のよりも先である。まだ起《おこ》らぬときに恐れて、その恐れたとおりに「落ちる」のである。水に落ちた人は、沈まぬうちから、死なないうちから、「沈むかも知れぬ」「死ぬかも知れない」と恐れて、その恐れから、下手《へた》に無暗《むやみ》に手足を動かすから、恐《おそ》れたとおりに水の底へ沈んで行って、恐れたとおりに死ぬのである。

こう云《い》うように恐れるのは大抵《たいてい》、まだそれが出て来ていないものをおそれるのである。

試験にすべるかも知れないと恐れるのでも同様である。まだすべっていないうちから恐れるのであるから変なものではないか。まだ来ないもの、従って、今、いないもの、今は「ない」ものを恐れるのである。恐れて、試験場でアガッテしまうから、折角《せっかく》覚えていたものでも其《そ》の時は、どわすれして思い出し得ず、恐れたとおりに、試験にすべるのである。皆さん、恐れると云《い》うことは実に馬鹿《ばか》らしいことではないか。

そこで恐れるくせを直すには、恐れるものは、実際は、今ないものだと知ることなのである。試験でも平気で愉快《ゆかい》でたのしい気持でおれば、頭がハッキリして必ず、答案がよく書けるのである。

伝染病がはやるときにも、まだ伝染《うつ》っていないときに、伝染《うつ》るかもしれぬなどと恐れるのは愚《おろ》かなことである。恐《おそ》れると、生きる力はしぼんでしまうのであるから、運動の試合にでも負けてしまう。病気との戦いも恐れた方《ほう》が負けてしまうことになるのである。恐れず、生きる力がハツラツと元気な人には、伝染病もうつらぬのである。病気にかからぬためには、病気を恐れぬことである。かからぬうちから恐れるのは、「ない」ものを恐れるのであるからこんな馬鹿《ばか》な事はない。また、たとい、病気にかかったとしても、死なぬうちから死ぬかもしれぬなどと恐れるのは愚かなことである。死なぬうちから、「死ぬ」ことを恐れるものは、「ない」ものを恐れるのであるから、こんな馬鹿なことはないのである。年寄《としより》ならもう、此《こ》の世からサヨナラするために死ぬかも知れぬが、子供や若い者が病気で死ぬかも知れぬなどと思うのは「ない」ことを恐れるのであるから馬鹿な事である。子供や若い人の病気はかかったら治るのにきまっているのであるから少しも恐れることは要《い》らない。熱が出たら、熱はバイキンを殺してくれているのであるから、熱が出ているのは治りつつある証拠《しょうこ》である。治すために熱が出ているのである。下痢《げり》したら、それはお腹《なか》の中の悪いものを出していてくれるのであるから、これもまた治しつつあるはたらきである。風《かぜ》をひいて、せきが出るのは、ひいた風を出しているのであるから安心なものである。お腹《なか》がいたむのは、いたいところへ身体《からだ》の血をあつめて治している信号なのである。だから、病気が出たらもう、病気が出て行きつつあるのである。恐《おそ》れずに安心するがよい。すぐに治るものである。病気を恐れている人だけが、病気が長びくのである。

神想観《しんそうかん》をすると手のひらに治す力が出来る

あなたのお父さまや、お母さまや、兄さまや、姉さまが、生長の家の人であるなら、必ず、神想観《しんそうかん》と云《い》って、手を顔の前で合わせて三十分間ぐらい坐《すわ》っておがむいのりをなさるであろう。あなたも一しょに神想観をするがよい。キチンとすわって、手を顔の前で合わせて目をつむり、「この手のひらがアンテナになって神様のちえが、いのちが、ながれてはいる」と心でいっしんに思うのである。何べんも、そうして手をあわせていのっていると、だんだん手のひらの中にチクチクしたり、ムズムズしたり、蟻《あり》のはうようなクスグッたい感じがしたりして、神様のお力のながれてはいるのがわかるようになる。そういう手のひらで病気のところを、かるくおさえて、「人間神の子、病気はない」と一《いっ》しんに思っていると病気がなおるのである。お父さん、お母さん、兄さん、姉さんの神想観《しんそうかん》をした手で、お腹《なか》の痛いとき、お膝《ひざ》でもすりむいて痛い時におさえて貰《もら》い、「人間神の子、病気はない」とつよく思念してもらうならば、すぐに痛みがとれる。やって貰《もら》うがよい。また、自分でほかの人にしてあげても治るようになるものである。よく神想観をすることが大切である。

手当《てあて》と云《い》うのはこう云《い》うわけ

むかしから、病気のときには手当《てあて》をすると云《い》うが、手当とは、こうして祈った手で病気のところに当《あて》ることを云《い》うのである。神様は、人間の病気を治すのに、治す道具や薬を遠い処《ところ》へ置いてはいられない。治す力は自分の身体《からだ》のうちの生命にあり、治す道具には手のひら、、、や、身体《からだ》の中にある血や、いろいろのバイキンを殺す兵隊みたいなものがあるのである。

悪魔もゆうれいもない

暗いところにも、昼と同じように神様はいっぱい、どこにも充《み》ち満《み》ちているのであるから、夜も、くらがりも、決しておそろしいことはない。悪魔や、ゆうれいなどと云《い》うものはないのである。あんなものは、大人が子供を、こわがらせるためにつくった作り話に過ぎない。この世界は神様がおつくりになったのであるから、人間に害をあたえる悪いものなぞは、どこにもいないのである。すべてのものは、みんな貴方《あなた》を生かそうとしているのである。すべてのものはみんな貴方を楽しませようとしているのである。お米も野菜もあなたを生かすために神様がおつくりになったのである。美しい花はあなたを喜ばせるためであり、あなたを元気にし、愉快《ゆかい》にし、活潑《かっぱつ》にするために太陽はかがやいている。あの青空の美しいのをみよ。みんなあなたを喜ばせるためなのである。ああ朝の空気のすがすがしさよ、深呼吸をしよう。空気は神様のいのちがあなたを生かすために、空気となってあらわれていられるのだ。喜べ。楽しめ。遊ぶときには元気一ぱい遊ぶがいい。学ぶときには、元気一ぱい勉強せねばならぬのである。

第十二章　物質無と芸術

――「寂《さび》」の味《あじわ》いと云《い》うこと――

芸術と云《い》うものは、生命を捉《とら》えて生命で描《か》いたものである。畑で出来た茄子《なす》は三個十円で売っているが、竹内栖鳳《たけうちせいほう》の描《か》いた三個の茄子《なす》は四万円も五万円もする。どちらの茄子が本物の茄子であるかというと、本当の茄子は朽《く》ち果《は》てる茄子ではない。朽ち果てる茄子は、是《これ》は本当の茄子ではないから朽ち果てるのであって茄子の影《かげ》である。所謂《いわゆる》八百屋に売っているところの茄子は、茄子の影であって、影であるから何時《いつ》の間《ま》にか色褪《いろあ》せて無くなってしまうものである。だからそれは絵に描《か》いた茄子より安いのが当然である。画家というものは茄子《なす》の生命を直接把握《はあく》して、それをそのまま表現する。だからその描《えが》かれた茄子《なす》は、一盛《ひともり》いくらの茄子よりも、永遠に続いているところの茄子である。それだけに絵に描《か》いた茄子こそ本当の茄子なのである。茄子は生きている。その生きている生命《いのち》を画家が生きている生命で捉《とら》えて描《えが》けばそこに立派な生々《いきいき》とした絵が出来るのである。

ところで画家が建築物の絵を描《か》くという様《よう》な場合に、家は普通は生きてはいないと考えられるけれども、併《しか》し画家の描《か》いた家の絵は生きたように見えるのもある。本当に上手《じょうず》な画家の描《か》いた家の絵は生きていなければならない。そうでないと真《しん》に上手だと云《い》うことは出来ない。尤《もっと》も建築設計をコンパスとか定規とかを当てて、そして真直《まっすぐ》に狂わぬように寸法を取って、何百分の一とか、何千分の一とかいうように機械的に描《か》いたものは、決して生きているようには見えないのである。それは機械が描《か》いたのであって生きている生命がかいたのではないからである。生きた画家が絵に描《か》くと、家でも生きたように見える。真直《まっすぐ》に引くべき線であろうと思われるようなものでも、ひょろひょろに歪《ゆが》んでいる。真直《まっすぐ》な線よりも不完全な歪んでいる線のくせに、それが定規で引いたところのそういう建物の線よりも、生き生きと美しく見えるのは、いのちが其処《そこ》に表現されているからなのである。

そういう具合《ぐあい》に、いのちといのちと触《ふ》れ合って、いのちを表現したのが芸術である。先《ま》ず芸術家が無我《むが》になって対象に対して自分のいのちを投げかける。そして対象のいのちと一つになって対象のいのちを自己に摂取《せっしゅ》してそれを表現するのである。でも家などでもいのちがあるのであろうか。普通斯《か》く考えられるのであるけれども、家でもいのちがある。いのちのないものは一つもない。ありとあらゆるものは皆いのちがある。吾々《われわれ》がすべてのものを、斯《こ》ういう立体的に、或《あるい》は或《あ》る平面や線を以《もっ》て続いたものが見えているのは、それは既《すで》にいのちがあるからそういうように見えているのである。それが単なる物質であるならば、物質と云《い》うものの本体は元素《げんそ》であり、元素は原子から出来ており、電子の集《あつま》りであり、電子はその大きさが殆《ほと》んどないような小さい粒《つぶ》である。即《すなわ》ち微粒子《びりゅうし》である。結局微粒子が集っているのが物質である。ハイゼンベルグの不確定原理によると微粒子《びりゅうし》というものもないと云《い》うことになるのであるが、ここでは仮《か》りに小さな質点《しってん》として考えて見ても、点がいろいろいくら集《あつま》っても線にも面にも立体にもなりはしないのである。それを線の如《ごと》く面の如《ごと》く、立体の如く表現されているのは、一体何であるかというと、物質そのものには線も面も立体もないのであるから、その線なり面なりを表現しているのは、そこにいのちというものが働いてかく見せているからであるのである。そこで本来、点である或《あるい》は点すらもないものを線の如く面の如く表現して見せるのはいのちの活動だと云《い》わなければならない。

物質そのものだけしか見えないのであったら、すべてのものは唯《ただ》電子的な質点の集りに過ぎないのである。しかもその質点は驚くべき距離《きょり》を距《へだ》てて存在するので、線や面を形成することは本来不可能なのである。吾々《われわれ》の顔でも厳密《げんみつ》に「物質である」として取扱《とりあつか》うとただ点の集合で立体的のものではないし、輪廓《りんかく》なんというものはない。輪廓も何もない人間が歩き、話をしているのである。ところが電子の質点を点の如く見せず、線を構成し、面を構成し、立体を構成して、そして複雑な姿に現しており、かく万人《ばんにん》が見るというのは、それは既《すで》にそこに共通のいのちが働いているという事が云《い》えるのである。

建築物が生きている――或《あるい》はいのちが働いているというのは、それは建築家の心の世界に描《えが》かれた形相《けいそう》(いのちのヒビキ)が生きているからである。建築家の心の世界に描かれた形が、それが、建築家の心に描かれた形を物質が模倣《もほう》して、そして斯《こ》ういう形にして此《こ》の家でも出来るのである。建築家が心に描かなかったら、此《こ》の家はないわけである。建築家の心に描かれたその心のすがたを物質が模倣した、即《すなわ》ち物質の方が後《あと》から真似《まね》たのである。ですから建築物とは単なる物質だというようなものではないのであって、建築家のいのちの振動、即《すなわ》ち建築家の心のいのちの振動が具象化《ぐしょうか》して出来たもの、言い換《か》えると建築家の心の影《かげ》として存在するものであるのである。であるから建築物が単なる無機物《むきぶつ》であると考え、生きていないと見ることは間違《まちがい》であって、建築物は無機物ではない、生きているのであって、建築家のいのちの振動が物質に具象化されて建築家の心の影としてあらわれているものなのである。

そこで建築物を画家が見れば、そこに建築家のいのちが現れているのであるから、そのいのちを摂取《せっしゅ》してそれを表現すると云《い》うことになる。尤《もっと》も単純に家だけ画《か》く人は少《すく》ないのであるが、或《あるい》は附近の風物を混《まじ》えたりして、大自然の雰囲気《ふんいき》のいのちの振動というものと完全に融《と》け合っている建築物のいのちというものを描《えが》くのである。すべて単独に存在するものはないのであるから、附近の風物と一緒に画《か》けば一層《いっそう》その家も浮上《うきあが》って生々《いきいき》と見えてくるのである。

兎《と》も角《かく》画家がかくのは決して物質を画《か》くのでないのであって、いのちといのちが触《ふ》れ合って、それを表現するということになるのである。

扨《さ》てその建築物がだんだん磨滅《まめつ》して来ると、建築物が最初に設計した通りのその線をしないで、削《けず》った面も丸みを帯びて来たり、新しい木の表面がだんだん寂《さび》の色を帯びて来たりする。そこに又《また》何ともいえぬ味《あじわ》いというものが出て来るのであって、何ともいえぬ味い、それが自然の味いなのである。自然というと詰《つま》り大宇宙のいのちのはたらきが、人間の構造物に加わって来ることをあらわす。所謂《いわゆ》る「サビ」の出た造型美術には大宇宙のいのちの悠久《ゆうきゅう》さ、久遠不滅《くおんふめつ》のいのちの悠遠《ゆうえん》のすがたが顕《あらわ》れているものである。所謂《いわゆ》る、「寂《さび》」という感じはそういうものである。「大寂《たいじゃく》」の感じというものは何ともいえない、奥床《おくゆか》しい久遠《くおん》の感じがするものである。単なる古いと云《い》う感じでなく、もっと永遠不滅というような、時間を貫《つらぬ》いて何時《いつ》までも滅《ほろ》びないところの、生命の味わいというような深い味わいが寂《さび》の上には出て来るのである。「寂」と云うのは単に古くて汚《きたな》いというのではない。大自然の底から、湧《わ》き出て来た生命の悠久の感じである。古いものを真似《まね》て新しく拵《こしら》えても、古ぼけたように絵具《えのぐ》でも塗って胡麻化《ごまか》したら寂の味が出るかというと、決してそんなことでは寂の味が出ない。「寂」の味が出るためにはどうしても大自然の悠遠な力が、じっとそれに染み込んで来ることが必要であり、大自然の「寂」の感じを本当に味得《みとく》した作者がそれを作った時に初めて寂の味わいというものが出て来るのである。

だが、芸術の「寂」の味わいというものは、大自然のいのちがそこに染み込んでいるということ、作者の「寂」のいのちがそれを捉《とら》えて表現していると云うことによって成立《なりた》つのである。決して物質の原子や分子や電子の質点《しってん》が偶然に結合して或《あ》る形をしてもそこには「寂《さび》」の感じはあらわれないのである。この「寂《さび》」の感じを文学に表現すれば、芭蕉《ばしょう》の俳句のように「寂」の文学になるのである。最近感覚の表面のみを擽《くすぐ》る文学が跋扈《ばっこ》して「寂」の感じのある文学が出ないのは、作者が「寂」の境地を体験していないからである。

本来日本人は寂の感じというのを非常に愛するところの国民、民族である。それは凡《およ》そ好戦国民の感じとは異《ことな》る頗《すこぶ》る落着《おちつ》いた感じのものである。「寂」には一切包容《いっさいほうよう》の感じが深くて、対立の感じがないのである。対立がなければ争いはない。戦いもない。ミレーの晩鐘《ばんしょう》のような絵には寂の感じがあらわれている。西洋のものでも、宗教画には概《おおむ》ね「寂」の感じがあらわれている。そのまま坐《ざ》して観《かん》じて悠久《ゆうきゅう》を感ずるのである。日本にもっと宗教画が出るようにならぬといかぬと思う。

第十三章　性欲《せいよく》・食欲・栄養に就《つ》いて

生長の家では『何を食《くら》い何を飲まんと思い煩《わずら》うなかれ』と云《い》うイエスの言葉を其儘《そのまま》実践《じっせん》するのである。併《しか》しながら生長の家は決して現代栄養学をば否定するものではない。青酸加里《カリ》をたべれば人間は死ぬ――これは事実である。何を服《の》んだか知らないで服毒せしめられても死ぬのであるから「毒にならぬ」と信じたからとて有毒物は有毒物として作用する。それは自分が人類の一人であるから「人類の通念」に触《ふ》れて死ぬのであって、この人類の通念と云《い》うものが、その人の無意識（又《また》は潜在意識）の世界から完全に拭《ぬぐ》い去られない限り有毒物は有毒物として作用する。だから何が栄養によいか、何が有毒であるか、何が有毒でないのかの栄養学の研究も決して不必要なものではなく、生長の家は決してかかる文化的貢献《こうけん》に反対するものではない。それは人類通念の学と云《い》っても好《よ》いものである。蚕《かいこ》は桑の葉ばかり食して他の食物《しょくもつ》をたべないから誤食《ごしょく》によって中毒すると云《い》うことはない。それは蚕は、桑の葉のみを食《く》うように本能によって機械的に定められているからである。即《すなわ》ち生命が人間ほど発達していないので、自由選択の力がないので、桑の葉のみを食うように機械的に定められているのである。ところが人間は神の完全実現として完全な自由が与えられている。動物なら一定の交尾《こうび》期以外には性交しないように機械的に定められているが、人間はいつでも性慾《せいよく》を起《おこ》すことが出来る。しかしいつでも性慾を起し得ると云うことは、いつでも無暗《むやみ》に性交をしても好《よ》いと云うことではない。人間は理性によってその性慾を適時、適処、適人、適量に支配し得る力がある。そしてそれを適当に用《もち》うることによって、人間相互の愛情は増進し、人類の繁栄の基《もとい》ともなり、芸術文化の華《はな》ともなって薫《かお》るのである。食慾も同じことであって、人間は、鶏《にわとり》や、蚕のように、ただ口元へ持って行くことだけで本能的に、その食物《しょくもつ》の適否を知るように機械的に定められてはいないのである。人間は性慾《せいよく》に対してもそうであるように、食慾に対しても自己の理性によって「自己支配」をしなければならぬのである。本能のみでは、食物か、食物でないか、有毒物か無毒物かがわからないのである。「自由」の一面は「自己支配」である。自分で研究して何が人間に適する食物であるか、如何《いか》なる分量が人間に適する分量であるか、食事の回数は何回が好《よ》いか、またそれぞれの体質に対してどんな食物が好《よ》いか、等、適処、適時、適量、適人、適物と云《い》うことを知って「自己支配」することが必要である。有毒物を食して中毒することは「人類の通念」によって支配されると云《い》うよりほかに、食物でないものを食物として過《あやま》って食すると云うことの為《ため》であることもある。そこで食物の研究、栄養の研究と云うことも必要なのである。しかしこの栄養の研究と云うことは人間は「心」をもっていて、肉体の状態を著《いちじる》しく調節したり、変化したりするから、人間を実験台にしていたのでは同一条件の下《もと》に実験出来ぬから同一の結果を得る事が出来ない。そこで人間の代《かわ》りに動物実験を行うのである。徳久博士《とくひさはくし》は『ビタミンB$_2$の胎児の発育に対する影響』と云《い》う題で鼠《ねずみ》の動物実験による結果を発表されて博士になったのである。

人間は万物《ばんぶつ》の霊長《れいちょう》であるから、それ以下の動物のあらゆる要素を自己の内に包容《ほうよう》し、而《しか》して其《そ》の上に霊的面に於《お》いてそれに超越《ちょうえつ》しているのであって、動物面たる純粋肉体に於《お》いては、動物実験とあまりかわらぬ結果を呈《てい》するのである。しかし「心」のない「純粋肉体」と云《い》うものはあり得ないので、動物実験のような完全な結果をあらわすことが出来ず、ビタミンBが欠乏しても必ずしも脚気《かっけ》にはならないこともあるのである。いつだったか、満洲日々新聞《まんしゅうにちにち》を満洲の誌友《しゆう》から送って来てくれたことがある。その記事を読むと、『米一粒食べぬ松田美徳君《まつだよしのり》』と云う題で二十年間御飯を食べず、酒ばかりで生命《いのち》をつないでいるという不思議な人があることが書いてあった。これは極端な例であるが、清酒にはビタミンB$_1$は全然含《ふく》まれていない。ビタミンB$_1$が全然含まれてない食物を一ヵ月も食べると脚気になるのが、普通であるが、松田美徳君はそう云う栄養学説を超越して清酒ばかりで二十年も健康で生きているのである。こう云《い》う人は人類の通念を超越《ちょうえつ》し得たのである。ところが或《あ》る婦人はビタミンB1を毎日注射しても、その母乳にはビタミンB1が出て来ない。あとでわかった処《ところ》によるとその婦人は家庭の不調和のために、精神憂鬱《ゆううつ》から体内のビタミンB1が殺されてしまっていたとわかったと、東北帝大教授の佐藤彰博士《さとうあきらはくし》は研究論文を発表していたのである。こう云《い》うように、人間は単に動物面たる「純粋肉体」をもたないで、精神で干渉《かんしょう》されるところの「半肉体、半精神」とでも云う塊《かたまり》が吾々《われわれ》の「身体《しんたい》」なのである。そこで単に「肉体」と云うのと「身体」と云うのとは異《こと》なるのである。「身体」は「純粋肉体」ではないのであって、「半肉体、半精神」のものである。だからビタミンBが食物《しょくもつ》になかったら松田美徳《まつだよしのり》君のように自分の身体内でつくれば好《よ》いのである。爰《ここ》において栄養学は栄養学として肉体の「動物面」の研究として肯定《こうてい》しておいて、あまりに栄養学に捉《とら》われて神経過敏になって、一々食膳に上《のぼ》った食品の栄養価値を批判し、これはビタミンが足らぬとか、過熱したから栄養が破壊したとか、いろいろ、否定的な消極的な方向からブツブツ不平や心配のこころを起《おこ》すと、今度はその破壊的な精神感情が血液中に毒素を造《つく》ったり、消化液の分泌《ぶんぴつ》を低下せしめたりして、益々《ますます》栄養が悪くなって来るのである。更《さら》に栄養学に捉《とら》われると、恐怖心を増長《ぞうちょう》し、物質的に分析的に批判して食べるものであるから本当の有難《ありがた》さ、神に対する感謝というものがなくなってしまう。これでは本当に滋養《じよう》にならないのである。栄養学は捉《とら》われれば却《かえ》って不栄養になる所以《ゆえん》も其処《そこ》にある。我々はすべからく食物《しょくもつ》を見るのに、「物質」として見ずに、仏の生命《いのち》、神の生命《いのち》として見る時に、本当に有難さがわかって来るのである。有り難い感じを起《おこ》すとき唾液《だえき》の消化力も増進し、栄養価値の少《すくな》いものでも吸収率が多くなり滋養になって来るのである。食物を物質として見ないと云《い》っても、酒は酒に見え、御飯は御飯に見えるのであるけれども、その本質が「仏の生命《いのち》」「神の生命《いのち》」であると云《い》うことを直感して、仏の生命《いのち》、神の生命《いのち》として感謝しながら頂くとどんなものでも普通以上に栄養になるのである。食品を物質面から見て、これは窒素《ちっそ》、これは炭素、これは蛋白質《たんぱくしつ》、これはビタミン等々としてのみ見るのは抽象《ちゅうしょう》的な観方《みかた》である。即《すなわ》ち食品を「全機《ぜんき》」的に見ないで、物質面のみを抽象して見るのである。科学はこの点から云《い》うと、「抽象《ちゅうしょう》」の学であって、哲学や宗教の方が抽象的でないと云《い》い得るのである。食物《しょくもつ》は、その物質面のみを抽象して観《み》ないで、全機《ぜんき》として観れば、仏の生命《いのち》、神の生命《いのち》ならざるものはないのである。併《しか》し、それだからとて、物質面だけを抽象して純粋に研究して見ることも必要である。人間の精神力が衰《おとろ》えている場合には物質面の作用のみが強くあらわれるから、動物実験に於《お》けるとあまり変《かわ》らない物質の化学反応を起《おこ》すのもある。しかし、精神力が異常に働くと、松田美徳《まつだよしのり》君のように酒ばかりでも生活出来る。恐《おそ》らく酒の中にはきっと、カルシュームも足らぬであろうし、骨《こつ》成分はないであろう。何故《なぜ》なら清酒につくる米の表皮は出来るだけ完全に取ってしまって、真中《まんなか》の白いところだけを材料にして拵《こしら》えたものであるから、栄養学の方《ほう》から云うと栄養は非常に片寄ってしまっておって、人体を完全に養うに足らぬものである。それでも松田美徳君は二十年も健康で続いていたと新聞に出ている。「人間の健不健は血液の正常アルカリ性を維持《いじ》するにある。白米《はくまい》などは酸性食品であるから血液が酸性中毒性《アチドーチス》になるから、常にカルシュームの補給をしなければならない。カルシュームの補給をしていれば人間の血液が正常アルカリ性を持続し得る」と主張して、みずから和田カルシューム錠《じょう》を常用し「自分は百七歳まで生きる」と主張していられた医学博士《はくし》片瀬淡《かたせたん》教授も、戦争中の心労が原因で、あまり長生《ながいき》でなく六十五歳を一期《ご》としてなくなられた。これによっても心の方が一層《いっそう》大切だとわかるのである。

もっとも片瀬博士も家兎《モルモット》の実験に於《お》いて、鉄道のガードの下に家兎《モルモット》を飼育して見て、音響によって家兎《モルモット》を常に恐怖せしむれば、食餌《しょくじ》の如何《いかん》にかかわらず血液酸性症を起《おこ》して骨軟化《こつなんか》を来《きた》す事を実験しておられたのである。こうなると、栄養学も単独で、何食品が血液アチドーチスを起す、何食品が血液に正常アルカリ性を維持《いじ》すると定められなくなる。愉快《ゆかい》に楽しく生活していると、砂糖を過食しても血液アチドーチスを起さぬことも発表されている。栄養研究所の藤巻良知《ふじまきよしとも》博士は同じく家兎《モルモット》の実験に於《お》いて、家兎《モルモット》に砂糖を過食せしめたが、血液アチドーチスを起さず、骨軟化をも起さないと発表された。これは、実験者の精神信念の反映又《また》は波及《はきゅう》と云《い》うことも考えられるのであるが、一面から云《い》うと、藤巻博士《ふじまきはくし》の実験した家兎《モルモット》は環境が快適で、家兎《モルモット》自身の精神が愉快《ゆかい》であったのであろうと考える。

兎《と》も角《かく》、家兎《モルモット》ですら、その食餌《しょくじ》の栄養価値が、（実験者たる人間精神の波及《はきゅう》を受け、又《また》は家兎《モルモット》自身の精神状態の如何《いかん》で）変化するのであるから、精神力の強い人間に於《お》いては殊《こと》に一定の結果を得難《えがた》いのである。ここに物質面のみを抽象《ちゅうしょう》して見たところの栄養学は、或《あ》る面に於《お》いて正しく、或《あ》る面に於いて間違うと云《い》うことになるのである。血液アチドーチスを防げば長寿出来ると称《しょう》してカルシュームを常用していた片瀬淡《かたせたん》教授が割合に短命であったのは、愛妻に先立《さきだ》たれ、二人の女婿《むすめむこ》を戦死させ、強盗《ごうとう》にも襲われて、その精神的痛手《いたで》によって、いくらカルシュームを服用しても血液酸性症を防ぐことが出来なかったのだとも思えるのである。

人間の精神が、他に波及して病気を起《おこ》すと云う事実は、『白鳩《しろはと》』誌昭和二十三年二月号に西芳寺《さいほうじ》での座談会の記事に斎藤寿美子《さいとうすみこ》さんが書いておられたが、斯《こ》う云う話もある。名古屋鉄道局に今でも勤務しておられる鈴村忠雄《すずむらただお》君は、生長の家に入《はい》る前に既《すで》に五人ばかり子供があったが、後《のち》七年ほど子供が生《うま》れなかった。ところが生長の家に入信せられてから夫婦の愛が調和したか七年振《ぶり》でまた女児が生れたのである。ところが鉄道省勤務は二十四時間勤務であって、帰って来ると徹夜後で、精神がくたびれている、そんな時に赤ん坊がギャーギャー泣くと「こんな女の児《こ》は生れない方がよかった」と考えたと云《い》うのである。すると或《あ》る日帰って来ると、そんな女の児が乳児脚気《かっけ》にかかって、もう痙攣《ひきつけ》を起《おこ》して、医者はもう時間の問題だと云《い》っていると云うので、母親（自分の妻）が慌《あわ》てふためいているのである。その時、鈴村忠雄《すずむらただお》君は「アア私が悪かった、人間が地上に生《せい》をうけて来るのは神の生命《いのち》が天降《あまくだ》って来て、或《あ》る使命を果《はた》すためであるのに、人間の我《が》の思いで、生れなければよかったなどと思いまして済《す》みませんでした」とその痙攣《けいれん》を起している赤ん坊の枕元《まくらもと》へ坐《すわ》って神想観《しんそうかん》し、瞑目合掌《めいもくがっしょう》して、ひたすら、その赤ん坊にお詫《わび》したのである。そしておよそ二十分ほどして目を開くと不思議なことには、痙攣《けいれん》を起していた子供が眼《め》をひらいて正気《しょうき》づき、何か飲みたそうに唇《くちびる》をうごかしているのである。そこで鈴村君は、「お前お乳を飲まして御《ご》覧《らん》」と妻に云《い》ってお乳を飲ませると、ぐんぐん吸う。それ切り赤ん坊の乳児脚気《かっけ》は治ってしまったのである。乳児脚気は、母親のお乳に「乳児脚気毒」と云《い》う毒素が出来ていると云う説とそのお乳にビタミンB１が欠乏していると云う説とがあるが、どちらにせよ、母親のお乳はあまり乳児脚気の乳児にのませるのはよくない筈《はず》であるが、それが、母親のお乳をのませてそのまま治ったと云うのは、父親の神想観《しんそうかん》による精神の感応で乳児脚気毒が中和したか、欠乏せるビタミンB１が精神力で発生したか、どちらかだと云うことになるのである。

こう云うように、乳児脚気の栄養学説も、或《あ》る場合には、実験によって破れるのである。それは、科学と云うものは、人間の「生命」を全機能的に捉《とら》えないからで、「物質面」のみを抽象《ちゅうしょう》して考えて、精神的要素を看過《みのが》しているからである。

最後に、食品の中毒の問題であるが、先般《せんぱん》東京で配給になった大豆粉《だいずこ》をスイトンに入れてたべたら二十名中毒したとか、大豆粉入りのパンを食べたら何十人中毒したとか云うことが新聞に出ているが、こんなことは栄養学ではどうも防止し得ないのである。

此処《ここ》に科学でどうすることも出来ない最も重大な問題が含《ふく》まれているのである。それは、単に「運が悪い」と云《い》えばそれまでであるが、「何故《なぜ》運が悪い」と云《い》う問題になって来るのである。長崎の原子爆弾被害でも、生長の家の幹部の人は、いずれも逸《いち》早《はや》く疎開《そかい》してしまって誰《たれ》一人その被害を受けた人はいない。与田伊佐夫《よだいさお》さんのお嬢さんは高女《こうじょ》へ通学のため、その日浦上《うらがみ》駅へ行く汽車に乗っていたが、その手前の駅でどうしても長崎市へ行く気持にならないで引返《ひきかえ》したので助かっているのである。有毒なものや、有害なものには自然に近よらないようにならなければ、栄養学だけでは人間の不幸は防げないのである。これには心が整って自然に、その時その場に適当なものだけが食べたくなるようになり、又《また》適当に行動出来ることが必要である。これにはどうしても神想観《しんそうかん》をして、神の叡智《えいち》の流入をいただき、ただ善なるもののみ自分に近づくようにならなければならない。いずれにしても神想観を励《はげ》むことが必要なのである。

第十四章　新しき日本のために

一　過去を捨てる自由

新しき日本が生《うま》れる。新しい人間が生れる。朝々《あさあさ》が新生である。昨日《きのう》見た夢がどんなに見苦しいものであったにせよ、夜がそれを消してくれたのである。新しき日本が生れる。新しい人間が生れる。新しい人生が生れる。

新しい人生をつくり出す基礎は、過去を捨てる諸君自身の能力にある。敗戦した日本などはないのである。日に日に新しき日本である。戦前よりも数等《すうとう》すぐれたる新しき日本である。しかも占領下に押しつけられたる民主主義の日本であってはならない。すでにそれも過去である。過去はないのである。万物《ばんぶつ》は常に新しく生《うま》れる。過去を把《つか》まなければ過去は消えるのである。押しつけられたる民主主義も結局過去のものである。それを捨てよ。捨てて新しきものを見出《みいだ》しそれに生きよ。

押しつけられ、宣伝されたる民主主義の中には日本を弱めるために正しいと宣伝されたる思想が沢山混《たくさんまじ》っている。それを脱《ぬ》ぎ捨てる事を反動だとか、軍国主義に還《かえ》ることだとか思ってはならないのである。間違った民主主義が皇居前《こうきょまえ》の乱闘《らんとう》を引起《ひきおこ》し、学生の警官つるし上げ事件が発生し、その反動として行き過ぎた学生と警官との乱闘事件が惹《ひ》き起され、由々《ゆゆ》しき事態に立到《たちいた》らしめつつあることに注意しなければならない。

二　暴力を捨てる自由

本当の民主主義は「人間は神の子で平等だ」と云《い》うことである。それは自分ばかりの権利を主張するためばかりの平等であったり、相手の自由を侵害しても好《よ》いような平等であってはならないのである。文部省の次官通達の意味をとりちがえて、学生が職務執行のために学内に立入《たちい》った警官をつるし上げたと云《い》う事の中には、あまりに通達とか法律とかの文句に拘泥《こうでい》して、それに支配されている学生の態度が見えるのである。これは文章に縛《しば》られたのであって、学生自身の良心の自由を得たのではない。法律や通達の文章は、天下の最も悪文章家の綴《つづ》ったものであるから、どちらにでも解釈されるものなのである。警官は警官の好《よ》いように解釈し、学生は学生の好《よ》いように解釈して暴力を揮《ふる》う。暴力のあるところに自由はない。自由を護《まも》ると云《い》いながら、ひとの自由を暴力で束縛《そくばく》しては何の自由であるか。

三　「戦う」とか「闘争《とうそう》」とか云《い》う言葉を捨てよ

吾々《われわれ》は「自由のために戦う」とか「平和を戦いとる」などと云う言葉を人類の世界から拭《ぬぐ》い去らなければならないのである。言葉は「種子」であるから、「戦う」という言葉が人類に用いられている限りに於《お》いてこの世界に戦争は絶えないのである。如《い》何《か》に多くの戦いが平和のための名のもとに行われたか。また平和のための名のもとに、国内争闘《そうとう》が現に行われつつあるか。そして戦争準備が行われつつあるか。真《しん》の人類の平和を得るには人類すべては「人間・神の子」の自覚を確立し、自己を尊敬し礼拝《らいはい》すると共に、他の人をも尊敬し礼拝しなければならないのである。ひとを暴力によって押しのけるのではなく、相互に尊敬し、合掌《がっしょう》し、礼拝し、よろこんで互《たがい》に譲歩《じょうほ》するのである。譲歩すると云《い》うことを自己を束縛《そくばく》することだと考えている人や、ひとのために尽《つく》すことや、尊敬すべきものを尊敬しないことを民主主義だと考えて新人をもって任じている人もある。それが社会の木鐸《ぼくたく》たる新聞記者の中にも随分《ずいぶん》あるから驚くのである。

四　或《あ》る新聞の日本婦人観

最近或《あ》る有名な一流新聞の時評欄には次のようなことが書かれていた――

「日本の最も驚嘆《きょうたん》すべき産物は婦人である。もちろん彼女を作るには幾《いく》千年もかかっているが、日本の婦人は日本人と同じ種族に属していないぐらい立派である。おそらくかかる形の婦人は今後十万年くらいは再びこの世に出現しないだろう――この驚嘆《きょうたん》すべき言葉は……ラフカジオ・ハーンの明治三十七年の著書に発見されるのである。……これは女性を礼讃《らいさん》していて、その実は女性侮辱《ぶじょく》の言葉である。過去の日本がいかに男性のための国であったかを証明する言葉に外《ほか》ならない。ハーンの知性も男性としての本能の前には曇《くも》らざるを得なかったのだ。アメリカの男は女性を喜ばせるために全力を注ぎ、日本の女性は男性を喜ばせるために献身《けんしん》するという見方もある。男女同権になって、日本婦人も一歩一歩自覚を高めているようだ。自覚は男性に従属するだけの環境に満足させなくなるに違いない。その意味では男性のための、かかる形の婦人は十万年くらいは現れないと云《い》う預言は当《あた》るであろう」と。

五　無我《むが》献身《けんしん》の美徳《びとく》を復活せよ

しかし、ハーンの驚嘆し讃美《さんび》した日本の女性の美しさは、従順《じゅうじゅん》と無我《むが》献身であったのである。これに対するこの新聞記者の批評は従順《じゅうじゅん》と無我献身《むがけんしん》することを、「相手に対する従属」とみとめ、それを「自主精神の欠乏」であると見ているのである。一見、合理的に見える此《こ》の民主主義精神は、人間から従順と無我献身の精神を奪《うば》い去り、自己主張と自己発展とのためには闘争《とうそう》を辞《じ》せないのが美徳《びとく》であると推賞《すいしょう》するものであって、家庭内にも、産業界にも内部闘争と内部紛争《ふんそう》とを常に捲《ま》き起《おこ》す争闘《そうとう》の合理化論であるのである。無我献身の精神と従順の美徳は、真《しん》の民主主義の根本であるところの「先《ま》ず与えよ、与えられん」を云《い》いかえたものに過ぎないのである。この精神によってのみ、平和国家、平和世界が建設されるのである。争闘によって自己発展自己拡大をはかることを民主主義とみとめるならば、国内はストライキや群衆示威《じい》によって内部闘争はあとを絶たないことになり、国際的には戦争によって自国の発展と拡大とをはかることになるから、かかる似而《え》非《せ》民主主義は、戦争を根絶する思想とは概《およ》そ甚《はなは》だ遠いのである。アメリカでも真の民主主義は「先ず与えよ、与えられん」のイエスの教えを実践《じっせん》する事であって、この語を別の言葉で言い換《か》えれば「無我献身と従順《じゅうじゅん》」と云《い》うことになるのである。「無我献身《むがけんしん》」をもって、封建《ほうけん》思想なりと排斥《はいせき》した「民主主義」の押し付け的植付《うえつけ》は、アメリカが占領中、日本を弱体化そうとして行《おこな》った日本に於《お》ける失政の第一であって、今や従順でなく自己主張のために絶えず争闘《そうとう》を考えている民衆をこしらえて、朝《あした》に皇居前《こうきょまえ》の乱闘《らんとう》、夕《ゆう》べに学園に於《お》ける学生警官の乱闘を惹《ひ》き起《おこ》して、其《そ》の功罪《こうざい》は明《あきら》かとなりつつあるのである。

六　礼拝合掌《らいはいがっしょう》の精神を復興せよ

似而非《えせ》民主主義の弊害《へいがい》のもう一つは、人間平等の思想が悪平等にまで発展して、尊《とうと》ぶべきものを尊ばず、従って自己をも尊ばず、すべての者を動物的肉体人間の一線に引卸《ひきおろ》したことである。人間の平等は、人類すべてが神性《しんせい》を内に宿すと云《い》うことであって、先《ま》ず自己と相手を礼拝《らいはい》することから始まらなければならないのである。しかるに尊ぶべきものを偶像崇拝《ぐうぞうすうはい》の破壊と云う意味に於いて尊ばないことが民主主義だと云うが如《ごと》き考えである。天皇に対して尊敬の念を有《も》たないと云うことは「日本国の象徴であり日本国民統合の象徴」（憲法による）を侮辱《ぶじょく》することであるから、日本国そのものを侮辱することであり、自己が日本国民である限り、自己を侮辱し、国民統合の意志を侮辱することである。昭和二十七年五月十日の中外日報《ちゅうがいにっぽう》に筧《かけい》潮風《ちょうふう》氏が、皇《こう》居外苑《きょがいえん》における平和条約発効記念式典の状況を書いているがその中にこんなことが書かれている。

「それに新聞記者の行儀《ぎょうぎ》の悪いのは昔からの通則だが、この連中の不作法《ぶさほう》には全《まった》く以《もっ》て愛想がつきた。陛下のお言葉に後《うしろ》を向いたり横を向いたり、一体何をしに参列したのか、今更俺《いまさらおれ》はここに居《い》るぞと狂《きちがい》天狗《てんぐ》にでもなっているのか。遺族の中にはその不行儀、不謹慎をぷんぷんに怒《おこ》って居た連中もあった」

こう云《い》う日本を侮辱する新聞記者が日本国民の思想を導いて行くのであるから甚《はなは》だ危険な訳《わけ》である。真《しん》の民主主義とは、「人間すべてを礼拝《らいはい》して行くのであり、秩序《ちつじょ》に従って上が上であり、右が右であり、左が左であり、男が男であり、女が女であり、その位置に於《お》ける差別をみとめながら、その本質なる神性《しんせい》を礼拝し尊敬して互《たがい》に与え、且《か》つ奉仕《ほうし》し合って行く」ところに真の民主主義があり、地上に天国浄土《じょうど》がうまれて来るのである。相手を礼拝《らいはい》せず、互いに軽蔑《けいべつ》し、心で、また言葉で罵《のの》り合い、自分の利益を暴力で、又《また》は集団で威脅《いきょう》して戦いとって行くところには好戦主義の利己主義があるばかりである。

七 「家」の制度を復活せよ

占領中にアメリカが与えたところの施策《しさく》の中には表面は日本人に民主主義と云《い》う好餌《こうじ》を与え、恩恵を与えているかのように見せて懐柔《かいじゅう》しながら、その内容は被占領国を弱体化して米国の永久支配の下《もと》にあらしめようと意図《いと》したものが続々含《ふく》まれていたことを知らなければならない。一方政治犯《せいじはん》を釈放して共産党の自由活動を便《べん》にしながら野坂参三《のさかさんぞう》を愛国者と称《しょう》して中国からアメリカの飛行機に乗せて日本に上陸せしめ日比谷公園に所謂《いわゆ》る愛国者の講演を行わしめ、ラジオは勿論《もちろん》、大新聞を動員して一頁《ページ》大《だい》にわたる記事を書かしめ、週刊何々、サンデー何々を動員して『野坂参三特輯《とくしゅう》号』を発行させるなど、共産党こそ真《しん》の愛国者であり、真の民主主義者であり、少《すく》なくとも真《しん》の人道主義者であると云《い》う印象を、日本国民の大多数に与えたのである。それが現在、日本の治安維持《ちあんいじ》に一大障害を与えていることは否《いな》むことは出来ないのである。頭脳の単純なる学生層には特にこの印象は深くきざまれていて最近の学生の集団的反治安的行動の如《ごと》きは、アメリカの失政の齎《もたら》した好ましからざる成果だと云《い》うことが出来るのである。

占領下にある被占領国に一面恩恵を与えていると見せかけながら、被占領国を骨抜《ほねぬ》きにして永久に属領《ぞくりょう》の如《ごと》き状態にならしむるためにとられたるもう一つの占領政策は、日本国家の強力なる骨組《ほねぐみ》であった所の　天皇を中心とする日本国民の大家族的信念の破壊である。　天皇は神格から引卸《ひきおろ》され人民と平等の格にまで引落《ひきおと》されたのは人間平等の民主主義的立場からは合理としても、家督《かとく》相続を廃止して家は一代限りとしたのは、日本国民を家系的歴史なき浮浪児《ふろうじ》として、歴史的連綿《れんめん》継続のうちの「今」に立つ一員として「家」を護《まも》る――更《さら》に進んでは「国家」を護ろうとする――愛国精神を失わしめることになったのである。今、アメリカがその御都合《ごつごう》政策で日本を東洋の防壁に仕立てるために日本に国防軍を組織せしめようと願いながらも、最も困っているのは国防軍が何を目標として「国」を護《まも》るか、其《そ》の目標が家なく、歴史なく、神格ある　天皇なく、浮浪児《ふろうじ》国民と云《い》う観念にまで教育されて来たところの日本国民の大多数にとっては、生命を賭《と》してまで護るべき「国」はない感じがするのであって、その国の支配者がトルーマンであろうが、スターリンであろうが、吉田茂《よしだしげる》であろうがそんなことはどうでも好《よ》い。「国」はただ人間の住む場所であって、「国」なる理念は破壊されているのであるから、成《な》るべく兵隊になどとってくれず、高い租税などを誅求《ちゅうきゅう》せず、平和に安楽にくらさしてくれる統治者であれば好《よ》いと云《い》うような気骨《きこつ》の抜けた状態になっているのであって、いつ国防軍に編成されるかも知れない警察予備隊の応募人員が予想を甚《はなは》だ下廻《したまわ》ったなどと云うことは、この辺の消息《しょうそく》を物語るものだと云うことが出来るのである。

八　忠孝《ちゅうこう》の感情を育成せよ

称《しょう》するところの民主主義が、日本の家族制度の美風を破壊するために利用されたと云《い》うことは、小中学の教科書に「忠孝《ちゅうこう》」の文字が一字も見当《みあた》らぬようにされていると云《い》うことである。「家」とか「忠孝」とか云うのは封建《ほうけん》思想だと云うのである。尤《もっと》も、占領軍にとっては、被占領国民が旧支配者に「忠」であっては占領行政に困難を生ずる点もあるので、「忠」を非民主主義的道徳として排斥《はいせき》したのは、占領政策として已《や》むを得ないことは諒《りょう》とし得る。しかし「孝」を排斥してしまったのはどう云う訳《わけ》であろうか。母の日を設定して、その日には胸にカーネーションの花を挿《さ》して母の愛を偲《しの》ぶ風習はアメリカから講和後になって日本に来たのである。「孝」は必然的に、血をもって過去の歴史的連続に直結する。そこから歴史的連続としての　天皇直結の日本国家への「忠」が再発生する惧《おそ》れがあるから、謂《い》うところの民主主義の原則に従って「老年の親と云うものは子供が愛情をもって養う必要はない。それは社会保険制度によって社会が養老院を造《つく》って養えば好《よ》い」と云《い》う風《ふう》に、「子」との愛情的なつながりを切断した。そして遺産相続も「家督《かとく》相続をする長男」と云《い》う家を護《まも》る役目の特定の「子」がなくなったので、その遺産は平等に分配される。従って兄弟姉妹互いに、「わしばかりが親孝行する必要はない。お前だって財産を分けて貰《もら》ったのだから、お前が親孝行すれば好《よ》い」と云う風に、親孝行の譲《ゆず》り合いをして、実際には一人として親に孝養を尽《つく》すものがなくなるのである。私は斯《こ》う云う実例を、沢山《たくさん》見ている。私は決して、親と云うものが老年になって子供から経済的援助を期待するのが正しいと云うのではない。又《また》それを期待すべきものとも思っていない。しかし親たるものが求むるものは、生活の社会保障制度によって人間的愛情のない養老院と云う機構で世話されると云うことではないのである。彼らが求めるものは、肉身の温《あたたか》い愛情であるのである。愛のない社会保障機構が自働的に世話してくれても、それは肉体は栄養をとることが出来るにしても、魂《たましい》は栄養をとることが出来ないのである。所謂《いわゆ》る民主主義による「家」の制度の破壊はかくのごとくして親子の間の魂の間の暖《あたたか》いつながりを遮断《しゃだん》して、魂《たましい》なき形骸《けいがい》に置きかえたのである。これによって家庭争議、親子喧嘩《げんか》、兄弟牆《かき》に相鬩《あいせめ》ぐ状態が頻々《ひんぴん》と起《おこ》るようになって、日本国は内部争闘《そうとう》によって弱体化せしめられたのである。これは占領軍が被占領国を弱体化する政策としては好箇《こうこ》のものであったにしても、独立後の日本を強化するためには「家」の理念を復活し「家」の制度を復活せしめなければならないのである。

九　民主主義を再検討せよ

単に民主主義、民主主義と謂《い》う名称や掛声《かけごえ》が尊《とうと》いのではない。附和雷同《ふわらいどう》して民主主義のレッテルを貼《は》ってあるものならすべて正しいと考え、自分の気に入らぬものを「非民主主義だ」と称《しょう》して排撃《はいげき》さえすれば好《よ》いと考えるが如《ごと》きは、戦争中に「非国民」だと云《い》う一語で自分の考えとちがうすべてを排撃し去ったと同じ過《あやま》ちを繰返《くりかえ》すことになるのである。私は民主主義と称して行われた凡《すべ》てが悪いと云《い》うのではない。名称やレッテルで胡魔化《ごまか》されてはならないと云うのである。所謂《いわゆ》る民主主義はこうして

「家」の観念の破壊と共に、人間の人格の自由を尊重すると云《い》う名目《めいもく》の下《もと》に「肉体的欲望《よくぼう》の自由」を唱道《しょうどう》した。姦通《かんつう》は公許され、姦通しながら離婚訴訟によって生活費や手切金《てぎれきん》を要求する勇敢《ゆうかん》な女性もあらわれた。そして文学界では「肉体文学」が横行し、出版会社は金《かね》さえ儲《もう》ければ好《よ》いと云《い》う訳《わけ》で猥褻《わいせつ》文書が氾濫《はんらん》し、それを取締《とりしま》ろうとする当局を「言論の自由」を圧迫するものであるとして文学者総出でその取締りに抗争すると云うが如《ごと》き不可思議現象を呈《てい》したのである。そして社会の多勢《おおぜい》の人たちは、猥褻《わいせつ》なことを見ることや、猥褻なことを書いたものを読むことが好きであるから、猥褻文書を取締ることは、多数者の慾望に反するのであるから、民主主義に反すると結論せられた。何でも多数決であればそれを正しいとするのが民主主義であるならば、斯《か》かる民主主義は文化発達の基礎を危《あや》うくするものと云わざるを得ないのである。おおよそ大多数者と云うものはその当時の最高文化のレヴェルの標準までは往《い》っていない。そして、その平均点数に一致せぬものは非民主主義的だと云って排撃《はいげき》する事になっているならば人類はその発展を大衆の平均点数まで引卸《ひきおろ》されるのである。多数者が猥褻《わいせつ》文書を読むのが好きなら、猥褻文書を取締《とりしま》るのは非民主的であると云《い》われる。多数者が姦通《かんつう》の自由がみとめられることを好むならば、姦通を有罪《ゆうざい》にすることは非民主的だと云《い》われる。多数者が賭博《とばく》がすきであったら、賭博を取締ることは非民主的だと考えられる。そしてついには、競馬とか競輪とか賭博的なものを奨励《しょうれい》して市でそのテラ銭《せん》をとって、市の経費をまかなうのが適策だ――とんだ民主主義が登場したものである。所謂《いわゆ》る民主主義は日本に何の目的で占領軍によって播種《はしゅ》せられたか、また如《い》何《か》なる効果を与えたか。独立後の日本は他からの政策によって何々主義と云うようなものを植付《うえつ》けられることなしに、白紙になって、今後日本を再建するには、「主義」などと云うものに泥《なず》むことなく、もっと「人間神の子」の本質的な立場になって考え直さなければならない時なのである。

十　外人記者もみとめる日本の美風

ここまで書いたとき昭和二十七年六月号の『文藝春秋』が私の机に届けられた。それには一九四八年、英国のタイムズ特派記者としてはじめて日本に来て、八ヵ月滞在したトレイシー女史の日本観が『占領下とは専制下のことか』と題して書かれているのである。傍目八目《おかめはちもく》の喩《たとえ》の通り、宣伝にのせられていた日本人自身には却《かえ》ってわからず、占領軍自身にも気がつかないで潜在意識で日本を弱体化そうとしていたことも、第三者から観《み》るならば比較的公平にその事情がわかるのである。曩《さき》にあげた日本の或《あ》る大新聞の記者はラフカジオ・ハーンが日本婦人を賞《ほ》めたことを明治三十七年の古い出来事であり、封建的《ほうけんてき》産物にすぎない日本女性の従順《じゅうじゅん》と無我献身《むがけんしん》を何の賞《ほ》める値打《ねうち》があるかと云《い》う風に、日本女性をあたまから卑《いや》しめてかかっているのであるが、日本人記者よりもトレイシー女史のような、第三者的外来記者の方が、日本の善《よ》さをもっとよく知っていてくれるのである。日本人よ、もっと日本国と日本人自身とに自信を持たなければならないのである。女史は次のように述べている――

「私は日本人が、質朴《しつぼく》で優雅《ゆうが》で、美しいものを愛し、自然を敬《うやま》うのに感嘆《かんたん》した。彼等《かれら》の社会風習は、多くの点でヨーロッパの風習よりもすぐれているように思えた。だが、このデリケートな文明国は多年、西洋がつかみ合いの衝突《しょうとつ》をするような危険な目にあって来た。そして今や西洋はこの国を圧倒して、できればこの国を生み出した精神までも、破壊しようと思っていたのだ。西洋では実際次のように言っていた。我々はいろんな機械装備をもっているから、原子力や大砲も、巨大な爆撃隊や艦隊もあるのだから、人間がすぐれているにちがいない。君《きみ》たち日本人は、我々の富、我々の物質、我々の知識をもつことはできないが、我々の風習や倫理を、君たちに教えてやることはできると。……」(『文藝春秋』昭和二十七年六月号一二七頁)

日本人の多くも、欧米の物質文明のそして武器の優秀に暗示されて、日本民族自身の「ヨーロッパよりもすぐれている」社会風習を「封建的《ほうけんてき》」と云《い》うただ三字の評語をもって葬《ほうむ》り去って、家庭制度は封建的である、女性の従順《じゅうじゅん》は自覚が足りないのである、争議をせずに奉仕《ほうし》的に働くのは人権を尊重しないのである、姦通《かんつう》や人工流産を法律で取締《とりしま》るのは民主的ではない、大多数の人は「性の自由」をもちたいのである……等々と云《い》う風《ふう》に、そのもっとも尊《とうと》い日本の社会的風習の部分を捨てることにいそしんでいるのは遺憾《いかん》である。

そして到頭《とうとう》、占領軍の日本猥褻化《わいせつか》による精神の弱体化と云《い》う思う壺《つぼ》にはまったのである。日本国民は日本のそれ自身の風俗習慣のうちに美しいもの、尊《とうと》きものがあるのに、それを捨てて、原子力や、強大な底力《そこぢから》を持つ西欧人の風俗習慣の方がよいと思ってそれに乗り換《か》えたのである。しかも甚《はなは》だ「板《いた》に載《の》らぬ」下手《へた》さ加減《かげん》で西洋を模倣《もほう》して得意になっていることをトレイシー女史は皮肉な書き方で嘆《なげ》いているのである。

その一二の箇所《かしょ》を抜萃《ばっすい》して見るならば、先《ま》ず、

「……街路に沿って所々《ところどころ》に拡声機が据《す》えられて、ベートオヴェンの交響楽も、アメリカのダンスのヒット曲も、ゲイシャの唄《うた》も、能楽《のうがく》の謡《うたい》も、無差別にがなり立てる。また一人は和服を着ていて、一人は西洋風のドレスを着ている二人連《づれ》の若い女が一緒に散歩している姿も、しばしば見うけられる。前者は、きらびやかだが、いつも調和のとれた色彩を身にまとった、小柄なしとやかな娘で、仔鹿《こじか》のように身軽《みがる》に、下駄《げた》ばきで軽快《けいかい》な足どりを運んでいる」と日本人本来の服装の調和を賞《ほ》め、それから洋装に

浮き身を窶《やつ》している婦人を、

「後者は、彼女の体のぶざまにふくれている部分の両脚を、十分重んじたような、短いドレスを着て、一《ひと》まわりか二《ふた》まわりも大きい形のくずれた靴をはき、明るい緑色か桃色の、足首までの短い一対《つい》のソックスをはいているのが目をひく」

と書いてその不様《ぶざま》さを嗤《わら》って書いているのである。そして占領軍が日本猥褻化《わいせつか》の目的を達した事実として次のような光景を描写しているのである。

「ダンス・ホールは〝今晩アベック・タイム〟と広告している。アベック・タイムなるものは、大変な新しい魅力で、そこではホールの電燈《でんとう》を暗くし、こってりポマードで髪を固めた若い男が、けばけばしい化粧をした女の子と、ぴったり頬《ほお》をくっつけ合い、低能みたいな面附《かおつ》きで、床《ゆか》を廻《まわ》っている。見なければ信じられぬ情景だ。……」

最後の「見なければ信じられぬ情景だ」と云《い》うのは西洋にも見られない猥雑《わいざつ》な光景で、話した位《くらい》ではウソだと思うほどの露骨《ろこつ》な低能さだと云《い》う意味であると思う。そんな情景は、占領軍の来るまでは日本人にはなかった風習であり、占領軍が日本に播種《はしゅ》した風俗の頽廃《たいはい》である。日本を真《しん》に健全に再建し発達させるためには、社会習慣、服装、交際の儀礼、家庭の装飾等に到《いた》るまで、日本の本来のものの中に西洋にくらべて優秀なるものがあることを再認識し、西洋の悪い方面に 辵《しんにゅう》 をかけて輸入し模倣《もほう》するようなことを止《や》めなければならないのである。

トレイシー女史は、日本の愚《おろ》かな西洋風の模倣を次の如《ごと》くこっぴどく叩《たた》いているのである――「日本人たちは、東京のあのぞっとするような西洋風の厭《いや》なものの間《あいだ》を、平気でうろついている。彼等《かれら》はよい洋画を択《えら》ぶことができないし、西洋風に品よく部屋を整えることも出来ない。……彼等の言によれば、西洋風は有用であり、実利的だからなのだ。だが、あなた方も、西洋風は全くぞっとすると思わないだろうか？」

爪点《つめてん》は私が附《ふ》したのだが、まったくぞっとするような、愚かなる跛行《はこう》的な西洋模倣である。それが所謂《いわゆ》る民主主義であって、此《こ》の場合の民主主義とは個人主義、利己主義的主張、そして肉体の快楽追求主義であって人間の道徳性を破壊させる主義なのである。そして愚かなる個人にとっては、個人の快楽ほど好ましいものはないのであるから多勢《おおぜい》の人は民主主義に賛成する。議会でも囂々《ごうごう》の論議をひきおこすのはそう云《い》う利己主義的主張を制禦《せいぎょ》しようと云《い》う法案に対する反対の野次《やじ》である。そして反対の理由は、それは反民主主義だと云うのである。しかし、日本の民主化と云うことは占領軍がポツダム宣言によって規定したところの日本精神を弱体化せしめるために、日本精神におきかえるための頽廃化《たいはいか》政策だと云うことを、もうそろそろ日本人は気がついてもよい筈《はず》である。これには外人記者の方がもっともっと早く気がついているのである。「占領の目的は昔のように、敵を抑《おさ》えつけて武装解除をさせたり、損害賠償《そんがいばいしょう》をさせたりするのではなくて、被征服者の生活態度を、すっかり征服者の生活態度に見《み》倣《なら》わせるように、作り直すことであった。」とトレイシー女史は云っているではないか。

彼ら西欧が吾《われ》らを弱体化して支配する方法は大体に、日本の「家」と云う良俗《りょうぞく》を失わしめること。日本を歴史なき国家として忠孝《ちゅうこう》の感情を一掃《いっそう》すること。日本人に淫蕩《いんとう》な習慣を植えつけて、精神的及《およ》び肉体的に頽廃《たいはい》させると云うこと。人口を減少せしめることによって日本の国力を減弱《げんじゃく》せしめること。産業でも土地でも分割することによって弱体化させることであったのである。白昼《はくちゅう》、女が男にぶらさがって恥《はず》かしがりもせずに往来《おうらい》をのさばり歩くような習慣は先《ま》ず占領軍がつけたのである。たった八ヵ月日本に滞在した英国婦人記者でさえもそれを炯眼《けいがん》に見ぬいているのである。トレイシー女史は曰《いわ》く、

「……三人の米兵が、めいめい左右《さゆう》に二人ずつパンパンを抱《かか》えて、ある大学の構内に押し入ったが、そこには水泳場があった。彼等《かれら》は服をかなぐり捨てて水中に飛び込み、静かな競技場内で、大声をあげてはしゃぎ立てた。そして再びプールから匍《は》い上《あが》るや否《いな》や、多数の学生が見ているところで、しかもまっ昼間、さっそく懸命に交接をやりはじめたのだ。大学では連合軍当局に電話をかけたが、当局はまた順おくりに、この精神病理学者に電話をかけた……」

この記事を見たときに、これは誤植《ごしょく》ではないかと思ったけれども誤植ではないのである。こうして占領軍の淫蕩《いんとう》な習慣を見せられたとき、被征服者は征服者を或《あ》る意味

に於《お》いて尊敬するから、そして尊敬する者の行《おこな》いは模倣《もほう》したくなるから、そして尊敬する者に対しては、女性は自然に身を委《まか》せたくなるから、こうして日本人の性道徳は益々《ますます》頽廃《たいはい》したのである。そしてその淫蕩《いんとう》な行為の結果はらんだところの生命は、指定医さえ認定すれば人工流産で殺して出してしまえばよいと云《い》う法律が議会に持ち出されて、議員は皆々賛成する。全《まった》くお話にならない民主化ぶりであるのである。

十一　表現文字の制限は文化を低下させる

私は『文藝春秋』から引用した文章を原文のままの「発音通り仮名遣《かなづかい》」にしておいたが、私自身の書くものは終始《しゅうし》一貫、歴史的仮名遣を堅持《けんじ》しているのである。日本の民主化とは「言論の自由」と云《い》いながらその使用する文字を制限することであり、言論の自由を奪《うば》うことだったのである。凡《すべ》て占領中の占領者が被占領者に与えるところの施策《しさく》は、被占領者の弱体化であるけれども、（ソ連に対する防壁として強化の必要を認めてからは別だけれども）正面から「お前を弱体化する為《ため》に」と云えば被占領者が反抗して収拾《しゅうしゅう》がつかなくなるから、一見道義的《どうぎてき》とか仁愛的《じんあいてき》とか感じられる言葉を用いているのである。当用漢字を設定し、子供の学習の便利にし、発音通りの仮名《かな》遣《づかい》を用いさせる事は、幼弱な児童の頭脳を保持する為《ため》だと一見深切《しんせつ》めかしく云《い》われているけれども、早くから漢字を多数覚えさせたからとて頭脳が悪くなる様《よう》なものではないのである。漢字の如《ごと》き象形《しょうけい》的文字は、視覚型の記憶力をもっている人には、アルファベットを組合《くみあわ》せてする符号的文字を記憶するよりも記憶し易《やす》いのである。眼《め》をつぶればその形が思い浮《うか》び、それが象徴する或《あ》る情調《じょうちょう》が思い浮ぶ。象形文字がその図形のもたらすそれぞれのニューアンスをもっている事は、絵の具が同じ「青」であっても色々の微妙な色調の変化がある様に、文字の象《かたち》のもっているそれぞれのニユーアンスによって吾々《われわれ》は色々の複雑多様な感情や情景を表現することが出来る。符号的文字では電文を読むのにも似て、象《かたち》から来る情景や感情が伴《ともな》わない。しかもその象《かたち》の奥にはその文字のもっている色々の歴史的背景から来る連想もあり、現在使われている漢字は、その歴史的存在として、単なる符号のあらわし得ない処《ところ》のものを表すのである。西洋人には、そう云《い》う文字の齎《もたら》す感情や感覚はわからない。意味がわかり実務に便利で勉強に労力が要《い》らなければ好《よ》いと云《い》う——しかし表現される言葉の数の多いほど、その国の文化が進んでいると云うことをあらわし、心の感受性が複雑化していることを示すのである。その国の文化的水準の高さはひとり物質的な機械や装備や発明力によって判断されるものではない。「機械文明がお前の方より進んでいるから、お前の国は後進国である。だから俺《おれ》の国の生活習慣や社会生活の風習を教え込んで教化してやる」と云うが如《ごと》きは、甚《はなは》だしい僭越《せんえつ》さであると云わなければならないのである。しかも占領軍のそう云う教化政策にいつの間にか胡魔化《ごまか》されて、日本人の美しい癖のない頭髪を火事場で焼きちぢれた陰毛のように気の毒にちぢらせたり、折《せっ》角《かく》、美しい日本人独特の衣裳《いしょう》をやめて、大根に毛の生えたような太い脚《あし》に、ナイロンの靴下をはかせて雲助《くもすけ》のような毛臑《けずね》をすき透《とお》らせて得々《とくとく》としている日本婦人や、姦通《かんつう》したり人工流産をすることが民主的当然の人権擁護であるが如《ごと》く考え違いをしている日本婦人が多数出来て来たことは何と云っても残念なことだと云わずにはおれないのである。

歴史的仮名遣《かなづかい》を廃して発音式に何でも書けば簡単で児童の精神を過労せしめないために結構だと云《い》う、アメリカさんの日本への押し付け政策が正しいのならば、何故《なぜ》アメリカさんは High とか neighbour とか photograph とかの発音には不要なサイレントの gh を消さないのか、ph を何の為《ため》に簡単な発音通りの f にしないのか。アメリカの兵隊さんに photograph の綴《つづ》りが書けない者が沢山《たくさん》あったこともきいた。アメリカさんは自国の歴史的綴字法《ていじほう》を廃せずして日本に対してのみ深切《しんせつ》めかしく歴史的仮名遣を廃するように勧《すす》めたのは何かその奥に理由がなければならないのである。それはまことに「占領政策」であって、日本強化の政策では無論《むろん》ない。発音通りの仮名遣にして、しかも使用する漢字の数を減らしてしまって、二三代経《た》つうちには、その発音は如何《いか》なる漢字から来たか不明となり、現に使っている言葉と、それがよって由来した語源との連絡が不明になり、日本の古典や古き歴史の書物が読めなくなる。かくて日本の歴史を読む能力のなくされた日本人は、心の中で歴史なき日本人となるのである。歴史なき国民は浮浪児《ふろうじ》と同じである。浮浪児は「家」がないから「家」を護《まも》ろうなどとは考えない。それと同じく、歴史なき国民は歴史的存在としての日本国を護《まも》ろうなどとは考えなくなる。日本人はコスモポリタンとして、国際的浮浪児として、全体の中に溶《と》けて無くなる。まことに巧《たく》みな占領政策であったのである。このような占領政策に迎合《げいごう》して参議院で、当用漢字の制定や、発音通りの仮名遣《かなづかい》を全日本人に強制することに骨折《ほねお》った議員が、錚々《そうそう》たる文学者の中にもあったのだから、如何《いか》にその占領政策が巧みなものであったかがわかるのである。教科書の漢字制限以後に教育された青年が、どんなに読書力が低下しているかは、日本教文社で発行している『理想世界』と云《い》う易《やさ》しい雑誌が読めない青年が多いのでもハッキリわかるのである。言葉と文字とは幼年時代に教えて置けば、同時に三ヵ国語位《ぐらい》は覚えられるのである。吾々《われわれ》よりは十年も前の日本人は四、五歳位にして漢文を修め四書五経《ししょごきょう》を素読《そどく》し得たのであるが、それでも難《むつ》かしすぎて頭脳を悪くしたと云《い》う明治初年時代の人間はいなかったのである。吾々《われわれ》の時代になると漢文はそんな幼年では教えられなかった。やっと中学時代になって漢文を習ったのであり、従って、もう吾々《われわれ》の時代には短くて含蓄《がんちく》と深味《ふかみ》のある文章を書けるものは乏《とぼ》しくなった。まず森鷗外《もりおうがい》あたりをもって漢学の素養が文章に味《あじわ》いを与えていた時代の終末と見て好《よ》いのである。漢字が読めなくなると忠孝《ちゅうこう》の思想を盛った古典が読めなくなる。こう云《い》う点にも占領軍の施策《しさく》に深謀《しんぼう》遠慮が見られるのである。

十二　人口制限は日本を弱体化する

人口が過剰になると、止《や》むを得ず侵略をする惧《おそ》れがあるから日本の人口を制限しようと云《い》う人は、人口がとぼしいために本国さえも護《まも》り得ない少数民族が常に隣国の侵略に晒《さら》されているのは、チベットを見るがよいのである。真《しん》に完全に独立している国は、他国の手助けを借りることなくして自国を護り得る者でなければならないのである。この意味に於《お》いて、人口の少《すくな》い寡少《かしょう》人口国家は、国際的に独立国とみとめられているだけで、実質は独立しているのではないのである。実質が独立国になるためには人口が多くなければならないのである。その国の人口が唯《ただ》、多いと云《い》うだけでも一つの対外的威力《いりょく》となり得るのである。中共が朝鮮に侵入して来た際、それが明《あきら》かに北京政府の指令によったものだったがそれを義勇軍と仮称《かしょう》してアメリカが中共本土に対して爆撃を加えなかったのは、中共軍の装備を恐《おそ》れたからでなく、中共の人口が厖大《ぼうだい》なものであり、アメリカが出来るだけ中共軍を怒《いか》らせたくないために遠慮していたに過ぎなかった。ベトナム戦争でも同じことが言える。強大なアメリカに対してすら人口はこんな威力を発揮《はっき》し得るのである。アメリカが日本の人口を増加しないように、或《あ》る点でくいとめたいために産児制限を奨励《しょうれい》しようとしたのは占領政策として無理もないことであったけれども、日本人自身が人口を制限して、自国の威信《いしん》を弱小に制限しようなどと考えるのはまことに愚《おろ》かなことだと云《い》わなければならないのである。

十三　避妊と堕胎《だたい》の公認は性道徳を頽廃《たいはい》せしめる

産児制限は避妊法と人工流産（堕胎《だたい》）とによって行われる。最近一年間に指定医によって届出《とどけい》でられた人工流産の数は六十万人だと云《い》われるが、指定医によらずして手《て》軽《がる》に堕胎《だたい》されたる胎児はその二倍数に上《のぼ》ると云《い》うことである。一年に合計百八十万人が殺されていると云うことになっているのである。以上は私が昭和二十六年頃《ごろ》に書いた統計の引用であるが、現在では届出《とどけい》でられた堕胎数年平均百万人であり、無届《むとどけ》の堕胎数はその二倍数に及《およ》ぶ、これも占領政策に迎合《げいごう》した被占領者の愚《おろ》かなる追随《ついずい》である。折角《せっかく》宿った人間生命を殺すと云うようなそう云う残酷なことはなるべくしないように避妊法を行えと云うように宣伝され、避妊薬が氾濫《はんらん》し、避妊法を政府の役人又《また》は政府から命令を受けた人が公然と教えて歩くと云うようなことまで行われているのであるが、それがどんな結果になるかと云うと、「性慾《せいよく》は出来るだけ恣《ほしいま》まに楽しめ。そしてその結果としての重荷を負うな」と云うことになって、愈々《いよいよ》性道徳の頽廃《たいはい》を奨《しょう》励《れい》することになるのである。古代ローマが滅《ほろ》びてしまった原因は五官の楽しみを満足させるための味覚の饗宴《きょうえん》や、性設備が行き届いて、宴会などでも、食事は五官を楽しますためであって働くためのエネルギーを補給する栄養ではなくなり、腹一ぱい楽しんで食べたのちにはそれを吐《は》き出す設備がととのえてあって、吐き出してはまた食べると云《い》うような楽しみ方になっていたと云《い》う。食物《しょくもつ》が栄養のためにとられず、ただ五官の楽しみのためにとられ、性慾《せいよく》が生殖《せいしょく》や夫婦の愛情の満足のためにではなく、ただ五官の満足のためのみに遂行《すいこう》せられるようになったとき、それは「自然」の意志に反逆するのであるから、必ずや「自然」は彼にその報《むく》いを与えるのである。その報いとは人間生活の堕落《だらく》、道徳の頽廃《たいはい》、毅然《きぜん》たる道徳精神の滅衰《めっすい》と云うことである。現に日本人の多数（大多数ではないかも知れぬが）はその報いを受けつつあるのであり、幾多《いくた》のいまわしき事態が続々と起《おこ》りつつあるのである。これは日本の人口を減少せしめようとする占領目的と同時に、一石二鳥的日本頽廃化《たいはいか》の目的を達しつつあるのである。

十四　殺生《せっしょう》をなくする農業

しかし人口制限を行わなくては、一定の領土内で生活し得る食糧が量的に不足して、避妊数と人工流産数とを加えただけの人間が健全に育っていたならば、愈々益々《いよいよますます》食糧が不足して多くの国民が餓死《がし》するようになるだろうと云《い》う人がある。しかしこれは杞憂《きゆう》に過ぎないのである。私は終戦直後、日本の人口は横に他国へ侵略しないでも、空中に摩天閣《まてんかく》をつくって伸《の》びて行くならば、現在の人口がその十倍になっても二十倍になっても面積に困ることがないことを述べた。先《ま》ず大体平均十階以下の建物は建築させないで、十階以上のビルディングを建てさせる。そして互いに建物同士が光の邪魔《じゃま》して他の建物のルーフを陰《かげ》らすことのないよう各建物のルーフが平等に日光を受け得るように高さを平均する。そしてこの日光の豊かな階上のルーフを食糧になる植物の水栽培の田地《でんち》とするのである。かくてこの屋上で栽培される食物《しょくもつ》を収穫し、そのビルディングに住む人の食糧は大体、その建物のルーフで収穫し得る食物で足りるようにするのである。人類は殺人のために色々の新兵器を作っているが、その懸命の努力を、このルーフの水栽培の方法に注ぐとき、近い将来に人類の食糧は各々《おのおの》の住宅の階上で得られる収穫で足りることになり、その収穫物を味覚に適するように脱臭、調味などすればよいことになる筈《はず》である。或《あるい》はその栽培される品種によっては人間の味覚に適するものがあるかも知れない。田宮博士《たみやはくし》の栽培しているクロレラと云《い》う水栽培の緑藻《りょくも》はピレノイドサと云《い》う品種で、ソバに似た味で味覚も大して悪くないと云う。クロレラという直径一・五乃至《ないし》八ミクロンの球形又《きゅうけいまた》は楕円形《だえんけい》の単細胞の藻《も》を栽培する実験は、五年前カーネギー植物研究所のスポーア博士が提唱して以来、米国では大仕掛《おおじかけ》に行われている。この提唱は私が『白鳩《しろはと》』誌に、高層建築のルーフに水栽培せよと提唱した時と略々《ほぼ》同時であるが、これは世界は一つの生命の波によってつながっているから同時に同様の構想に到着するのである。日本でも元徳川生物研究所《とくがわせいぶつけんきゅうじょ》長田宮博士が行《おこな》っているのである。この緑藻は一日に十倍にふえるという繁殖率《はんしょくりつ》をもっていて、太陽エネルギーの吸収率は普通の農作物の四十倍以上、反当《たんあた》り収率は米の三石《ごく》（四百五十キロ）、大豆《だいず》の百二十五キロに比べて四・五トンである。栽培法の改善によってなお収量を増加し得るのである。田宮博士は「年中《ねんじゅう》ひまなしに働かされたのではクロレラだってたまるまい。たまには休ませた方がよくはないか」と思いついて間歇的《かんけつてき》に日光を照射する工夫《くふう》をしたら、これだけで忽《たちま》ち倍近く収量が殖《ふ》えたと云《い》う。その成分は蛋白《たんぱく》四二、脂肪《しぼう》二二、澱粉《でんぷん》二四、灰分《かいぶん》一二、ビタミン各種豊富と云《い》うように頗《すこぶ》る栄養価が高いのであって、殆《ほとん》ど人造肉と云っても好《よ》い位《くらい》だと云われている。池や沼などがなくてもビルディングの屋上を栽培池として、それにその建物に住む人の排泄物《はいせつぶつ》を消毒し浄化《じょうか》し、清浄澄明《しょうじょうちょうめい》なる化学肥料とでもする装置を発明をして、必要に応じて、階上の栽培池に配給栓一つひねればその適当量の肥料を送ることが出来るように工夫するのである。かくて人口問題、居住問題、食糧問題が解決すれば、殺人的人工流産の必要はなくなり、戦争の危険はなくなり、食糧として肉食に匹敵する緑藻《りょくも》の類《るい》を食するのであるから、人類相互の殺戮《さつりく》だけではなく、あらゆる生《せい》物《ぶつ》を殺すと云う悪業《あくごう》の因《いん》を断ち切ることが出来るのである。人間が生物を殺して生きていながら、人類だけが殺し合いの戦争をしないで平和に生活したいと考えるのは、すべての業《ごう》は循環《じゅんかん》する、一点一画と雖《いえど》も、播《ま》いた種子《たね》は刈りとらなければならないと云う原因結果の法則と矛盾《むじゅん》するのである。人類の平和は先《ま》ず生物を殺さないことから始まらなければならないのである。私のこの提案に賛成せられ万国生類《しょうるい》愛護協会の会員たる小牧久時《こまきひさとき》君から次の様《よう》な平和愛好の感情に満ちあふれた手紙が来ているので、平和日本再建の基礎は、こう云《い》う深い生類愛護のしみじみとした感情から生《うま》れて来るのであって、平和を戦い取るごとき好戦的な感情から来るものでないことを知って頂くために、その手紙の一部を次に再録する。小牧氏は当時、京都薬科大学微生物《びせいぶつ》研究室の助手であったが、今は農学博士、教授である。

「農耕にも殺虫の如《ごと》き殺生《せっしょう》がつきものではないかと申される方もございましょう。しかし『黄金の土』のロデイルは『害虫の真《しん》の役目は検閲官のようなもので、不自然に肥培《ひばい》した作物を指摘するのである』と克明な実験と統計をあげてのべて居《お》ります。ロデイルは又《また》こうも申しております。『若《も》しミミズが死ぬような条件（強い化学肥料）があればバクテリヤの繁殖《はんしょく》は妨《さまた》げられ不作になるから、益々《ますます》焦《あせ》って化肥《かひ》だ消毒だと……土地を台無しにしてしまうのである。』ミミズは自然の農夫だとさえいわれて居ります。よしこの愛らしいミミズを多少、私共の不明から傷つけることがあるにもせよ、詫《わ》びたい真情の片鱗《へんりん》でもございましたら、無辜《むこ》のミミズを大量殺戮《さつりく》など思いもよらぬこと、それ以前に何か他《ほか》の道を選んだことでございましょう。……思い切りが大切だとつくづく思います。そうして思い切りは和解・和解・和解・ただ和解からのみすらすらと出てまいりますのでございますね。和解こそ決断の母でございます。拝《おが》み切った時、感謝し切った時、――まったくたくまずに決断が出来るものであることを、しみじみ解《わか》らせていただきました。母に感謝しきったとき、私は『私は菜食を好みます。なるほど世間の慣習とはすこしばかり異《ことな》るかも知れない。しかし、私の使命は法施《ほうせ》にあります。法施のためには、その方が良い筈《はず》です。とにかく殺生《せっしょう》は好みません。』とたくまずに申すことが出来ました。そこで道が開けました。私はもう誰《たれ》はばかることなく自分の希望を率直《そっちょく》に人に語ることが出来ました。洪水《こうずい》のようにエア・メイルが来るようになり、アメリカやスイスの新聞やラジオも私の心からの念願をとりあげてくれました。思い切って意志を表示して以来、先輩も友人も後輩も『小《こ》牧《まき》さん、小牧さん』と慕《した》うてくれます。農耕でも同じことで、一喜《いっき》一憂《いちゆう》して生涯を過《すご》すよりも、石の上にも三年、その後、全世界の農民の友となり、全人類の友となり、全生類《しょうるい》の好意を受くる道を選ばれたほうが生き甲斐《いがい》があるかと存じます。和解（感謝）こそ、よろこびの鍵《かぎ》であり、よろこびそのものであることを毎日々々痛感致《いた》して居《お》ります。『私』と云《い》う無口な青年が息をふきかえして、毎日々々を楽しくすごさせていただくことになりましたのは偏《ひと》えに先生の御導きの御蔭《おかげ》でございます。……」

新版　幸福生活論（完）

新版《しんぱん》 幸福生活論《こうふくせいかつろん》

昭和23年9月 1日　初　版　発　行
平成20年3月25日　新版初版第1刷発行
令和 3 年11月 1日　新版初版第10刷発行

〈検印省略〉

著　者　谷《たに》　口《ぐち》　雅《まさ》　春《はる》
発行者　西　尾　慎　也
発行所　株式会社　日本教文社
〒107-8674 東京都港区赤坂 9-6-44
電話 03（3401）9111（代表）
03（3401）9114（編集）
FAX 03（3401）9118（編集）
03（3401）9139（営業）
頒布所　一般財団法人　世界聖典普及協会
〒107-8691 東京都港区赤坂 9-6-33
電話 03（3403）1501（代表）
振替 00110-7-120549

Printed in Japan

装幀　松下晴美

印刷・凸版印刷株式会社
製本・牧製本印刷株式社

ISBN978-4-531-05258-5

日本教文社のホームページ
http://www.kyobunsha.co.jp/

谷口雅宣監修　¥1400
“新しい文明”を築こう
上巻　基礎篇「運動の基礎」

生長の家の運動の歴史を概観する文章とともに、運動の基礎となる信条、指針、シンボル、方針、祈り、運動の基本的な考え方などを収録した、生長の家会員必携の書。［生長の家発行　日本教文社発売］

谷口雅宣監修　¥1400
“新しい文明”を築こう
中巻　実践篇「運動の具体的展開」

人類が直面する環境問題などから、現代文明の限界を指摘し、自然と調和した“新しい文明”を構築する具体的方法を提示。併せて生長の家の祭式・儀礼の方法を収録。［生長の家発行　日本教文社発売］

谷口純子著　¥1100
森の日ぐらし

本当の豊かさとはなんだろう。それは遠くにある得難いものではなく、私たちのすぐ側にあるかけがえのない日常にあることを、八ヶ岳南麓の森で暮らす著者が語ります。［生長の家発行　日本教文社発売］

谷口清超著　¥1388
真・善・美の世界がある

現象の奥に実在する「神の国」には、真・善・美の無限の宝が満ちている。しかも人は誰でも、自らの中にすでにその無限の宝を与えられている。至福へ至る道を力強く説き明かす。

谷口清超著　¥1870
人生の断想
谷口清超新書文集10

“若人”“女性”“自由と秩序”など、体験を基に宗教的見地から考察した、生命への畏敬と人生についての深い思索。生きる力を奮い起たせてくれる、易しく説いた知恵と愛の人生論。

谷口雅春著　¥1781
新版　叡智の断片

著者の心の中に閃いてきた神啓とも呼ぶべき深い智慧の言葉と道場での講話録を配して、生長の家の基本的な教えを網羅。世界及び人生に関する指針が時代を超えて力強く読者の胸を打つ。

谷口雅春著　¥1870
新版　生活と人間の再建

生活を物質的な価値観の上に築かず、人間を「神の子」と観る人間観の上において、新たに出発させるとき、平和で幸福な生活が実現することを説いた名著。「愛と生活への出発」ほか。

株式会社 日本教文社 〒107-8674　東京都港区赤坂 9-6-44 電話 03-3401-9111（代表）
日本教文社のホームページ　http://www.kyobunsha.co.jp/
宗教法人「生長の家」〒409-1501 山梨県北杜市大泉町西井出 8240 番地 2103　電話 0551-45-7777（代表）
生長の家のホームページ　http://www.jp.seicho-no-ie.org/
各定価（10％税込）は令和 3 年 10 月 1 日現在のものです。品切れの際はご容赦ください。